Musa Deli

ZUSAMMEN-WACHSEN

Die Herausforderungen der Integration

Hoffmann und Campe

1. Auflage 2022

www.hoffmann-und-campe.de
Umschlaggestaltung: © KUZIN & KOLLING,
Büro für Gestaltung, Hamburg, Hannah Kolling
Satz: Pinkuin Satz und Datentechnik, Berlin
Gesetzt aus der Apollo
Druck und Bindung: GGP Media GmbH, Pößneck
Printed in Germany
ISBN 978-3-455-01453-2

HOFFMANN
UND CAMPE

Ein Unternehmen der
GANSKE VERLAGSGRUPPE

Inhalt

Für meine Eltern (die 1. Generation),
für meine Brüder und Freunde
(die 2. Generation)
und für meine Kinder und Neffen
(die 3. Generation)

Vorwort

Dieses Buch beschreibt die Belastungen einer Migration und ihre Auswirkungen auf die eingewanderten Menschen und ihre Nachkommen. Die Idee dazu entstand in vielen Beratungsstunden im Gesundheitszentrum für Migrantinnen und Migranten, das ich leite. Diese Institution gibt es seit sechsundzwanzig Jahren, und sie ist deutschlandweit die einzige ihrer Art. Finanziert mit Geldern aus dem Gesundheitsetat der Stadt Köln, gibt es dort kostenlose Beratungsangebote für Menschen mit Migrationshintergrund* mit dem Ziel, die psychosoziale Versorgung dieser Menschen zu verbessern und ihnen den Zugang zur Regelversorgung zu erleichtern. Da insbesondere die psychotherapeutische Versorgung in der Muttersprache lückenhaft ist, gehören kurzfristige Kriseninterventionen und mittel- und langfristige überbrückende Beratungsangebote sowie therapeutische Interventionen zum Kern des Angebotsspektrums des Gesundheitszentrums.

---

* Es ist mir bewusst, dass der Begriff »Menschen mit Migrationshintergrund« kritisch diskutiert wird. Oftmals wird stattdessen von Menschen mit internationaler Geschichte gesprochen. Da es in diesem Buch jedoch explizit um die Belastungen einer Migration geht, habe ich mich dazu entschieden, von Menschen mit Migrationshintergrund zu sprechen.

Unsere Institution wird vor allem von Menschen mit türkischen Sprachkenntnissen in Anspruch genommen, wir können aber auch Angebote für Russisch sprechende Menschen machen. In der gegenwärtigen Situation erreichen uns gerade auch viele Anfragen deutscher Familien, die ukrainische Menschen aufgenommen haben, oder es kommen geflüchtete ukrainische Menschen zur Beratung.

Als Leiter dieser wunderbaren Einrichtung vertrete ich in dieser Position die Interessen von Migranten in der gesundheitlichen Versorgung und ermittele vorhandene Bedarfe. Mit der Zeit fiel mir auf, dass die Beratungsgespräche immer wieder um die gleichen Dinge kreisten. Jede Generation hat ihre spezifischen Themen. In der ersten Generation geht es um Phänomene wie Entwurzelung und Sehnsucht nach der Heimat, die zweite Generation ist mit Fragen ihrer gesellschaftlichen Zugehörigkeit beschäftigt, und die dritte Generation kämpft mit Belastungen, die aus der Migrationsgeschichte ihrer Eltern und Großeltern entstanden. Im Laufe der Zeit kristallisierten sich Ähnlichkeiten und Gesetzmäßigkeiten heraus, die mich vermuten ließen, dass bestimmte Biographien oder Erlebnisse oft zu ähnlichen Verhaltensmustern und Belastungen führten. Und noch etwas anderes offenbarte sich: Die Geschichten der Hilfe suchenden Menschen legten nahe, dass es eine enge Verbindung zwischen den einzelnen Generationen und ihren spezifischen Problemlagen geben muss.

Durch die Beratungsgespräche ist es mir möglich, einen tiefen Einblick in das Leben der Menschen mit Migrationshintergrund zu bekommen, oft kommen zwei oder sogar drei Generationen derselben Familie zu mir. Ihnen allen ist gemein, dass sie durch ihre Migrationsgeschichte oder durch die Migrationsgeschichte ihrer Vorfahren Belastungen mit sich tragen, die oft von großer Tragweite für sie selbst und die Menschen in ihrer Umgebung sind. Vieles bleibt den Augen der Gesellschaft verborgen und wird innerhalb der Familien oder allein ertragen und verarbeitet. Einige dieser Belastungen jedoch bilden sich in daraus resultierenden Verhaltensweisen auch in der Öffentlichkeit ab. In dem Moment gewinnen Migrationsbelastungen eine gesellschaftliche Bedeutung, spätestens jetzt geht es uns alle an.

Es ist nicht verwunderlich, dass es zu Irritationen im Zusammenleben kommt, wenn Verhaltensweisen, die von keiner Seite so richtig erklärt werden können, auf Widerstand oder Missfallen stoßen. Die Menschen, die dieses Missfallen auslösen, sind sich in den seltensten Fällen bewusst über den Ursprung ihres Verhaltens und ihrer Beweggründe. Zu vielschichtig und verwoben sind die sich bedingenden Aspekte ihres Lebens. Da man nur dieses eine Leben kennt, wird die eigene Biographie schicksalsergeben hingenommen und nicht hinterfragt. Wahrgenommen wird lediglich die gesellschaftliche Ablehnung, die man unter Umständen erfährt und die ihrerseits ebenfalls zu Widerständen führt.

Die so entstehenden Kreisläufe stören das gesellschaftliche Zusammenleben und verhindern die Entstehung eines Gemeinsinns, obwohl wir auf so viele gemeinsame Jahre zurückschauen können. Das Anwerbeabkommen mit der Türkei jährte sich 2021 zum sechzigsten Mal. Ich weiß von den meisten der Menschen mit türkischem Migrationshintergrund aus meinem beruflichen und privaten Umfeld, dass sie sehr gerne in Deutschland leben und das Land ihnen zur Heimat geworden ist. Das heißt nicht, dass ihr Herz nicht auch immer noch an der Türkei hängt, selbst wenn sie die Heimat ihrer Vorfahren nur als Touristen kennen. Es sind zwei Herzen in einer Brust, auch das ist etwas, womit diese Menschen zurechtkommen müssen.

In diesem Buch beschreibe ich die Situation der ersten Einwanderergeneration und ihrer Nachkommen und erhoffe mir, dass es zur interkulturellen Verständigung beitragen kann und dass Menschen mit und ohne Migrationshintergrund mit Hilfe der Informationen und Antworten, die dieses Buch gibt, mehr Verständnis füreinander aufbringen können und dadurch das Zusammenleben in einer multikulturellen Gesellschaft einfacher und bereichernder wird. Ich erlebe in Beratungszusammenhängen, dass auch die Versorgung von Menschen mit Migrationshintergrund im Gesundheitswesen aufgrund von Fehlannahmen oder Missverständnissen schwierig ist oder unnötig viel Zeit beansprucht. Auch was das betrifft, so hoffe ich, dass dieses Buch ein Beitrag dazu leistet, die Versorgung von Menschen mit Migrationshintergrund zu verbessern und zu erleichtern.

Die demographische Entwicklung zeigt uns deutlich, dass unsere Gesellschaft immer multikultureller, multiethnischer und multireligiöser wird. Wenn wir uns nicht mit einem bloßen Nebeneinanderher begnügen wollen, sondern die Ressourcen und Chancen einer solchen Gesellschaft nutzen wollen, führt der Weg dorthin über gegenseitige Anerkennung und Wertschätzung. Wir müssen uns in unserer Vielfalt verstehen, um zu einer besseren Gemeinschaft werden zu können. Wenn wir mehr über einander wissen, fällt es leichter, einen Schritt aufeinander zuzugehen und uns gleichzeitig unsere (kulturspezifischen) Eigenheiten zu lassen.

Dieses Buch berichtet in erster Linie von Menschen mit türkischem Migrationshintergrund. Viele der Erkenntnisse lassen sich jedoch nach meiner Erfahrung durchaus auch auf andere Ethnien und Migrationssituationen übertragen. In den Statistiken wird der Begriff Migrationshintergrund immer dann verwendet, wenn entweder der Mensch selbst oder einer seiner Elternteile nicht in Deutschland geboren wurde oder zwar hier geboren ist, jedoch einen anderen als den deutschen Pass besitzt. In diesem Buch soll der Begriff weiter gefasst werden, da die Auswirkungen der Migration auch in den Folgegenerationen noch deutlich spürbar sind. Er wird also auch für die dritte und vierte Generation der Einwanderer verwendet, unabhängig von der tatsächlichen Staatsbürgerschaft.

Nach der Analyse der Phänomene, die zu gesellschaftlichem Unmut führen und die uns die Integration von Menschen mit Migrationshintergrund als zumindest teilweise missglückt einschätzen lassen, wird ein umfassender Einblick in das Leben von nach Deutschland eingewanderten Menschen und ihren Nachkommen gewährt. Dabei geht es auch um die Schilderung von Migrationsbelastungen, die Auswirkungen über die Generationen hinweg haben. Ziel dieses Buches ist es, über die bloße Bestandsaufnahme hinaus anhand einer detaillierten Bedingungsanalyse zu erklären, auf welche Weise sich die Migrationsbelastungen generationsübergreifend bis heute auswirken und damit unweigerlich auch die gegenwärtigen Phänomene mit bedingen. Die Betrachtung der Lebensgeschichten geschieht beschreibend und anonymisiert. Auf diese Weise soll den Lesern ein ebensolcher Blick auf die Mitmenschen mit Migrationsgeschichte ermöglicht werden. Autobiographische Züge erhält dieses Buch durch eigene Kindheitsgeschichten, da auch meine Biographie wesentlich bestimmt wurde durch die Einwanderung meiner Eltern nach Deutschland in den sechziger Jahren. Darüber hinaus fließen die (Lebens-)Geschichten der Menschen mit ein, die im Kölner Gesundheitszentrum für Migrantinnen und Migranten tagtäglich Rat suchen.

Es geht hier nicht darum, Unschuld zu beweisen oder Schuld zuzuweisen, sondern vielmehr darum, umfassende Kenntnisse über die hier lebenden Menschen mit Migrationshintergrund und die Reibepunkte des gemeinsamen Miteinanders zu vermitteln. Ich tue dies nicht zuletzt aus der

Hoffnung, dass daraus ein größeres Verständnis füreinander entsteht.

In meinen Arbeitszusammenhängen sitze ich an der Schnittstelle zwischen den Menschen mit Migrationshintergrund und dem deutschen Gesundheitssystem. Ich erlebe jeden Tag, an welchen Stellen der »Sand im Getriebe« gute Lösungen verhindert oder für enorme Umwege sorgt. Ich spüre die Irritationen auf beiden Seiten, obwohl alle Beteiligten im Grunde die gleichen Ziele haben. Ich kenne die Sprachlosigkeit der Einwanderer, wenn es um die Stolpersteine in ihrem eigenen Leben geht und die Ahnungslosigkeit des Hilfesystems. Wir müssen so viel mehr übereinander wissen und miteinander reden. Berührungsängste müssen abgebaut werden. Wir haben eine gemeinsame Zukunft vor uns und die Aufgabe, diese für alle Seiten zufriedenstellend zu gestalten. Deshalb bietet dieses Buch Lösungsansätze und Handlungsempfehlungen, mit deren Hilfe ein Zusammenleben in einer multikulturellen Gesellschaft und die Führung eines interkulturellen Dialogs leichter gelingen können.

Nicht zuletzt aufgrund der eigenen Situation als Mensch mit Migrationshintergrund ist es mir wichtig, dass sich alle Menschen gleichermaßen angesprochen fühlen. Dennoch habe ich mich zugunsten eines ungestörten Leseflusses dafür entschieden, auf die Genderschreibweise zu verzichten.

Unüberwindbare Unterschiede – oder alles eine Frage der Verständigung?

Anlässlich der Eröffnung einer Fotoausstellung zur Feier des sechzigsten Jahrestags des Anwerbeabkommens mit der Türkei wurde ich von der Lokalpresse um ein kleines Interview gebeten. Der Journalist hinterfragte die Lebensweise der hier lebenden türkischstämmigen Menschen, bemängelte die fehlenden Deutschkenntnisse und sprach von Wohngegenden, die mehrheitlich von türkischstämmigen Mitbürgern bewohnt werden, als Kiez, innerhalb dessen man unter sich sei und dies auch so wolle. Solche und ähnliche Vorwürfe werden immer wieder an mich herangetragen.

1961 kamen erstmals Menschen aus der Türkei als Arbeitsmigranten in einem staatlich organisierten Rahmen nach Deutschland. Inzwischen leben diese Familien in der dritten oder sogar schon vierten Generation hier. Doch selbst nach so langer Zeit prägen immer noch Debatten und Diskussionen über fehlende Integration das Zusammenleben, die nicht selten bestimmt werden von der Suche nach Schuldigen für die negativen Phänomene, die damit in Verbindung gebracht werden.

In der Mehrheitsgesellschaft ist die Meinung darüber, was die Einwanderung für das eigene Leben bedeutet, vielfältig. Auf der einen Seite begegnen uns Menschen mit Migrationshintergrund als Moderatoren, Comedians und neuerdings sogar als Bundesminister. Oft prägen aber auch andere Bilder den Alltag: Das alte Pärchen, das auch nach vierzig oder fünfzig Jahren in Deutschland nur gebrochen Deutsch spricht. Die junge Türkin, die ihre Heimat verlassen hat, um hier einen Deutschtürken zu heiraten und als Hausfrau und Mutter kaum Zugang zur hiesigen Gesellschaft findet. Sympathiebekundungen für den türkischen Staatschef Erdoğan, die sich durch alle Generationen ziehen, und vor allem junge Menschen, die sich oft in einer Opferrolle der scheinbar Unerwünschten eingerichtet haben und ihre Parolen unreflektiert verbreiten. Wir erleben Gruppen junger Menschen mit Migrationshintergrund, die deutlich darauf bedacht sind, sich gesellschaftlich abzugrenzen und mit ihren Limousinen das Schaulaufen auf den Partymeilen der Großstädte zu dominieren. Sprachliche Barrieren sorgen immer wieder für fehllaufende Kommunikation und Missverständnisse. Unverständliche Verhaltensweisen lassen die Bevölkerung in Ratlosigkeit oder sogar Ärger zurück. Schlimmer noch, es werden von beiden Seiten Vermutungen über die Beweggründe des Gegenübers angestellt, ohne miteinander in den Dialog zu treten. Wir bleiben uns – trotz all der gemeinsamen Jahre – fremd und erfahren nichts über die tatsächlichen Motive und Hintergründe der alltäglichen Interaktionen.

Basieren diese Probleme und Missverständnisse wirklich auf unüberbrückbaren Unterschieden zwischen den Lebensweisen, Kulturen und Werten, oder verbindet uns am Ende vielleicht doch mehr, als wir denken?

Betrachten wir zunächst mal die Aspekte, die immer wieder zu Diskussionen führen.

Es werden immer wieder Rufe laut, dass zugewanderte Menschen sich besser integrieren müssen. Es ist von Parallelgesellschaften die Rede, von Überfremdung und Erhaltung der Leitkultur. In Teilen Deutschlands hat die AfD sich auch mit dem Thema Migration Mehrheiten gesichert, aber auch Menschen, die sich eher in der Mitte des politischen Spektrums einordnen würden, äußern ihr Unbehagen angesichts der hohen Zahl von Menschen mit Migrationshintergrund in unserer Gesellschaft. Ereignisse wie die Kölner Silvesternacht 2015/16 oder Anschläge mit radikal-muslimischem Hintergrund gießen Öl ins Feuer.

Wenn von der Angst vor Überfremdung die Rede ist, dann geht es um die Übermacht des Fremden und um den Verlust eigener Werte. Sowohl die Menschen, die nicht in den Dialog treten, als auch die, die das Gespräch mit Menschen mit Migrationshintergrund suchen, sprechen die gleichen Themen an. Die wohl am häufigsten vorgebrachte Argumentation bezieht sich auf den Glauben. Die Menschen in Deutschland erleben den Islam als eine ihnen sehr fremde Religion.

Tagtäglich hören wir Nachrichten und Berichte von Machthabern und Gruppen von Kämpfern, die im Namen des Islam Gräueltaten begehen und dies mit dem Willen Allahs legitimieren. Keine andere Religion wird heutzutage so häufig missbräuchlich als Argument für die Durchsetzung von Interessen und Machtansprüchen verwendet. Darüber hinaus berichten die Medien auch regelmäßig über Gefährder, die von Deutschland aus in den heiligen Krieg ziehen und auch nicht davor zurückschrecken, Anschläge in Deutschland zu verüben.

Was bei dieser Sichtweise leider immer wieder vergessen wird, ist die überwältigend große Zahl friedlich lebender Muslime. In Deutschland leben geschätzt zwischen 5,3 und 5,6 Millionen Muslime.[1] Die Zahl der Gefährder im Bereich des islamistischen Terrorismus liegt mit Stand August 2021 bei 320 Personen, von denen 90 inhaftiert sind.[2] Sie machen also einen verschwindend geringen Teil der Muslime aus. Die

Ressentiments der Mehrheitsgesellschaft richten sich jedoch grundsätzlich gegen alle gläubigen Muslime. Ein Mensch, der seine Religion lebt, das heißt, der betet, fastet, die Moschee besucht und sich an die Essensregeln hält, wird schnell als strenggläubig eingeschätzt.

Es ist wahr, der muslimische Glaube ist insbesondere bei der älteren Generation tief verankert im täglichen Leben. Dies bedeutet jedoch nicht, dass sie sich dem Fortschritt verschließen oder alles Andersartige, Moderne, Westliche ablehnen. Auch bedeutet ein gelebter Glaube nicht, dass man damit einverstanden ist, was auf der Welt im Namen des Islam passiert. Muslime geraten jedoch immer wieder in die Situation, sich rechtfertigen zu müssen für Taten von radikalen Gruppen, sie werden aufgefordert, sich öffentlich dazu zu positionieren, einfach deshalb, weil sie Muslime sind.

Ein weiteres Thema, an dem sich die Geister oft scheiden, ist das Kopftuch. Es wird symbolisch gleichgesetzt mit der Unterdrückung der Frau und mit einem rückständigen Frauenbild in einer von Männern dominierten Gesellschaft. Die Studie »Muslimisches Leben in Deutschland«[3] befragte Musliminnen. ob sie ein Kopftuch tragen, und wenn ja, warum. Von den 30 Prozent der Musliminnen, die das Kopftuch trugen, gaben fast 90 Prozent an, dass sie es aus ihrer Glaubensüberzeugung heraus tun. Nur knapp 5 Prozent gaben an, das Kopftuch zu tragen, um den Erwartungen anderer zu entsprechen. Dies widerlegt die These, dass Musliminnen das Kopftuch nur tragen, weil sie von ihren Männern, Vätern oder Brüdern dazu gezwungen werden.

Die genannte Studie kommt darüber hinaus zu dem Schluss, dass die Religiosität eines Menschen nicht als Integrationshindernis angesehen werden kann. Hinderlich für die Integration sind eher Faktoren wie die Aufenthaltsdauer, der Migrationsgrund und ein niedriger sozioökonomischer Status. Insbesondere jüngere Frauen ohne Migrationshintergrund können oft nicht glauben, dass muslimische Frauen sich freiwillig für das Tragen eines Kopftuches entscheiden. Es entsteht manchmal der Eindruck, als wären sie beunruhigt, dass ihre eigene Freiheit bedroht sei durch die Entscheidung anderer, ein Kopftuch zu tragen, steht dies doch dem Trend von Freiheit und Freizügigkeit entgegen, der heute von vielen jungen Frauen gelebt wird.

Der gelebte und offen zur Schau gestellte Konsum ist ein weiterer Aspekt, der auf Unverständnis in der Bevölkerung stößt. Menschen mit Migrationshintergrund fallen häufiger dadurch auf, dass sie sehr schicke und teure Autos fahren. Die Ausstattung mit dem neusten Smartphone gilt als selbstverständlich, und auch Kinder verfügen oft über sehr teure Handys. Vermutlich ist es die Einschätzung, dass Menschen mit Migrationshintergrund meist in schlechter bezahlten Jobs arbeiten oder sogar arbeitslos sind, die zu der Frage führt, wie sich eben diese Personen all diese teuren Dinge leisten können. Die Vermutung liegt für viele nahe, dass der Konsum entweder durch Schwarzarbeit finanziert wird oder aber durch kriminelle Geschäfte. Allerdings kann weder das eine noch das andere ernsthaft für eine so große Zahl von Menschen in Erwägung gezogen werden. Und auch die Kriminalitätsstatistiken bilden eine solche Einschätzung nicht ab. Menschen mit Migrationshintergrund scheinen vielmehr weitaus häufiger als der Durchschnitt ein großes Bedürfnis zu haben, über ihre Außenwirkung zu verdeutlichen, dass sie sich all diese teuren Gegenstände leisten können. So als wollten sie sagen: »Seht her, ich habe es geschafft! Ich fahre ein teures Auto und nicht nur ich, sondern auch meine ganze Familie ist mit dem neusten Handy ausgerüstet!«

Wenn man sich in einer westdeutschen Großstadt einen Nachmittag vor eine Grundschule in einem Stadtteil mit einem hohen Migrationsanteil stellt, so wird man verblüfft sein, wie viele der Kinder mit großen Limousinen abgeholt werden. Meist sind eben diese Stadtteile gleichzeitig auch jene mit dem höchsten Anteil an Empfängern von Transferleistungen. Wie geht das zusammen? Die Antwort ist (leider) banal: Oft ist keines der Konsumgüter tatsächlicher Besitz. Die Menschen nutzen – viel häufiger als die Mehrheitsgesellschaft – die Möglichkeit, alles mit Hilfe eines Konsumkredits zu finanzieren. Große Autos werden nicht gekauft, sondern geleast. Für die monatliche Rate wird im Zweifelsfall das letzte Geld zusammengekratzt. Viele meiner Klienten* kommen hoffnungslos überschuldet in die Beratung, weil sie den Überblick über die ganzen Kleinstkredite verloren haben. Leider wird bei der Vergabe dieser kleinen Konsumkredite offenbar nicht ausreichend überprüft, ob die betreffende Person überhaupt in der Lage ist, die Summe zu bezahlen. Vor allem die dritte Generation ist oft auf diese Weise hoch verschuldet. Wir werden im Verlauf des Buches verstehen, warum gerade diese Generation ein solch alarmierendes Konsumverhalten ausgebildet hat.

Auch die geringen und teilweise fehlenden Sprachkenntnisse sind immer wieder ein Thema in der Debatte, wie wir miteinander leben wollen. Mangelnde Deutschkenntnisse hängen oft mit der Aufenthaltsdauer zusammen, doch dieses Argument kann längst nicht immer herangezogen werden. Gerade für den Großteil der ersten Generation, die Arbeitsmigranten, die schon lange hier leben, gilt, dass sie nur wenig Deutsch sprechen. Aber auch in der nachfolgenden Generation begegnen uns immer wieder Menschen, die nur über ge-

* In Beratungszusammenhängen spricht man nicht von Patienten. Es wird der Begriff Klient benutzt, da es sich nicht um eine Heilbehandlung handelt.

ringe Deutschkenntnisse verfügen. Augenscheinlich fällt es einigen Teilen der Bevölkerung mit Migrationshintergrund schwer, sich die deutsche Sprache anzueignen.

Innerhalb der Gruppe der Menschen mit türkischem Migrationshintergrund sind es neben der ersten Generation vor allem die Heiratsmigranten, die kaum über Sprachkenntnisse verfügen und aufgrund ihres Alters und ihres eher traditionellen Rollenverständnisses Schwierigkeiten haben, die Sprache zügig zu lernen. Oft verfügen sie darüber hinaus über keinen qualifizierten Bildungshintergrund und müssen zum ersten Mal in ihrem Leben überhaupt eine fremde Sprache erlernen.

Die in Deutschland geborenen Nachkommen der Arbeitermigranten haben keine oder nur geringe sprachliche Probleme. Leider gilt aber nicht für alle, dass das eigene Sprachniveau dem von Menschen ohne Migrationshintergrund völlig gleicht. Denn der Spracherwerb der Kinder hängt maßgeblich von den Eltern ab. Die Sprachkompetenzen der Eltern sind entscheidend. Je besser die Eltern die deutsche Sprache beherrschen, umso leichter wird es den Kindern fallen, neben der Muttersprache auch die deutsche Sprache fehlerfrei zu lernen. Kinder, bei denen ein Elternteil erst mit der Hochzeit aus der Türkei gekommen ist, haben es folglich deutlich schwerer. Der Besuch des Kindergartens kann einen entscheidenden Beitrag zur Sprachentwicklung leisten, insbesondere dann, wenn zu Hause überwiegend eine andere Sprache gesprochen wird. Dass nicht alle Kinder mit Migrationshintergrund im Kindergarten angemeldet werden, insbesondere in Familien, in denen die Mutter als Hausfrau zu Hause ist, ist daher mitunter problematisch. Das Fehlen wohnortnaher Kindergartenplätze ist aber bisweilen auch ein Grund, insbesondere wenn die Familie nicht über ein Auto verfügt. Aus diesen Gründen beginnen immer wieder Kinder mit unzureichenden Sprachkenntnissen ihre Schullaufbahn. Aber warum tun sich manche Menschen so schwer mit dem Erwerb der Sprache?

Die erste Generation plante lange Zeit die baldige Rückkehr in die Heimat und verwendete deshalb kaum Energie auf den Spracherwerb. Erst nach vielen Jahren zeichnete sich ab, dass sie in Deutschland bleiben würden. Zu diesem Zeitpunkt befanden sich die Menschen im mittleren Lebensalter und damit in einer Zeit, in der der Erwerb einer neuen Sprache oft schwerfällt. So blieb es bei geringen Deutschkenntnissen, mit denen man das Leben in der neuen Heimat einigermaßen bestreiten konnte. Die Frauen der Arbeiter versorgten eh allzu häufig die Kinder und übernahmen den Haushalt. Oft wollten ihre Männer auch nicht, dass sie die deutsche Sprache erlernen. Zu groß war die Angst, dass die eigene Frau zu selbstständig werden könnte. Darüber hinaus war der Bildungsstand der Arbeitsmigranten eher gering. Sie waren zufrieden mit den Arbeitsverhältnissen, die man ihnen anbot; auf die Idee, hier in Deutschland Karriere zu machen, wofür man sicherlich mehr Sprachkompetenz gebraucht hätte, kamen die wenigsten.

Die Angehörigen der zweiten Generation sprachen meist bis zur Einschulung ebenfalls kein Deutsch und konnten in dieser Hinsicht auch nicht mit der Unterstützung durch das Elternhaus rechnen. Die deutschen Schulen waren damals (also in den siebziger und achtziger Jahren) noch nicht ausreichend auf die Situation der Gastarbeiterkinder eingestellt. Statt das Erlernen der deutschen Sprache zu forcieren und zu unterstützen, wurde sogar muttersprachlicher Unterricht in Türkisch angeboten, um die spätere Rückkehr in die Heimat zu erleichtern.

Die dritte Generation hat es insofern etwas leichter, als dass sie in Elternhäusern aufwachsen, in denen in der Regel beide Elternteile Deutsch sprechen. Nur in dem Fall, dass ein

Ehepartner aus der Türkei zugezogen ist, beginnen sie praktisch an dem Punkt, an dem auch die zweite Generation begonnen hat. Denn dann wird zu Hause Türkisch gesprochen.

Das Phänomen der Heiratsmigration kommt nach wie vor gar nicht so selten vor. Menschen aus der Türkei, die Deutschtürken heiraten, starten praktisch ähnlich wie die erste Generation, sie reisen im Erwachsenenalter und ohne Sprachkenntnisse ein. Das Erlernen einer Sprache hängt mit dem Bildungsniveau und der persönlichen Motivationsfähigkeit zusammen, außerdem wird es mit zunehmendem Alter nicht einfacher. Inzwischen ist zudem die Infrastruktur der türkischstämmigen Migranten so gut ausgebaut, dass man in Großstädten tatsächlich auch mit spärlichen Deutschkenntnissen gut zurechtkommt. Viele Aspekte des täglichen Lebens lassen sich in der Muttersprache erledigen, vom Arztbesuch bis zum Einkauf im Supermarkt. Dass die Sprachkompetenz der Kinder unter der eigenen sprachlichen Situation leidet, ist in diesen Familien eher ein Kollateralschaden als eine bewusste Inkaufnahme von Nachteilen für den eigenen Nachwuchs.

Das Erlernen der Sprache ist eine elementare Basis für die Integration in die Gesellschaft und die Vermeidung von Missverständnissen. Wer es bewusst ablehnt, die Sprache des Landes, in dem man lebt, zu lernen, darf sich nicht wundern, wenn die Integration nicht funktioniert und die Menschen um einen herum darauf mit Unverständnis reagieren. Es gibt jedoch Lebenssituationen, die das Erlernen der Landessprache erschweren, und es ist sinnvoll, für Menschen in solchen Lebenslagen Hilfestellungen bereitzuhalten. In erster Linie ist es jedoch die Aufgabe der eingewanderten Menschen, Anstrengungen zu unternehmen, die deutsche Sprache zu erlernen. Darüber hinaus sollte die Bildungspolitik die frühkindliche Sprachförderung fest in den Blick nehmen, um daraus resultierende Bildungsnachteile von Kindern mit Migrationshintergrund möglichst gut auszugleichen oder abzumildern.

Neben der rein sprachlichen Ebene, unter der die Kommunikation mitunter leidet, sind es oft leider auch recht irrationale Annahmen und Ängste der Menschen, die den gemeinsamen Dialog erschweren. Auf einer Veranstaltung, auf der ich als Redner eingeladen war, meldete sich eine junge Studentin der Sozialwissenschaften zu Wort. Sie berichtete von einer Begegnung mit einer Gruppe junger Männer mit Migrationshintergrund, bei der es zu einem Wortgefecht kam. Danach hätten sie ihr hinterhergerufen, dass bald sie es wären, die das Sagen im Land haben und die Macht übernehmen würden. Mir gegenüber formulierte die junge Frau ihre Empörung über das Verhalten der jungen Leute und ihre Forderung, dass sie sich doch eigentlich unterordnen müssten. Des weiteren äußerte sie ihre Befürchtungen, dass es tatsächlich irgendwann mal so weit sein könnte, dass erstarkende Gruppen Machtansprüche durchsetzen könnten. Solche diffusen Ängste und Befürchtungen werden immer wieder von unterschiedlichsten Menschen geäußert. Ich höre da zwei Aspekte heraus: Zum einen scheint ein großes Misstrauen gegenüber Demokratie und Rechtsstaatlichkeit zu herrschen, wenn jemand annimmt, dass eine feindliche Übernahme der Staatsgewalt quasi unmittelbar bevorsteht und es keine Möglichkeit gibt, sie aufzuhalten, wenn »die« sich einmal dafür entschieden haben zuzuschlagen. Zum anderen nehme ich eine Verunsicherung bezüglich der eigenen Wirksamkeit wahr. Die junge Frau machte einen fast ohnmächtigen Eindruck angesichts der vorlauten jungen Männer, die ihr da begegnet waren. Sie schien ihre eigenen Möglichkeiten und die vieler anderer Gleichgesinnter anzuzweifeln. Bei einer jungen Studentin der Sozialwissenschaften sollte man aber doch ein Mindestmaß an Kenntnissen über gesellschaftliche Zusammenhänge und eine gewisse Reflexionsfähigkeit annehmen. Dennoch ließ sie sich durch die Situation offenbar stark verunsichern.

Nun könnte man es bei dieser Betrachtung belassen und das vorlaute Gehabe der jungen Männer als schlechtes Benehmen verbuchen. Ich halte es jedoch für sinnvoll, in diesem Falle über den Tellerrand zu schauen und die Situation auch aus Sicht der jungen Männer zu betrachten: Es handelte sich vermutlich nicht um Studenten, und sie waren sich ihrer unterlegenen Situation bei dieser Begegnung und in der Gesellschaft allgemein sicher mehr oder weniger bewusst. Im Laufe ihres Lebens werden sie in Deutschland mehrfach Benachteiligungen erfahren haben und dadurch eine gewisse Skepsis in sich tragen. Sie bemerken, dass sie mit ihrem Verhalten Empörung und Verunsicherung herbeiführen können und genießen in solchen Momenten die Tatsache, mit ihrem Verhalten Reaktionen hervorrufen zu können. Weiterhin klingt in ihren Äußerungen der Wunsch mit, das politische Geschehen mitgestalten zu können. Sie fühlen sich vermutlich gesellschaftlich nicht ausreichend wahrgenommen und wünschen sich einen Zustand, in dem sie ihre Interessen artikulieren und durchsetzen können. Von dieser Perspektive aus würde vermutlich auch die junge Studentin zu dem Schluss kommen, dass die zugegebenermaßen äußerst rüpelhaft angemeldeten Bedürfnisse durchaus ihre Berechtigung haben. Nur waren die besagten jungen Männer leider nicht in der Lage, ihre eigene Situation auf diese Weise zu reflektieren und ihre Meinung angemessen zu äußern, wodurch die geschilderte Situation entstand.

Alle Situationen ähneln sich insofern, als die Menschen zwar übereinander, aber nicht miteinander reden. Viele der Missverständnisse und Fragen ließen sich klären, wenn wir öfter die Gelegenheit nutzen würden, uns zu den Themen auszutauschen. Eine andere Möglichkeit wäre, sich zu informieren, etwa über die Religion. Wir schaffen es nicht, unsere Vorurteile abzustreifen. Stattdessen bilden wir uns unsere Meinung aufgrund punktueller Beobachtungen oder vom Hörensagen, ohne zu überprüfen oder zu hinterfragen. Auffallend ist auch, dass Vorurteile und Ängste an den Orten besonders verbreitet sind, an denen es praktisch kaum Berührungspunkte von Menschen mit und ohne Migrationshintergrund gibt. Zum Beispiel leben nur 5 Prozent aller Menschen mit Migrationshintergrund in den östlichen Bundesländern. Genau dort verzeichnen Parteien, die gegen eine Zuwanderung von Menschen aus bestimmten Regionen dieser Welt sind, großen Zuspruch. Besucht man indes einen Stadtteil einer westdeutschen Großstadt mit hohem Anteil von Menschen mit Migrationshintergrund, wird man ein weitgehend friedliches Miteinander erleben.

Auch wenn Interessen, Meinungen und Problemlagen nicht immer angemessen kommuniziert werden, müssen wir uns als Gesellschaft der Tatsache stellen, dass wir 25 Prozent der Gesamtbevölkerung nicht unbeachtet lassen können. So hoch ist der Anteil von Menschen mit Migrationshintergrund in Deutschland. Manche von ihnen dürfen wählen, weil sie im Besitz der deutschen Staatsbürgerschaft sind. Aber etwa 8,7 Millionen erwachsene Menschen dürfen nicht wählen und haben auch sonst keine Lobby, die ihre Interessen vertreten würde.[4]

Im Grunde ist die Quintessenz aller Diskussionen über Migration und Integration in Deutschland ein Problem der gegenseitigen Wertschätzung und der Bereitschaft, sich in den anderen hineinzuversetzen, um seine Bedürfnisse nachvollziehen zu können. Alle Beteiligten möchten mit ihren berechtigten Wünschen und Forderungen wahrgenommen werden. Dabei kann es nicht darum gehen, dass einzelne Gruppen sich durchsetzen und anderen ihre Ansichten aufdrücken, sondern es geht vielmehr um ein friedliches Miteinander, was voraussetzt, dass die verschiedenen Anliegen abgewogen werden. Wenn wir alle eine offene und wertschätzende Haltung füreinander aufbringen können, wird ein Zusammenleben ohne Probleme gelingen. Um eine solche Haltung entwickeln zu können, müssen wir mehr übereinander wissen, wie das Beispiel der jungen Studentin deutlich macht. Deshalb möchte ich in den folgenden Kapiteln das Leben der Menschen mit türkischem Migrationshintergrund skizzieren und erläutern, woher gewisse Gewohnheiten und Verhaltensweisen kommen und wie wir sie erklären können, wenn wir Migration als einen Vorgang begreifen, der sich über Generationen hinweg abspielt und Wirkung zeigt.

Wir riefen Arbeitskräfte, und es kamen Menschen[5]

Der wirtschaftliche Aufschwung in Deutschland nach dem Zweiten Weltkrieg sorgte für einen erhöhten Bedarf an Arbeitskräften, der allein mit inländischen Arbeitern nicht zu decken war. Deshalb schloss die deutsche Regierung ab 1955 Anwerbeabkommen mit unterschiedlichen Staaten ab, um zeitlich begrenzt Arbeitskräfte ins Land zu holen. Bis zum Anwerbestopp 1973 kamen 14 Millionen Menschen als Arbeitsmigranten nach Deutschland, 11 Millionen davon – also der größte Teil – kehrten anschließend wieder in das jeweilige Heimatland zurück.

Am 30. Oktober 1961 schloss die Bundesrepublik Deutschland ein Anwerbeabkommen mit der Türkei. Dem Ruf nach Arbeitskräften folgten viele Männer und Frauen vorwiegend aus den ländlichen Regionen der Türkei. Viele dieser Menschen hatten bis zur Ausreise nach Deutschland nie ihre Heimat verlassen. Oftmals erhielten sie aus diesem Anlass sogar erstmalig Ausweispapiere, denn vorher waren die nie nötig gewesen. Da für das Anwerbeabkommen Altersgrenzen für die unterschiedlichen Arbeitsanforderungen festgelegt wurden, wurde die Neuausstellung des Passes oft auch dafür genutzt, das eigene Alter nach unten zu korrigieren. Dann stand der Einreise nach Deutschland nichts mehr im Wege. Das ist der Grund dafür, dass heute viele dieser Menschen eigentlich schon einige Jahre älter sind als »offiziell« laut Pass. Eine

Frühberentung (oder ein vermeintlich früher Tod) relativiert sich im Lichte dieses Wissens. Mein Vater etwa starb im Alter von nur 69 Jahren, nach Auskunft der Ärzte war er jedoch vermutlich fünf bis acht Jahre älter.

Mitte des zwanzigsten Jahrhunderts war das Leben insbesondere in den ländlichen Regionen der Türkei oft ärmlich und beschwerlich, sodass vor allem die Landbevölkerung in der Auswanderung eine Chance sah, die eigenen Lebensbedingungen zu verbessern. Viele meldeten sich auch für die Arbeit in Deutschland, um Geld für konkrete Investitionswünsche, wie Landmaschinen für die Feldarbeit, zu verdienen.

Mein Vater wuchs als Halbwaise mit seinem Bruder bei seiner verwitweten Mutter im mittleren Anatolien in einem kleinen Dorf namens Kışla (sprich: Kischla) in der Region Kırşehir (sprich: Kirschehir) auf. Da mit dem Vater der Ernährer der Familie gestorben war, waren Mutter und Söhne auf das angewiesen, was die Felder des Dorfes hergaben. Es war ein sehr bescheidenes und ärmliches Leben. Anfang der sechziger Jahre wurde mein Vater zum Militärdienst eingezogen und musste für drei Jahre in eine ländliche Region im Osten der Türkei. Als er nach dem Ende dieser Zeit in sein Heimatdorf zurückkehrte, stand er vor dem Nichts. An der Stelle, wo er sein Zuhause und seine Mutter zurückgelassen hatte, stand nun nur noch eine Ruine. Seine Mutter war während seines Militärdienstes verstorben, sein Bruder als Gastarbeiter nach Saudi-Arabien ausgewandert. Das Haus war verfallen. Man hatte ihn beim Militär nicht erreichen und informieren können. Ohne Existenzgrundlage konnte er nicht in seinem Heimatdorf bleiben, und so machte sich mein Vater auf den Weg nach Ankara und schlug sich dort als Schuhputzer und Tagelöhner auf dem Bau durch. Eines Tages schlenderte er nach getaner Arbeit durch die Straßen der Stadt und entdeckte ein Plakat, auf dem Deutschland um Arbeitskräfte warb. Da er ohnehin nichts zu verlieren hatte, bewarb er sich und ließ die Prozedur der Voruntersuchung über sich ergehen. Anschließend trat er in einem der extra dafür bereitgestellten Züge die lange Reise nach Deutschland an.

Es waren einfache Menschen mit einem geringen Bildungsstand, die nach Deutschland kamen. Ihre Werte orientierten sich an den Werten, die ihnen von ihrem Glauben vermittelt wurden.

Im Rahmen der Bewerbung als Gastarbeiter wurden Röntgenaufnahmen angefertigt, der Körper wurde eingehend auf Narben und andere Versehrtheiten untersucht, und man musste mit sportlichen Übungen nachweisen, dass man eine gute Kondition hatte und fit war. Die Gesundheitsprüfungen, die bereits in der Türkei erfolgten, waren sehr streng, und so kam es, dass sich ausnahmslos junge, körperlich gesunde Frauen und Männer auf den Weg in die türkischen Großstädte machten, von wo aus sie die lange Bahnfahrt Richtung Deutschland antraten.

Es war ein mutiger Schritt, eine so weite Reise zu wagen, um in einem Land zu arbeiten, das einem gänzlich unbekannt war. Viele junge Frauen reisten das erste Mal in ihrem Leben allein. Bereits auf der langen Fahrt in den Zügen schloss man Bekanntschaften und tauschte sich darüber aus, was einen wohl erwarten würde. Alle gingen davon aus, die Heimat und ihre Familien in ein paar Jahren wiederzusehen. Keiner der Reisenden ahnte zu diesem Zeitpunkt, dass diese Zugfahrt das eigene Leben und das Leben der nachfolgenden Generationen so entscheidend bestimmen würde. Weder die ankommenden Menschen noch Deutschland als aufnehmendes Land machten sich Gedanken darüber, welche Begleiterscheinungen die Arbeitsmigration mit sich bringen würde.

Die Fahrt ins neue Leben wurde durchaus mit gemischten Gefühlen angetreten. Zum einen eilte den Deutschen der Ruf voraus, besonders präzise und sorgfältig zu arbeiten. Man war sich bewusst, dass es einer besonderen Anstrengung bedürfte, diesen Arbeitsanforderungen gerecht zu werden. Zum anderen bekamen die ausreisenden Arbeiter vom türkischen Staat den Auftrag mit, die Türkei in Deutschland würdig zu vertreten und einen möglichst guten Eindruck zu hinterlassen. Die Erwartungen waren also von beiden Seiten hoch.

Es gab noch einen weiteren Aspekt, der von den Gastarbeitern nicht bedacht worden war: das Wetter. Die meisten von ihnen hatten ausnahmslos dünne Kleidung im Koffer, da der Sommer in der Türkei lang und heiß war. In Deutschland angekommen, froren sie, weil sie die mitteleuropäischen Temperaturen und Wetterlagen nicht gewohnt waren. Die Aufgabe, in einen Laden zu gehen und Kleidung zu kaufen, war zu jener Zeit ohne Sprachkenntnisse eine echte Herausforderung. Man kannte sich ja auch gar nicht aus. So verbrachten die meisten Arbeiter die ersten Monate frierend und waren gezwungen, das erste in Deutschland verdiente Geld in wärmere Kleidung zu investieren. Diese erste Generation lebt inzwischen seit vielen Jahrzehnten in Deutschland, aber an das Wetter hat sie sich bis heute nicht gewöhnt.

Die Ankunft der voll besetzten Züge wurde in den deutschen Großstädten bereits erwartet. Der millionste Gastarbeiter, der dem Zug entstieg, wurde sogar besonders begrüßt und bekam ein Fernsehgerät überreicht. Am Ziel angekommen, wurden die Arbeiter mit Nummern versehen und mussten sich zunächst erneut einer körperlichen Untersuchung unterziehen. Die Menschen wurden auf Krankheiten und Ungeziefer untersucht, mussten sich bis auf die Unterwäsche entblößen und in alle Körperöffnungen schauen lassen, ohne dass dafür geeignete Räumlichkeiten vorhanden gewesen wären oder zumindest ein Sichtschutz, der die Privatsphäre geschützt hätte. Mein Vater erzählte bis zu seinem Tod oft von dieser Untersuchung, die er als sehr entwürdigend erlebt hat.

Anschließend wurden die Arbeiter »weiterverteilt« und per Zug in die Städte geschickt, die für ihre produzierende Industrie Arbeitskräfte benötigten. Dort angekommen, wurden sie in Wohnheimen untergebracht, die in unmittelbarer Nähe zum Betrieb oder sogar auf dem Werksgelände lagen. Frauen fanden auch häufig eine Unterkunft bei Privatpersonen. Die Errichtung solcher Unterkünfte folgte in erster Linie praktischen Gesichtspunkten. Neben einer möglichst kostengünstigen Unterbringung hatte die Versorgung mit Wohnraum für eine möglichst hohe Zahl an Menschen Priorität. Privatsphäre gab es praktisch keine, in einem Raum lebten mehrere Menschen, geschlafen wurde in Etagenbetten, die Küche mussten sich alle gemeinsam teilen. Persönlicher Besitz war – bis auf einige Kleidungsstücke – nicht vorhanden und hätte auch gar keinen Platz gefunden.

Nicht einfach war zudem die Tatsache, dass die Arbeiter sich in den Wohnheimen komplett selbst organisieren mussten. Vor allem die Männer sahen sich plötzlich mit Aufgaben konfrontiert, die sie bis dato noch nie erledigt hatten. Sie mussten für ihre Mahlzeiten einkaufen und selbst kochen. Darüber hinaus mussten sie aber auch die Räumlichkeiten sauber halten und ihre Wäsche selbst mit der Hand waschen.

»Wir waren gestandene Männer, ich hatte in der Türkei meine Frau und zwei Kinder. Die Hausarbeit war bis dahin immer von meiner Mutter und später dann von meiner Frau erledigt worden. Plötzlich fanden wir uns in einer Situation wieder, in der wir dies alles neben der anstrengenden Arbeit selbst erledigen mussten.« So schilderte es einer meiner Klienten in unserem Gespräch. Es herrschte ein klares Regelwerk in den Unterkünften: Frauenbesuch war nicht gestattet, und alle Bewohner hatten um 22 Uhr zu Hause zu sein, dann wurden die Türen geschlossen. Die erwachsenen Menschen wurden durch diese außerhalb ihrer Macht liegenden Bestimmungen deutlich eingeschränkt.

Dennoch erfreuten sich diese Sammelunterkünfte großer Beliebtheit, da sie einerseits die Möglichkeit boten, einen großen Teil des Arbeitslohns zu sparen, und andererseits die Geselligkeit mit Menschen aus der Heimat erlaubten. Das Erleben von Gemeinschaft half so auch über den Trennungsschmerz hinweg, den der Aufenthalt fernab der Heimat auslöste. Viele wohnten mehrere Jahre so und verließen die Wohnheime erst, als sukzessive die Familien nachgeholt werden konnten.

Alleinstehende Arbeiter und Arbeiterinnen lernten übrigens ihre zukünftigen Ehepartner nicht selten über ein auch in Deutschland erhältliches Anzeigenblatt aus der türkischen Heimat kennen, das damals extra zu diesem Zweck in den Wohnheimen verteilt wurde. Auf diese Weise fand sich so manches Pärchen von in Deutschland lebenden Gastarbeitern. Andere fanden im alljährlichen Türkeiurlaub den Traumpartner. Solche Ehen waren aber bereits zu Beginn schwierigen Bedingungen ausgesetzt. Die zumeist jungen Ehefrauen mussten ihre Ehemänner ziehen lassen, da die Arbeit in Deutschland wartete. Damals war es in der Türkei noch üblich, dass die frisch verheirateten Ehefrauen bei den Schwiegereltern wohnten. Einer meiner späteren Nachbarinnen erging es so. Sie musste sieben Jahre bei den Schwiegereltern wohnen, bis sie von ihrem Mann nach Deutschland geholt wurde. Zu diesem Zeitpunkt war bereits das erste gemeinsame Kind auf der Welt. Sie sehnte den Moment herbei, in dem die Nachricht kommen würde, dass sie nach Deutschland reisen dürfe, da sie dieser Situation so schnell wie möglich entkommen wollte.

In den Jahren des Zusammenlebens in den Wohnheimen entstanden viele Freundschaften, die zum Teil heute noch existieren. Die gemeinsam erlebte Auswanderung, der enge Austausch und die kollektive Sehnsucht nach der Heimat schweißten die Menschen zusammen. Außerdem lebten sie viele Jahre praktisch wie in einer großen Wohngemeinschaft zusammen. Überall auf der Welt kann man beobachten, dass Menschen, die in ein anderes Land einwandern, dort den Kontakt zu Menschen derselben Nationalität und desselben Kulturkreises suchen. Dies vermittelt Sicherheit und erleichtert oft den Start in der Fremde. Ich erinnere mich daran, dass mein Vater, als er schon lange nicht mehr im Wohnheim lebte, immer am Anfang des Monats eine große Kiste mit Obst und Gemüse kaufte und mit uns Kindern seine noch im Heim lebenden Freunde besuchte.

Die Arbeit, die auf die Arbeitsmigranten wartete, war nicht sehr angesehen. Es handelte sich meist um Beschäftigungen, die hohe körperliche Anstrengungen erforderten, in denen man mit chemischen Stoffen in Berührung kam und die überwiegend eintönig waren. Die Gastarbeiter wurden im Bergbau, im Straßenbau, in der Stahl- und Chemieindustrie und am Band eingesetzt. Die Arbeit war in Schichten eingeteilt und galt daher als eher unattraktiv. Da wenig Vorwissen nötig war, ergab sich ein hohes Maß an Austauschbarkeit der Arbeitskräfte, was das Entlassungsrisiko und damit die Unsicherheit des Arbeitsplatzes erhöhte. Allerdings wurde diese Thematik erst zu einem späteren Zeitpunkt relevant. Die Betriebe stellten sich schnell auf die Arbeiter aus dem Ausland ein. Bald gab es Vorarbeiter, die etwas Deutsch gelernt hatten und ihren Landsleuten Arbeitsabläufe und Aufgaben erklären konnten. Auf diese Weise mussten die Arbeiter nicht zwingend Deutsch können und konnten sofort eingesetzt werden. Ihr Fleiß und ihre Bereitschaft, auch körperlich anstrengende und gefährliche Arbeiten zu erledigen, machten sie zu gern gesehenen Mitarbeitern.

Allerdings gab es auch weniger schöne Momente. Einer meiner Klienten berichtet Folgendes: »Wenn wir irgendeine Aufgabe erledigen sollten, wurden wir vom Meister mit einer wedelnden Handbewegung und dem Wort ›Komm!‹ herangerufen. Dieses Wort hörten wir Hunderte Mal am Tag. Wir fühlten uns wie die Hunde, wenn der Meister uns so ranwinkte. Eines Tages konnte ich einfach nicht mehr. Wieder einmal kam diese abfällig wirkende Handbewegung und das unweigerlich darauf folgende ›Komm!‹. Ich nahm mir ein Blatt Papier und einen Stift und schrieb meinen Namen darauf. Dies hielt ich dem Meister vor das Gesicht und machte ihm verständlich, dass er mich in Zukunft bei meinem Namen rufen solle. Ab diesem Zeitpunkt tat er das auch. Alle anderen Kollegen wurden weiterhin nach altbewährter Art herangerufen. Sie wollten sich zunächst nicht beschweren, weil sie Konsequenzen befürchteten, aber auch sie hielten den Umgang irgendwann nicht mehr aus. Als wir schließlich all unseren Mut zusammennahmen und uns alle gemeinsam beim Firmenchef beschwerten, änderte sich etwas an der Situation.«

Diese Erzählung verdeutlicht die Haltung der deutschen Vorarbeiter den Gastarbeitern gegenüber. Die Arbeit wurde zwar geschätzt, man begegnete sich jedoch nicht auf Augenhöhe. Die eingewanderten Menschen befanden sich ganz unten in der Hierarchie. Dies bekamen die Gastarbeiter deutlich zu spüren. Die meisten von ihnen waren diesen Umgang nicht gewohnt. Sie hatten in den Dörfern der Türkei ihre Felder bestellt und hatten dort von niemandem Befehle entgegenzunehmen. Den Umgang mit ihnen hier in Deutschland empfanden sie als starke Kränkung. Der zitierte Klient wollte in Deutschland übrigens Geld für einen Traktor zusammensparen. Mit diesem wollte er sich die Arbeit auf seinen Feldern in der Türkei erleichtern. Der Traktor aber wurde nie angeschafft, er lebt noch heute hier in Deutschland.

Dennoch gab es auch viele positive Aspekte im neuen Arbeitsleben. Viele der Gastarbeiter erfüllte es mit Stolz, zu lernen, mit deutscher Akkuratesse und einem hohen Perfektionsanspruch zu arbeiten, da diese deutschen Tugenden weltweit bekannt waren und somit auch in der türkischen Heimat sehr geschätzt wurden. Die Türkei hatte ihre Arbeiter auch deshalb gerne geschickt, weil sie sich einen Transfer von Know-how versprachen, das dann auch der türkischen Industrie zur Verfügung stehen würde. Darüber hinaus wurden gerne Überstunden gemacht, da diese ordentlich vergütet wurden und das monatliche Einkommen verbesserten. Den Jahresurlaub nahmen die Arbeitsmigranten gerne vollständig im Sommer, da dies ihnen ermöglichte, für mehrere Wochen am Stück in die Heimat zu fahren. Die Betriebe, die eine große Zahl von Arbeitsmigranten beschäftigten, reagierten oft auf diese Urlaubswünsche und führten im Sommer die sogenannten Werksferien ein.

Der angestrebte Sommerurlaub bedeutete jedoch auch, dass der Rest des Jahres voll durchgearbeitet wurde. Aus Angst, den Arbeitsplatz zu verlieren, wurden zudem Krankheitstage vermieden, auch wenn man sich nicht gut fühlte. Diese Umstände erhöhten die Arbeitsbelastung noch einmal deutlich, da Erholung zwischendurch so nicht möglich war.

Vom deutschen Staat war zunächst ein Rotationsprinzip angedacht gewesen. Nach zwei Jahren sollten die Arbeitskräfte wieder in die Heimat zurückkehren, und neue Arbeitskräfte sollten angeworben werden. Die Unternehmen wollten die gut eingearbeiteten Kräfte jedoch nicht gehen lassen, und auf ihr Drängen hin wurde Anfang der siebziger Jahre das Rotationsprinzip ausgesetzt und der Familienzuzug gesetzlich erlaubt. Auf diese Weise wollte man es den Arbeitern erleichtern, noch einige weitere Jahre in Deutschland zu bleiben. Weiterhin ging man jedoch nicht – weder vonseiten des deutschen Staates noch vonseiten der Arbeitsmigranten – von einer dauerhaften Migration aus. Eigentlich aber hätte man es bereits zu diesem Zeitpunkt besser wissen müssen.

Die Arbeitskräfte durften nun also länger bleiben und ihre Familien nachholen. Häufig wurden zunächst nur die Ehepartner nachgeholt, bereits geborene Kinder blieben oft bei der Familie in der Türkei und wurden erst einige Jahre später geholt. Auf diese Weise entstanden viele Trennungssituationen, die sich im Laufe der Zeit noch als äußerst schwerwiegend herausstellen sollten. Die Familien wohnten dann meist in einfachen kleinen Werkswohnungen, deren Wohnstandard sehr niedrig war. Alle Wohnungen eines Hauses wurden von Arbeitsmigranten bezogen, sodass es wenig Berührungspunkte zu deutschen Nachbarn gab.

Die ersten Jahre waren auch deshalb schwierig, weil sich das Leben in Deutschland stark von jenem in der Türkei unterschied. Die allermeisten Gastarbeiter hatten ihre Heimat zuvor nie verlassen. Selbst der Besuch einer Metropole – wie zum Beispiel Istanbul – hatte Seltenheitswert. Die Menschen kannten eine überschaubare Zahl anderer Menschen und die Gepflogenheiten ihres Dorfes. Über das Leben in Deutschland gab es viele vage Spekulationen, jedoch kein konkretes Wissen. Alleine, dass man hier in den Großstädten so vielen Menschen begegnete, war ein Novum. Auch der freizügige Kleidungsstil der Frauen war für die konservativ-muslimischen Männer neu, etwas, was sie bis dato nie gesehen hatten. In den Dörfern der Türkei kleideten sich die Frauen traditionell und nach praktischen Gesichtspunkten, sodass sie ihrer Feldarbeit nachgehen konnten.

Das Leben der Deutschen aber fand für die Gastarbeiter praktisch hinter einer Milchglasscheibe statt. Man sprach die deutsche Sprache nicht und konnte sich kaum verständlich machen. Niemand konnte einem deutsche Gepflogenheiten und Bräuche erklären. Da man auch in Arbeitszusammenhängen vor allem mit den eigenen Landsleuten Kontakt hatte, gab es fast keine Begegnungen mit den deutschen Mitbürgern. Von deutscher Seite gab es auch keine nennenswerten Bemühungen der Annäherung, da alle zunächst davon ausgingen, dass die Arbeiter das Land bald wieder verlassen würden. Aus diesem Grund wurden beispielsweise auch keine öffentlichen Deutschkurse angeboten. Das Leben der Türken in Deutschland war also zunächst zeitlich begrenzt und ausschließlich auf das Arbeiten ausgerichtet.

Heute sieht man in Großstädten viele Geschäfte und Imbisse, die offensichtlich türkischsprachige Betreiber haben. Damals aber gab es keine kulturspezifische Infrastruktur, wie etwa Moscheen oder Supermärkte mit türkischen Lebensmitteln. Neben dem Heimweh der Menschen wuchs mit der Zeit jedoch die Sehnsucht, mit vertrauten Lebensmitteln Gerichte aus der Türkei zu kochen und somit ein wenig Heimat in die Fremde zu holen. Die Obst- und Gemüsesorten, die die Menschen aus ihrer Heimat kannten wie Okraschoten oder Datteln, waren zu dieser Zeit in Deutschland nirgends zu bekommen. Besonders schwierig war der Umstand, dass in Deutschland kein nach religiösen Riten geschlachtetes Fleisch verkauft wurde. Auf all diese Waren mussten die Gastarbeiter noch viele Jahre warten. Auch die religiöse Pflicht, das Freitagsgebet in der Moschee zu verrichten, konnten die meisten nicht erfüllen, da es zu dieser Zeit nur vereinzelt Moscheen in Großstädten wie Hamburg oder Berlin gab.

An die menschlichen Bedürfnisse war also nicht gedacht worden, als beschlossen wurde, Arbeiter ins Land zu holen. Bis zum Anwerbestopp 1973 kamen etwa 900 000 Menschen aus der Türkei nach Deutschland. Etwa 500 000 von ihnen gingen im Laufe der Zeit wieder zurück in die Heimat. Dennoch erhöhte sich der Anteil der in Deutschland lebenden Türken durch den Familiennachzug stetig. Eine den Bedürfnissen der Einwanderer entsprechende Infrastruktur entwickelte sich erst nach und nach in den kommenden Jahren. Diese wurde allerdings nicht vonseiten des deutschen Staates geschaffen, sondern durch die eigene Tatkraft der Einwanderer, die kleine Gemeinden gründeten, sich mit Lebensmittelgeschäften selbstständig machten und den hier lebenden Gastarbeitern auf diese Weise Obst, Gemüse und andere typische Lebensmittel und Waren aus der Heimat anbieten konnten. Bereits 1966 wurde das Unternehmen Egetürk gegründet, das die damaligen Gastarbeiter mit Fleischwaren versorgte und dies noch heute tut.

Auch gab es keine Orte, an denen sich die Menschen treffen konnten. Die Wohnheime und Wohnungen waren zu klein, ein Treffen im Café oder Restaurant hätte den Geldbeutel arg strapaziert. Ein gern genutzter Aufenthaltsort waren deshalb die Bahnhofshallen. Dieser Ort war den Menschen als Ankunftsort in Erinnerung. Gleichzeitig symbolisierte er die Möglichkeit, auch irgendwann wieder abzureisen und zurück in die Heimat zu gehen. Darüber hinaus konnte man an den größeren Bahnhöfen Zeitungen aus der Heimat erwerben und auf diese Weise an Informationen und Nachrichten aus der Türkei kommen. Die deutsche Bevölkerung konnte sich die Ansammlung von überwiegend männlichen Gastarbeitern an Bahnhöfen nicht erklären und trat diesem Phänomen mit Ressentiments entgegen. Die Gründung türkischer Kulturvereine als Möglichkeit des geselligen Zusammentreffens begann daraufhin in den späten sechziger Jahren und nahm in den siebziger Jahren deutlich zu.

Die Lebensbedingungen der Familien der ersten Generation

Die Wohnungen, in denen die Arbeiter nach der Familienzusammenführung von den sie beschäftigenden Unternehmen untergebracht wurden, waren klein und in keinem guten Zustand. Sanitäre Anlagen befanden sich in Form von Duschräumen im Keller und als Etagentoiletten im Treppenhaus, die von mehreren Familien genutzt werden mussten. Die Familien waren sehr unzufrieden mit diesen Wohnverhältnissen. Die meisten von ihnen hatten in der Türkei in eigenen kleinen Häusern gewohnt, die zwar einfach waren, aber sauber und gemütlich. In ihren Heimatdörfern hatten sie Gärten, in denen ein reiches Sortiment an Obst und Gemüse gezogen wurde, und viel Platz. Die Lebensbedingungen in den deutschen Großstädten hatten sie so nicht erwartet. Besonders die Frauen, die ihren Männern nach einigen Jahren folgten, waren lange unglücklich darüber.

Beheizt wurden diese Wohnungen noch mittels eines Kohleofens. Bei uns gab es in der ganzen Wohnung nur einen Ofen, und im Winter dauerte es sehr lange, bis die Wohnung einigermaßen warm war. Dieser Ofen war uns Kindern in mehrfacher Hinsicht sehr präsent. Oft wurden wir in den Keller geschickt, um einen Eimer Kohle zu holen. Ich hatte immer große Angst, alleine in den Keller zu gehen, und überredete meinen älteren Bruder meistens, mich zu begleiten. Aber es gab auch gute Erinnerungen an eben diesen Ofen. Er war für uns nicht nur Spender wohliger Wärme – zumindest, wenn man sich ganz nah ranstellte –, in seiner Glut wurde auch so manche Kartoffel gegart, und im Spätherbst röstete unsere Mutter Esskastanien und Haselnüsse darin. Außerdem wurde auf ihm die obligatorische Teekanne warm gehalten, ein Gegenstand, der auch heute in keinem Haushalt von Menschen mit türkischem Migrationshintergrund fehlt.

Meine Mutter war sehr enttäuscht von der Situation, die sie hier vorfand, als sie zusammen mit meinem Bruder 1976 von meinem Vater nachgeholt wurde. Sie hatte die Jahre vor ihrer Auswanderung in Ankara verbracht und dort einen besseren Lebensstandard genossen als den, auf den sie nun in Deutschland traf. Sie erzählt heute noch, dass sie in der ersten Zeit in Deutschland viel weinte und sich in die Heimat zurücksehnte. Sie litt besonders unter dem schmalen Angebot an Obst und Gemüse. Melonen waren zu diesem Zeitpunkt in Deutschland weitestgehend unbekannt, und das Gemüseangebot bestand vorrangig aus Kartoffeln, Mohrrüben und Blumenkohl. Auf ihrer Suche nach Auberginen bekam sie in einem deutschen Laden zu hören, dass dieses Gemüse giftig sei und deshalb nicht verkauft werde.

Ende der siebziger Jahre machte in Köln das erste Exportgeschäft in ganz Nordrhein-Westfalen auf. Es war eine riesige Lagerhalle, angefüllt mit Waren aus der Türkei. Von Teegläsern über Kochtöpfe bis hin zu Süßigkeiten und Videofilmen bekam man dort einfach alles. Die Gastarbeiterfamilien nahmen weite Wege auf sich, um zu diesem Laden zu fahren. Ein Ausflug nach Köln war ein richtiges Familienspektakel, alle Familienmitglieder durften einen Wunsch äußern. Kurzfristig hatte man das Gefühl, in der Heimat zu sein. Dieses Geschäft war für die hier lebenden Menschen mit türkischem

Migrationshintergrund die einzige Möglichkeit, an Waren aus der Türkei zu kommen, denn viele der Dinge konnte man mit dem eigenen Auto nicht in ausreichender Menge aus dem Sommerurlaub mitbringen. Im Laufe der Jahre entstanden immer mehr solcher Geschäfte und versorgten die Menschen mit türkischem Migrationshintergrund in ganz Deutschland mit Waren des täglichen Bedarfs aus der Heimat.

Nachdem der Familienzuzug 1974 rechtlich geregelt worden war, wurden die Familien sukzessive größer und folglich der Wohnraum immer knapper. Meine Familie lebte nunmehr fünfköpfig in einer kleinen Zweizimmerwohnung ohne Bad und Toilette. In Ermangelung von ausreichendem Platz für Betten schliefen wir alle zusammen in einem Doppelbett. Das Zimmer war so schmal, dass wir, um an unseren Kleiderschrank zu gelangen, immer über das Bett steigen mussten. Die Wohnung war so klein, dass keiner von uns, weder meine Eltern noch wir drei Kinder, über das kleinste bisschen Privatsphäre verfügten. Für einen Schreibtisch, an dem Hausaufgaben erledigt werden konnten, fehlte der Platz. Das einzige Waschbecken in der Wohnung diente zum Abwaschen, Gemüse putzen, für die Waschung zum Gebet, für die Rasur und zum Zähneputzen und war praktisch ständig in Benutzung. Die Familie unter uns, mit der wir uns die Toilette teilen mussten, zählte dreizehn Personen. Da unsere Mütter diese Toilette auch dazu nutzten, heimlich zu rauchen, war das stille Örtchen äußerst begehrt und ständig besetzt. Um die Sammelduschen im Keller, die in einem erbärmlichen Zustand waren, möglichst nicht nutzen zu müssen, schafften meine Eltern eine große Wäschewanne an, in der wir alle badeten. Das Wasser dafür wurde in einer großen Blechkanne auf unserem Kohleofen erhitzt. Da dieser Vorgang sehr zeitaufwendig und mühsam war, gab es einen Badetag in der Woche. Die ganze Familie musste im selben Wasser baden, wobei ich als jüngstes

Familienmitglied immer als Letzter in das gerade noch lauwarme Wasser gesetzt wurde. Weil wir Kinder uns in der kalten Wohnung nicht erkälten sollten, wurden wir von unserer Mutter nach dem Baden immer unter die Bettdecke gesteckt und dort mit dem Föhn warmgehalten. Noch heute hege ich deshalb eine Leidenschaft für unseren Föhn, die von meiner Frau immer mit einem ungläubigen Kopfschütteln quittiert wurde, bis ich ihr von dieser Kindheitsgeschichte erzählte. Meine Mutter nutzt bis heute den Föhn, um alles Mögliche zu wärmen oder zu trocknen, zum Beispiel die vom Spielen verschwitzten Enkelkinder.

Da wir keine Waschmaschine hatten, wusch meine Mutter die Wäsche von fünf Personen viele Jahre mit der Hand. Zu diesem Zweck trafen sich die Frauen des Hauses einmal in der Woche zum gemeinsamen Waschtag unten im Keller. Dies alles trug sich auch im Deutschland zu Beginn der neunziger Jahre noch so zu, also zu einer Zeit, in der die meisten deutschen Familien in einer ausreichend großen Wohnung mit Heizkörpern in allen Zimmern und fließend warmem Wasser wohnten. Selbstverständlich verfügten sie auch über Wasch- und Spülmaschinen. Bei uns hatte hingegen schon ein Fernseher damals Seltenheitswert. Die Anschaffung eines solchen Geräts kam für die meisten türkischen Familien zunächst nicht infrage, da Fernseher sehr teuer waren und die Investition vom Ersparten hätte abgeknapst werden müssen. In unserem Mehrfamilienhaus gab es nur einen Nachbarn, der ein solches Gerät besaß. Zur Nachrichtenzeit versammelten sich alle Männer des Hauses bei ihm. Für uns Jungen war die Übertragung eines Wrestling-Kampfes am Wochenende ein Spektakel, für das sich alle Kinder in der besagten Wohnung einfanden.

Die Knappheit des Wohnraums wurde dadurch abgemildert, dass alle Türen im Haus insbesondere uns Kindern immer offenstanden. Man besuchte sich gegenseitig oder half sich mit dem einen oder anderen Gegenstand aus. Die Kinder waren immer irgendwo im Haus unterwegs, und man wusste nie, wer und wie viele Menschen sich zum gemeinsamen Essen einfinden würden. Wir Kinder empfanden diese Lebenssituation nicht als bedrückend, da wir es nicht anders kannten. Wichtig war uns die Gemeinschaft und die Geborgenheit, die trotz aller Entbehrungen spürbar waren. Alle unsere Nachbarn waren aus der Türkei gekommen, und obwohl wir nicht miteinander verwandt waren, fühlte es sich an wie eine große Familie.

Ein Gegenstand, über den alle Familien verfügten, war das Radio. Bereits frühzeitig gab es in den größeren Städten lokale Radiosender, die zu bestimmten Tageszeiten in türkischer Sprache sendeten. Diese meist dreißig Minuten am Tag waren den Einwanderern heilig. Es war für die Gastarbeiter oft die einzige Chance, an Informationen über Deutschland und die hier lebenden Landsleute zu kommen. Auch bei uns versammelte sich zur entsprechenden Sendezeit die ganze Familie vor dem Radio, um in der Muttersprache an Neuigkeiten zu kommen und ein wenig Musik aus der Heimat zu hören. Erst in den siebziger Jahren veröffentlichten einige große türkische Zeitungen eigene Europa-Ausgaben für die im europäischen Ausland lebenden Türken.

Es gab noch ein weiteres Gerät, nach dem sich alle sehnten und das angeschafft wurde, sobald man das Geld dafür zusammengespart hatte: den Kassettenrecorder. Mit Hilfe dieses Gerätes wurden dann Tonaufnahmen für die Familie in der Heimat angefertigt. Sobald jemand im erweiterten Bekanntenkreis in die Heimat fuhr, bekam er den Auftrag, die besprochenen Bänder an die entsprechenden Familien zu liefern, und man hoffte stets, dass derjenige, wenn er wieder zurückkäme, auch Aufnahmen von der türkischen Seite der Familie im Gepäck haben würde. Mein Vater hat meiner Mutter und meinem damals schon geborenen Bruder vor der Familienzusammenführung auch solche Aufnahmen geschickt, da das Telefonieren ins Ausland sehr teuer war und in der Türkei gar nicht jeder Haushalt über ein Telefon verfügte. Mit Kassetten konnten endlich persönliche Botschaften überbracht werden, die man sogar jederzeit wieder anhören konnte, wenn man von der Sehnsucht nach den geliebten Menschen gepackt wurde.

Zu den Feiertagen, also am Ende des Fastenmonats und am Opferfest, fand man vor jeder Telefonzelle in den Arbeitervierteln eine lange Schlange von Gastarbeitern, die, mit Telefonkarten und Kleingeld ausgestattet, geduldig darauf warteten, die Familie in der Heimat zu erreichen. Die Leitungen liefen heiß, und oft dauerte es Stunden, bis man jemanden erreichen konnte. Meist kam schon das Besetztzeichen, wenn man nur die Ländervorwahl eingegeben hatte.

Die Zeit der Feiertage und des Fastenmonats war für uns Kinder etwas ganz Besonderes. Im Fastenmonat tickten die Uhren anders, der Alltag der Menschen passte sich den Gebets- und Essenszeiten an. Schon am frühen Morgen sah man in allen Wohnungen, die von türkischen Gastarbeitern bewohnt wurden, Licht. Denn bevor man in den Fastentag startete, wurde eine letzte Mahlzeit vor Sonnenaufgang zubereitet. Wir Kinder freuten uns immer auf das gemeinsame Essen zum Fastenbrechen nach Sonnenuntergang. Es kamen Gäste, oder man ging zu Freunden, um gemeinsam zu essen. Anschließend durften wir mit unseren Eltern in die Moschee gehen. Am Ende des Fastenmonats gibt es dann ein dreitägiges Fest. Dieses wird irrtümlich oft als Zuckerfest bezeichnet, da die Kinder von Verwandten und Bekannten Süßigkeiten bekommen. Für die Türken heißt es eigentlich *Ramazan Bayramı*, also die Ramadan-Festtage. Zu dieser Gelegenheit bekamen wir immer unsere schönsten Sachen angezogen. Wir gingen von Tür zu Tür, gratulierten unseren Nachbarn und erhielten Geld und Süßigkeiten. Von der Schule wurden wir für einen oder zwei Tage freigestellt. Die Freistellung von muslimischen Schülern an den höchsten Feiertagen des Islam liegt übrigens im Ermessen der einzelnen Bundesländer. Eigentlich ist ein schriftlicher Antrag der Eltern erforderlich, aber viele Schulen handhaben die Freistellung großzügig und verlangen ihn nicht.

Auch das Opferfest wurde feierlich begangen. Bereits im Vorfeld schickten unsere Eltern Geld in die Türkei, um dort ein Schaf oder eine Kuh schlachten zu lassen. Dies ist für Muslime, die über ein Einkommen verfügen, eine religiöse Pflicht. Das Fleisch wird an Menschen verteilt, die sich eine solche Mahlzeit sonst nicht leisten könnten. Auch dieser Tag wird mit Freunden gefeiert. Dennoch war es schwer für die Familien, in einem mehrheitlich christlichen Land ihre Feiertage zu pflegen. Der Alltag um uns herum ging weiter, und anders als in der Türkei deutete nichts darauf hin, dass es eine besondere Zeit war. In der Türkei gibt es im Fastenmonat Zelte auf den Straßen, in denen die Menschen zum Essen zusammenkommen, für Kinder gibt es Puppentheater, und das gesamte Leben passt sich an den veränderten Tagesablauf an. An den Feiertagen stehen alle Türen offen, man besucht sich gegenseitig, und auf den Dörfern schlachten die Menschen zum Opferfest noch selbst. In Deutschland fehlt dieses Rahmenprogramm, und es obliegt den Familien, diese Tage feierlich zu gestalten und sie so zu etwas Besonderem zu machen.

Der islamische Glaube besteht aus fünf elementaren Säulen. Die erste und wichtigste Säule ist das Glaubensbekenntnis. Es sollte mit Überzeugung ausgesprochen werden, wenn jemand zum Islam konvertieren möchte. Neugeborene bekommen es, zusammen mit den Gebetsrufen, ins rechte Ohr geflüstert. Ein Muslim spricht es viele Male in seinem Leben. Die zweite Säule ist das Gebet. Es wird fünfmal täglich verrichtet und nimmt nur wenige Minuten in Anspruch. Grundsätzlich kann überall gebetet werden, der Betende richtet sich dabei gen Mekka. Die gläubigen Männer sind dazu angehalten, ihr Mittagsgebet am Freitag in der Moschee zu verrichten. Dieser Tag gilt als der Versammlungstag und nimmt eine besondere Stellung im Verlauf der Woche ein. Die Frauen sind von der Pflicht, freitags ihr Gebet in der Moschee zu verrichten, befreit. An anderen Tagen verfügen sie über einen eigenen Bereich in der Moschee, da es Frauen und Männern nicht erlaubt ist, gemeinsam zu beten. Dies ist nur innerhalb der Kernfamilie erlaubt. Die dritte Säule ist die religiöse Pflichtabgabe *Zekat*. Das Wort *Zekat* bedeutet Wachstum und Reinigung. Ein Muslim ist dazu verpflichtet, jährlich 2,5 Prozent seines Vermögens, also Geld und Gold, an Bedürftige abzugeben. Besitztümer werden hier nicht angerechnet.

Das Fasten ist die vierte Säule des Islam. Muslime fasten im Monat Ramadan, der sich aufgrund seiner Orientierung am Mondkalender jährlich um einige Tage nach vorne verschiebt. In diesem Monat fastet der Muslim von Sonnenaufgang bis zum Sonnenuntergang. In dieser Zeit darf nichts in den Körper gelangen. Kann jemand aus medizinischen Gründen nicht fasten, so muss er pro Tag den Gegenwert für eine Mahlzeit spenden. Das Fasten vereint mehrere Aspekte. Der Ramadan ist der Monat, in dem sich der gläubige Mensch nach innen wendet. Es ist eine Auseinandersetzung mit dem eigenen Begehren mit dem Ziel, Kontrolle zu bekommen und sich darüber bewusst zu werden, was wir wirklich brauchen. Auch beschreibt der Koran die medizinischen Vorzüge der Fastenzeit. Der Körper und seine Organe erholen sich, oft normalisieren sich Blutwerte, und das Allgemeinbefinden verbessert sich. Mein Vater, der Diabetiker war, hat jedes Jahr im Fastenmonat die besten Blutzuckerwerte gehabt. Die Mahlzeiten, die zwischen Sonnenuntergang und Sonnenaufgang eingenommen werden, sollten einfach sein und den Magen nicht zur Gänze füllen.

Die fünfte und letzte Säule des Islam ist die Pflicht, einmal in seinem Leben die Pilgerfahrt nach Mekka anzutreten. Dies gilt jedoch nur für Muslime, die körperlich und finanziell dazu in der Lage sind. Oft ist die Sehnsucht nach der Pilgerfahrt und dem Ort Mekka so groß, dass man dort auf Muslime aus aller Welt trifft, die ihr ganzes Hab und Gut verkauft haben, um diese Reise zu finanzieren. Das Opferfest kennzeichnet das Ende der Pilgerfahrt. So soll des Propheten Ibrahim gedacht werden, der die Prüfung Gottes bestand und bereit war, seinen Sohn zu opfern. Aufgrund seiner gezeigten Loyalität und seines festen Glaubens gestattete Gott ihm, ein Schaf anstatt seines Sohnes zu opfern. Traditionell wird deshalb zu diesem Fest ein Tier geopfert, um Gott zu danken.

Die Bedeutung ihrer Feiertage, die für die Ausübung ihrer Religion so wichtig sind, auch in der Fremde hochzuhalten, war für die Muslime also eine besondere Kraftanstrengung. Sie konnten etwa den Ramadan nicht so zelebrieren, wie sie es aus der Türkei kannten, waren aber auch nicht bereit, gänzlich darauf zu verzichten.

Die Arbeiter hatten sich im Laufe der Jahre geringe Deutschkenntnisse angeeignet. Die nachgezogenen Ehepartner hingegen – meist die Frauen – sprachen kaum Deutsch. Sie waren für den Haushalt und die Versorgung der Familie zuständig, für einen Deutschkurs fehlte oft die Zeit und der Mehrwert. Meine Mutter begann damals zwar einen solchen Kurs, brachte ihn aber nie zu Ende. Sie erzählt heute noch, dass sie sich nie wirklich darauf habe einlassen können, da sie mit ihren Gedanken immer bei uns Kindern gewesen sei. Damals war es nicht üblich, die Versorgung der Kinder dem Mann zu überlassen, nicht einmal für wenige Stunden. So gab meine Mutter das Erlernen der deutschen Sprache bald wieder auf, um für ihre Kinder da sein zu können. Noch heute spricht sie nur wenige Worte Deutsch, obwohl zwei von drei Schwiegertöchtern deutsch und ihre Enkelkinder deutsch-türkisch sind. Ihr Bekannten- und Freundeskreis war auch deshalb stets türkisch, und Kontakte zur deutschen Bevölkerung gab es so gut wie keine.

Die Ehefrauen hatten eine klare Rolle als Mutter und Hausfrau. Wenn es nicht dringend nötig war, dann gingen sie nicht arbeiten. Meine Mutter sah es tatsächlich immer als Privileg an, nicht arbeiten zu müssen, da mein Vater genug Geld verdiente, um unser Leben zu finanzieren. Folglich fehlte jedoch auch die Notwendigkeit, Deutsch zu lernen. Die Frauen, die damals arbeiten gingen, sprachen im Vergleich zu den nichtarbeitenden Frauen natürlich recht gut Deutsch.

Da Buchstabenkombinationen und Umlaute der deutschen Sprache oft schwierig zu sprechen waren, entwickelten sich mit der Zeit »Ersatzworte«, die in den allgemeinen Sprachgebrauch einflossen. So bekam eine Familie aus Stuttgart, die zu Besuch nach Köln kommen wollte, die Auskunft, dass sie in Köln die Ausfahrt *D-otuz* nehmen sollten. Übersetzt heißt dies: D30. Nach langer Suche rief die besagte Familie schließlich an und sagte, dass es eine Ausfahrt mit diesem Namen nicht gebe. Erst der Sohn der Kölner Familie konnte das Missverständnis schließlich auflösen. Mit *D-otuz* war die Ausfahrt Köln-Deutz gemeint. Da dies niemand richtig aussprechen konnte, hatte man kurzerhand *D-otuz* daraus gemacht. Innerhalb der Kölner Stadtgrenzen war dieser Begriff unter den Einwanderern bekannt, die Stuttgarter konnten damit natürlich nichts anfangen.

Nach und nach wurden die Bedürfnisse der zugezogenen Familien im öffentlichen Leben aufgegriffen, und es gab immer mehr türkische Lebensmittel- und Gemüseläden mit türkischsprachigem Personal. Auch dies machte ein Erlernen der deutschen Sprache zweitrangig. Die inzwischen schulpflichtigen Kinder übernahmen die Übersetzung, wo dies nötig war, etwa beim Arzt oder beim eigenen Elternsprechtag in der Schule. Letzteres wurde natürlich nur zu gerne zum eigenen Vorteil genutzt.

Die Sprachbarriere hatte auch zur Folge, dass die zugezogenen Menschen das System und seine Sinnhaftigkeit oft nicht verstanden. Zum Beispiel wurden viele Kinder nicht in den Kindergarten geschickt, weil nicht selten das Wissen fehlte, dass es so eine Einrichtung überhaupt gab. Auch war den Eltern damals nicht klar, dass dort grundlegende Fertigkeiten vermittelt wurden, die auch für die Schulreife bedeutend sind. Eine außerhäusliche Betreuung der Kinder war in türkischen Familien auch gar nicht zwingend erforderlich, da die Mutter als Aufsichtsperson zu Hause war und man sich gern den Beitrag für die Kita sparte.

Auch meine Brüder und ich wurden nicht in den Kindergarten geschickt. Ebenso wenig schickte einer unserer türkischen Nachbarn seine Kinder dorthin, und so wusste meine Mutter von der Existenz einer solchen Einrichtung nichts. Unter den Gastarbeitern galt ohnehin alles, was teuer und nicht dringend notwendig war, als überflüssig. Die Inanspruchnahme einer kostspieligen Kinderbetreuung wäre nicht infrage gekommen. Leider blieb auf diese Weise neben vielen anderen wichtigen Kompetenzen auch das Erlernen der deutschen Sprache und die Vermittlung von kulturspezifischem Wissen auf der Strecke.

Dies bildete einen weiteren erheblichen Nachteil für uns Kinder, der sich aus der Migration heraus ergab. Die Märchen, Fabeln und Geschichten, mit denen die Kinder in Deutschland groß wurden, blieben den Kindern der eingewanderten Menschen fremd und unbekannt. In der Schule wurde jedoch ein gewisses Kulturwissen erwartet und vorausgesetzt. Dies konnten die Kinder, die nicht die Kita besucht hatten und die mit Eltern aufgewachsen waren, die ein anderes Kulturwissen in die Erziehung einbrachten, nicht abrufen. Oft fühlten wir uns ausgeschlossen, wenn wir nicht genau wussten, wovon in Geschichten und Märchen die Rede war. Auch die Texte von Liedern, die unsere deutschen Mitschüler mitsingen konnten, waren uns unbekannt.

Das fehlende Kulturwissen stand bei der Einschulung aber zunächst gar nicht im Fokus. Die fehlenden Sprachkenntnisse waren das eigentliche Problem. Viele Kinder wurden ohne nennenswerte Deutschkenntnisse eingeschult. In der Regel führte dies zu einer Rückstufung in die Vorschulklasse. Dort wurden zunächst basale Sprachkenntnisse erworben, damit die Unterrichtsinhalte überhaupt verstanden werden konnten. Die Schullaufbahn begann also gleich mit Frustration. Auch ich wurde nach wenigen Wochen in der Grundschule in eine solche Vorschulklasse geschickt, um ein Jahr später erneut in der ersten Klasse zu starten. Dort war ich dann der älteste und größte Schüler und wurde deshalb oft verspottet.

Die Mütter fühlten sich in erster Linie für die Pflege und die leibliche Versorgung der Kinder verantwortlich. Zur Zeit der Einwanderung der ersten Gastarbeiter und in den darauf folgenden Jahren war es üblich, dass junge Frauen bereits sehr früh heirateten. So kam es nicht selten vor, dass junge Frauen mit Anfang zwanzig bereits drei Kinder großzogen. Auch meine Mutter bekam ihr erstes Kind im Alter von sechzehn Jahren. Aufgrund der Migration fehlte eine mit Rat und Tat zur Seite stehende (Groß-)Mutter, und die jungen Frauen konnten sich aufgrund der Sprachbarriere auch nicht an Krabbelgruppen oder Beratungsstellen wenden. Sie waren also mit ihrer Erziehungsaufgabe und der Verantwortung für den Haushalt weitgehend allein. Die jungen türkischen

Nachbarinnen waren in der gleichen Situation, und die Ehemänner arbeiteten quasi rund um die Uhr im Schichtsystem. Die Überstunden, die stets gern genommen wurden, um etwas mehr Geld zu verdienen und beiseitezulegen, taten ihr Übriges. Viele Frauen berichten heute, dass sie sich damals sehr allein und einsam gefühlt haben. Die große Verantwortung in so jungen Jahren verunsicherte sie. Der Aufbau freundschaftlicher Verhältnisse zu den Nachbarn gelang nur, wenn diese auch die türkische Sprache sprachen. Kontakte zur deutschen Gesellschaft wurden vermieden, weil man sich nicht verständigen konnte. So kam es, dass man unter sich blieb.

Eine unserer Nachbarinnen verlief sich einmal auf dem Weg vom Einkaufen nach Hause. Sie blieb schließlich an einer Ecke stehen und begann zu weinen. Passanten wurden auf sie aufmerksam und versuchten zu helfen. Die Nachbarin konnte sich jedoch nicht verständlich machen, weil sie nur Türkisch sprach, und so gaben die Menschen irgendwann auf und riefen die Polizei. Auch die Polizei konnte zunächst nicht helfen, weil die besagte Nachbarin auch ihre Adresse nicht kannte und keine Papiere bei sich hatte. Schließlich erinnerte sie sich an den Namen einer Fabrik, die sich in unmittelbarer Nähe unserer Straße befand. Die Polizei fuhr sie in die Gegend, und dort erkannte sie alles wieder und fand nach Hause. Nach diesem Erlebnis ging sie lange Zeit nicht mehr allein aus dem Haus.

Insbesondere die Frauen begaben sich nur in größter Not in Situationen, in denen sie mit deutschen Institutionen und Menschen in Kontakt kamen. Meine Mutter bekam zwei ihrer drei Kinder in deutschen Krankenhäusern, ohne dort mit irgendjemandem sprechen zu können. Die Fragen, die die jungen Mütter in Bezug auf die Versorgung ihrer Kinder hatten, blieben unbeantwortet. Auch die kinderärztliche Versorgung fand weitestgehend kommunikationslos statt. Die Frauen gingen nur zu gynäkologischen Untersuchungen, wenn sie schwanger waren. Aus Gründen der Scham war zudem der Besuch eines männlichen Gynäkologen undenkbar, obwohl es hierfür keine religiösen Einwände gibt. Meine Mutter hatte das Glück, dass es in Köln bereits in den siebziger Jahren eine türkisch sprechende Frauenärztin gab, in deren Praxis es allerdings fast unmöglich war, einen Termin zu bekommen.

Während die Frauen die meiste Zeit zu Hause verbrachten, trafen sich die Männer in den türkischen Cafés. Es waren meist kleine und recht schäbige Ladenlokale, auf deren Einrichtung kein besonderer Wert gelegt wurde. In den kleinen Räumen standen kleine Tische mit Stühlen, wobei alle Möbelstücke offensichtlich unterschiedlicher Herkunft waren. Es war mehr ein Sammelsurium als eine Caféhauseinrichtung. Die Fenster waren verhängt oder abgeklebt, sodass man höchstens durch die offen stehende Tür einen Blick hinein in den verrauchten Innenraum erhaschen konnte. Diese Cafés nannten sich oft »Kulturvereine«, und an der Wand hingen meist zwei gekreuzte Fahnen, die deutsche und die türkische.

Deutschen Mitbürgern waren diese Orte eher suspekt, von ihnen verirrte sich eigentlich nie jemand dorthin. Es gab diese Art von Cafés in jedem Viertel, sodass die Männer sie fußläufig erreichen konnten und zur Not von den Kindern nach Hause zum Essen gerufen werden konnten. Das Café war für die türkischen Gastarbeiter und für das türkische Familienleben elementar wichtig. Da ihre Frauen zu Hause das Sagen hatten, trafen sich die Männer außerhalb der Wohnung zum Teetrinken und Backgammon- oder Kartenspielen. Auf diese Weise wurden zwei Fliegen mit einer Klappe geschlagen: Sie entkamen der Enge der Wohnungen und ihren Frauen. Hier entstanden viele Freundschaften, weil man sich untereinander ausführlich über das Leben in Deutschland austauschen konnte. Alle saßen ja im gleichen Boot.

Die Frauen pflegten ihre Freundschaften in der häuslichen Umgebung. Die Wohnungen waren ihr Terrain, und wenn Freundinnen eingeladen wurden, hatten die Männer zu Hause nichts zu suchen. Dass Frauen und Männer sich zusammen trafen, war nicht üblich, die Geschlechter blieben außerhalb der Familie unter sich. Im Gegensatz zu den kärglich eingerichteten Cafés der Männer glichen die Treffen der Frauen einem Spektakel. Die Männer mussten im Vorfeld mehrere indische Liebesfilme aus der Videothek ausleihen, und die Frauen standen in der Küche, um Köstlichkeiten für das Zusammentreffen vorzubereiten. Freitags bekam die Videothek die heiß begehrten neuen Filme ins Angebot, und viele Männer standen Schlange, um sie für ihre Frauen auszuleihen. Auch Filme über fernöstliche Kampfkunst waren sehr populär, allerdings mehr unter uns Kindern. Mein Bruder und ich beknieten meinen Vater immer, uns mit in die Videothek zu nehmen, wo wir nach Filmen mit Bruce Lee fragten. Kinder wurden bei den Treffen – vorausgesetzt sie waren nicht schon zu alt – von den Frauen geduldet. Wir freuten uns bereits Tage vorher auf das Ereignis, weil wir mit fernsehen durften und es jede Menge leckeres Essen gab. Diese Ereignisse dauerten nicht selten den ganzen Tag und wurden von allen sehr genossen.

Die Erziehung der Kinder lief nebenbei, so wie man es aus der Türkei kannte. Dort oblag der pädagogische Auftrag in erster Linie der Schule und dem Lehrpersonal, und soziale Kompetenzen wurden ohne den Einfluss von Erwachsenen im Gruppengefüge der Kinder erworben und erprobt. In den türkischen Dörfern, aus denen die Gastarbeiter zum größten Teil stammten, gingen die Kinder nur wenige Jahre zur Schule, da ihre Arbeitskraft meist auf dem Feld der Eltern gebraucht wurde. Kenntnisse wie Lesen und Schreiben wurden oft nur rudimentär erworben und spielten im Alltag der Menschen auch keine große Rolle. Ein System institutionalisierter Bildung wie in Deutschland gab es in der Türkei – außer in den großen Städten – nicht. Auch deshalb sind heute viele Menschen der ersten Generation funktionale Analphabeten. Sie haben geringe Kenntnisse des Lesens und Schreibens, können sich Inhalte, vor allem der deutschen Sprache, praktisch aber nicht erschließen.

Die Mütter sorgten für das leibliche Wohl, andere erzieherische Aspekte waren weitestgehend unbekannt. Wir Kinder waren in Gruppen allein in der näheren Umgebung des Wohnhauses unterwegs und blieben unter uns. In unserem Falle war es so, dass wir ohnehin kaum deutsche Nachbarn hatten, was den Kontakt zur deutschen Bevölkerung nicht leichter machte. In praktisch allen Städten wurden die Gastarbeiter in Vierteln untergebracht, in denen sie weitgehend unter sich waren, da die Wohnstandards so niedrig waren, dass jeder, der es sich leisten konnte, die Gegend verließ. Davon abgesehen, wollten deutsche Familien nicht in den Gastarbeitervierteln wohnen. So kam es mehr oder weniger zufällig zu einer »Ghettoisierung«, die einer gesellschaftlichen Integration der Menschen damals wie heute im Wege steht. Auch wenn wir so, etwas abgeschottet, lebten, hatten wir doch eine Familie und einen Ort, an dem wir uns zu Hause fühlten.

Es gab aber auch Fälle, in denen weniger Harmonie in den Familien herrschte, etwa wenn die Ehefrau oder auch die Familie nicht nach Deutschland geholt wurden. Die zunächst allein eingereisten Männer hatten sich in den einsamen Jahren, bevor der Familienzuzug erlaubt wurde, anderweitig orientiert und waren nun in Partnerschaften mit deutschen Frauen. Die Familie in der Türkei wusste von nichts und hörte oft jahrelang nichts von ihrem Mann und Vater. Auch Geld wurde dann oft nicht mehr geschickt. Dies war für die Frauen in der

Türkei eine Katastrophe, weil dies bedeutete, dass sie sich und die unter Umständen vorhandenen Kinder selbst durchbringen mussten. Oft besaßen sie nur ein Stück Ackerland und waren auf die Almosen ihrer Dorfgemeinschaft angewiesen.

Ein Klient erzählte, dass er als Jugendlicher nach vielen Jahren des Wartens auf eigene Faust nach Deutschland gereist sei, um seinen Vater zu suchen. Als er ihn fand, drängte er ihn, auch die Mutter nachzuholen, und sorgte auf diese Weise für die Familienzusammenführung nach vielen Jahren der Trennung und des Kontaktabbruchs. Dass es um die familiären Beziehungen nach dieser Zeit sicher nicht zum Besten stand, kann man sich denken. Der Kitt, der diese Verbindungen dennoch halten ließ, war vielmehr die finanzielle Situation und der Umstand, dass eine Trennung oder Scheidung auch aus kulturell-traditionellen Gründen zu dieser Zeit praktisch nicht infrage kam. Oft wurde darüber geschwiegen, was sich in der Zwischenzeit ereignet hatte, die Verletzungen und die Wut über den Umgang mit der Familie hinterließen jedoch tiefe Wunden.

Tatsächlich war es nicht unüblich, dass viele Söhne nach Deutschland fuhren, um ihre Väter hier zu suchen, wenn sie ein gewisses Alter erreicht hatten. Ließ der Vater sich nicht überzeugen, die Mutter nachzuholen, dann übernahmen oft die Söhne die finanzielle Versorgung der Mutter und der Familie in der Türkei.

Ein Klient erzählte mir, dass sein Vater sich hier in Deutschland zu einem Gigolo entwickelt habe, der von einer Frau zur nächsten zog. Er selbst, der Sohn, damals ein Jugendlicher, habe hin und wieder auch bei diesen Frauen wohnen dürfen. Oft habe er die Nächte aber auch auf einer Parkbank verbringen müssen, weil nicht alle Frauen bereit gewesen seien, neben dem Vater auch den Sohn zu beherbergen. Der Vater, so sagte er, habe das Leben in Deutschland in vollen Zügen genossen. Seine Frau sei mit zwei gemeinsamen Töchtern in der Türkei geblieben, finanziert von ihrem Sohn, der jeden Pfennig in die Türkei schicken musste.

Die Jahre zogen ins Land, und den türkischen Familien in Deutschland ging es nach und nach finanziell besser. Die Rückkehr in die Heimat rückte in weite Ferne, da man sich inzwischen in gewisser Weise arrangiert und etabliert hatte, die Kinder hier zur Schule gingen und später auch beruflich in Deutschland Fuß fassten. Weiterhin gestand man sich jedoch nicht ein, dass der Plan, wieder in die Heimat zurückzukehren, eigentlich nicht mehr umzusetzen war. Dies hätte unter den Freunden und Bekannten Gerede und Protest ausgelöst. Darüber hinaus konnten die Menschen sich einfach nicht von dem Traum verabschieden, war er auch noch so unrealistisch geworden.

Es gab jedoch ein untrügliches Zeichen, das darauf hinwies, dass eine Familie sich entschieden hatte, in Deutschland zu bleiben: Man machte hier den Führerschein. Hatte man sich einmal dafür entschieden, die teuren Fahrstunden zu bezahlen und die Fahrprüfung hier abzulegen, bedeutete dies nichts anderes, als dass man bleiben würde. Für die Türkei hätte man den Führerschein nicht gebraucht und viele Menschen scheuten lange die hohen Ausgaben von mehreren Hundert D-Mark, die mit dem deutschen Führerschein verbunden waren. Der harte Sparkurs wurde also sukzessive aufgegeben. Man bezog größere Wohnungen, und viele Familien kauften sich ein großes Auto – nicht zuletzt, weil dies auch ein Symbol dafür war, dass man das Ziel, viel Geld zu verdienen, erreicht hatte. Wenn man über die Sommerferien in die Heimat fuhr, konnten dort alle das schicke Auto bewundern, und es wurde mit Stolz von dem Leben in Deutschland berichtet. Man hatte es geschafft!

Allerdings weckte dieses Auftreten bei den türkischen Verwandten auch gewisse Begehrlichkeiten, was die hier lebenden Menschen mit türkischem Migrationshintergrund in die Situation brachte, viele Forderungen erfüllen zu müssen, die sie aus der Heimat erreichten. So wurde finanzielle Unterstützung erwartet, sei es bei medizinischen Behandlungen, dem Startkapital für eine Selbstständigkeit oder bei Immobilienkäufen. In der Sommerzeit musste eine nicht unerhebliche Menge elektrischer Kleingeräte in die Türkei »importiert« werden, da diese sich dort großer Beliebtheit erfreuten. Die finanzielle Unterstützung der eigenen Familie war und ist in der türkisch-islamischen Kultur eine geradezu heilige Pflicht. Da man sich ja zuvor als wohlhabender Mensch präsentiert hatte, konnte man die Wünsche nun nicht abschlagen und befand sich auf diese Weise in einer kostspieligen Zwickmühle. Es floss also eine erhebliche Menge des hier eisern gesparten Geldes zur Verwandtschaft in die Türkei.

Eine Zeit lang war es auch sehr populär, in sogenannte Islamholdings zu investieren. Vertreter dieser Holdings kamen in die deutschen Moscheen, oder sie gingen von Tür zu Tür und warben für die Investition in ihre Firmen. Viele Menschen der ersten Generation entschieden sich damals für eine solche Geldanlage. Sie bot die Möglichkeit, Geld zu investieren und zu vermehren, ohne Zinsen zu nehmen (was aus religiösen Gründen verboten ist), da man in Firmenanteile investierte und direkt an den Gewinnen beteiligt wurde. Darüber hinaus wurde damit geworben, dass es eine Investition in den Aufbau der Türkei sei. Mit diesem Argument ließen sich viele Menschen überzeugen, wollte man doch die Heimat unterstützen, in die man irgendwann zurückkehren wollte. Die Vertreter dieser Holdings präsentierten sich als rechtschaffene und gute Muslime und gewannen so das Vertrauen der Menschen. Große Geldsummen von mehreren Tausend D-Mark wurden ihnen in bar überreicht, als Gegenwert erhielt man lediglich ein Stück Papier.

In den kommenden Jahren gingen jedoch viele dieser Firmen pleite, und das investierte Geld war verloren. Viele Familien hatten ihre gesamten Ersparnisse eingebracht und standen nun ohne Rücklagen da. Noch heute nehmen viele Kinder ihren Eltern diese Leichtgläubigkeit übel. Sie mussten eine Kindheit voller Entbehrungen hinnehmen, und am Ende profitierten andere von dem gesparten Geld. Diese Masche verhinderte, dass weder in der Türkei noch in Deutschland nennenswerte Investitionen getätigt oder beständige Werte geschaffen werden konnten, die für das irgendwann anstehende Erbe infrage gekommen wären.

Im Alltag blieb der Lebensstil der Gastarbeiterfamilien weiterhin sparsam, wenn nicht knauserig. Die Kinder wurden günstig eingekleidet, und auch große Familien mit drei oder mehr Kindern wohnten weiterhin in verhältnismäßig kleinen Wohnungen, weil man das Geld nicht für eine hohe Miete ausgeben wollte. Kemal, ein Mann um die vierzig, erzählte während der Beratung, wie sehr ihn eine solche Situation belastete: »Wir lebten mit sieben Personen in einer kleinen Dreizimmerwohnung. Meine Großeltern, meine Eltern und wir drei Kinder. Mein Großvater und mein Vater verdienten bei einem Hersteller für Autoteile gutes Geld, und jeder von ihnen verfügte über ein Gehalt von etwa 3000 D-Mark. Trotzdem blieben wir immer zu siebt in der kleinen Wohnung wohnen, da alles Geld gespart oder in die Türkei geschickt wurde. Wir Kinder hatten nie Platz für uns und wurden sehr einfach eingekleidet. Meine Großeltern mischten sich immer in unsere Erziehung ein und waren sehr streng. Mein Vater traf sich nach der Arbeit mit Freunden und kam oft erst spät abends nach Hause, weil auch er die Enge der Wohnung wohl nicht ertrug. Als Jugendlicher entschied ich mich mit achtzehn

Jahren zu heiraten, um der Wohnsituation und dem doppelten Zugriff durch Eltern und Großeltern zu entkommen. Die ganzen Ersparnisse, wegen denen wir so leben mussten, sind heute weg. Meine Eltern gingen, wie viele andere Gastarbeiter damals, einem Anlagebetrüger auf den Leim und verloren alles. Den Rest des Geldes gab die Familie in der Türkei aus. Für uns blieb praktisch nichts.«

Erst jetzt, mit vierzig Jahren, kann Kemal die Situation reflektieren und verstehen, warum er eine so große körperliche Abneigung empfindet, wenn er seine Großeltern anrufen soll. Noch immer mischen sich die Eltern und Großeltern in seine Pläne und Entscheidungen ein und meinen, alles besser zu wissen. Dabei erhält Kemal keinerlei Unterstützung der Familie, er hat sich um seine Angelegenheiten immer selbst gekümmert. Er gilt als der »Macher« der Familie. Seine beiden Geschwister bekommen mehr Unterstützung, da sie die vermeintlich schwächeren Glieder sind. Inzwischen hat er mit seiner Familie ein Haus gekauft, weshalb er jedoch ständig Vorwürfe zu hören bekommt: Es mache seine Geschwister traurig, seinen Erfolg zu sehen. Diese Art des Umgangs erlebe ich in sehr vielen Familien. Er sorgt für massive Konflikte zwischen den Generationen.

Während ihre Kinder in die Schule gingen und sich mit dem deutschen Leben auseinandersetzen mussten, hatten die türkischen Arbeitnehmer ihre Nische in Deutschland gefunden, und es hatte sich gezeigt, dass sie mit geringen Sprachkenntnissen über die Runden kamen. Den Bedürfnissen der Migranten folgend, hatte sich mit der Zeit eine Infrastruktur gebildet. Es gab nun – wenn auch kleine – Moscheen, diverse Läden, und auch einige Ärzte hatten sich auf die Bedürfnisse der Menschen eingestellt und türkisch sprechendes Personal eingestellt. So gingen die Jahre ins Land, lediglich unterbrochen von der jährlichen Fahrt in die Türkei. Das Leben war angefüllt mit Arbeit. Der Wunsch und das Ziel, in die Heimat zurückzukehren, blieb und half, das Leben in der Fremde mit all den Entbehrungen und Sehnsüchten auszuhalten. Die Idee, irgendwann wieder in die Heimat zu gehen, kenne ich aus den unterschiedlichsten Zusammenhängen oder von Angehörigen verschiedener Ethnien. In der einwandernden – also der ersten – Generation hegen fast alle diesen Wunsch.

Heute sind nahezu alle Arbeitsmigranten der ersten Generation türkischer Migranten im Ruhestand. Viele der Menschen konnten nicht bis zum regulären Renteneintrittsalter arbeiten, weil sie durch die jahrelange harte Arbeit körperlich so angegriffen waren, dass sie in Frührente gehen mussten. Mit dem Eintritt ins Rentenalter offenbart sich ein finanzielles Problem: Hatte man mit Überstunden und Schichtzulagen während des Arbeitslebens einen guten Lohn erhalten, so macht sich jetzt das niedrige Grundgehalt für ein ungelerntes Arbeitsverhältnis bemerkbar, auf dessen Basis die Rente errechnet wurde. Außerdem waren viele Menschen erst nach dem fünfunddreißigsten Lebensjahr eingewandert, weshalb sie nicht genügend viele Jahre in die Rentenkasse eingezahlt hatten, um die vollen Bezüge zu erhalten. Dies hat zur Folge, dass die erste Generation oft nur eine kleine Rente bekommt.

Die steigenden Mieten insbesondere in den Ballungsräumen der Großstädte, in denen die meisten Arbeitsmigranten aufgrund der Nähe zu den großen Betrieben leben, sind zu einem weiteren Problem geworden, das das Leben im Alter erschwert. Viele dieser Menschen sind nun gezwungen, ihre Wohnungen zu verlassen und in die Peripherie zu ziehen. Für einige ist dies Anlass, nun doch in die Heimat zurückzukehren. Dies bedeutet allerdings auch, Kinder und Enkelkinder in Deutschland zurückzulassen und dem Land, das in den letzten dreißig bis vierzig Jahren die Heimat war, den Rücken zu kehren.

Die, die es sich leisten können, pendeln zwischen Deutschland und der Türkei, verbringen einen ausgedehnten Sommer hier und den Winter dort. Auch meine Kinder müssen die Hälfte des Jahres auf die türkischen Großeltern verzichten. Die erste Generation fährt nach wie vor bevorzugt mit dem Auto in die Türkei, obwohl Flüge inzwischen günstig zu bekommen sind und ein deutlich komfortableres Reisen erlauben. Vielleicht ist es Nostalgie oder eine lieb gewonnene Routine, dass dennoch Jahr für Jahr das Auto gepackt wird, um Richtung Heimat aufzubrechen. Darüber hinaus eröffnet dies auch die Möglichkeit, viele Vorräte aus der Heimat mitzubringen, die dann über den Winter verbraucht werden können. Werden die Menschen älter, wird der Weg in die Türkei beschwerlich und irgendwann ganz unmöglich.

Mein Vater verbrachte die Jahre vor seinem Tod auch wieder ausschließlich in Deutschland, weil sein Gesundheitszustand die lange Reise in die Heimat nicht mehr zuließ. Sobald eine Pflegebedürftigkeit besteht, kommen manche wieder nach Deutschland zurück, weil zum einen die Kinder hier leben, auf deren Unterstützung man nun angewiesen ist, und weil man zum anderen hier Anrecht auf die Leistungen aus der Pflegekasse hat, in die man jahrzehntelang eingezahlt hat. Die überwiegende Mehrheit der türkischstämmigen Pflegebedürftigen wird jedoch zu Hause von Angehörigen gepflegt. Dies hat mehrere Gründe. In meinen Beratungen erlebe ich es oft, dass die Familien von pflegebedürftigen Menschen große Angst davor haben, ihre Alten in ein Pflegeheim zu geben. Dies ist einerseits damit zu begründen, dass es eine religiöse Pflicht ist, die alten und kranken Eltern zu pflegen und sie zu versorgen. Andererseits haben die Angehörigen die Sorge, dass ihre Verwandten nicht adäquat versorgt werden und etwa auf die religiösen Riten und Gebote nicht ausreichend Wert gelegt wird. Darüber hinaus ist das Pflegegeld ein wichtiger finanzieller Faktor, auf den viele Familien gar nicht ohne Weiteres verzichten können. Oft erlebe ich Familien, die aufgrund der Doppelbelastung von Arbeit und Pflege am Ende ihrer Kräfte sind. Dennoch braucht es viel Überzeugungsarbeit, bis sie bereit sind, ihre Angehörigen in eine Pflegeeinrichtung zu geben. Dies ist für viele wirklich die allerletzte Option.

Die letzte Ruhe möchten fast ausnahmslos alle Migranten, die in der Türkei geboren wurden, in der türkischen Heimat finden. Wenigstens dann möchte man heimkehren. Um in den Dörfern ihrer Herkunft nach islamischen Riten begraben werden zu können, hat sich inzwischen eine Art Infrastruktur rund um die letzte Ruhe gebildet. Man kann Versicherungen abschließen, durch die im Todesfall die Überführung in die Türkei organisiert und finanziert wird. Der Leichnam wird meist innerhalb kürzester Zeit in die Heimat geflogen, da die Bestattung möglichst schnell erfolgen muss. Eigentlich ist eine Frist von maximal 48 Stunden vorgesehen, die aber im Falle einer Überführung in die Türkei nicht immer eingehalten werden kann. In Deutschland gibt es bis heute nur wenige Städte, deren Friedhöfe einen Bereich bereithalten, in dem nach muslimischen Riten beerdigt werden kann.

Zwischen Eigenständigkeit und Unterordnung – die zweite Generation

Wenn von der »zweiten Generation« die Rede ist, sind die Kinder der Gastarbeiter gemeint. Sie sind heute meist zwischen dreißig und fünfzig Jahre alt. Nicht alle diese Kinder wurden in Deutschland geboren. Einige von ihnen verbrachten Jahre ihrer Kindheit in der Türkei und wurden erst später nach Deutschland geholt. Viele Kinder wurden aber auch in Deutschland geboren und erfüllen streng genommen nicht die Kriterien eines Migranten oder einer Migrantin. Dennoch hat die Migration ihrer Eltern einen großen Einfluss auf ihr Leben, sie hat es gewissermaßen vorbestimmt.

Es gibt eine Vielzahl von Begleiterscheinungen der Migration, die eine einschlägige Wirkung auf die folgenden Generationen hatten und immer noch haben. Da waren zunächst die allgemeinen Lebensumstände, die für deutsche Verhältnisse recht einfach gestaltet waren. Entbehrungen wurden von den Eltern immer mit dem Argument entschuldigt, dass das Geld nicht für unnötige Dinge oder Luxus ausgegeben werden soll, da es ja für ein gutes Leben in der Türkei bestimmt sei. Mein Vater, der keinen so strengen Sparkurs verfolgte, war einer der Ersten in unserer Straße, der einen neuen Wagen kaufte. Alle Nachbarn machten sich daraufhin über ihn lustig und erklärten es für verrückt, so viel Geld für ein Auto auszugeben.

Mein Vater aber liebte unseren grünen Ford Taunus. Es sollte das erste und letzte Auto sein, das er in seinem Leben kaufte. Als der Ford schließlich nach dreißig Jahren verschrottet werden musste, weinte mein Vater über den Verlust. Es war der einzige Luxus, den er sich in seinem Leben geleistet hatte.

Anders als in der deutschen Kultur werden alle möglichen Familienangelegenheiten in türkischen Familien oft in der Nachbarschaft und im Kreise der erweiterten Familie diskutiert. Lange andauernde Freundschaften werden ebenfalls irgendwann als familiäre Beziehung behandelt, dafür ist nicht immer zwangsläufig eine tatsächliche Verwandtschaft nötig. Es gibt einen starken Zusammenhalt, und es ist üblich, sich gegenseitig auch finanziell auszuhelfen. Dies wird erwartet und kann auch eingefordert werden. Diese weitreichenden freundschaftlich-familiären Strukturen können besonders in der Fremde hilfreich sein. Sie führen allerdings auch dazu, dass sich Verpflichtungen nicht so leicht ausschlagen lassen und man in Verruf gerät, wenn man nicht hilft, obwohl man es könnte. Darüber hinaus muss man es sich gefallen lassen, dass Entscheidungen, die das eigene Leben betreffen, von allen diskutiert und kommentiert werden. So geschehen bei unserem Auto.

Der Lebensstil der Familien war stets auf Sparsamkeit ausgerichtet. Familien mit Migrationshintergrund gaben kein Geld aus für kulturelle Aktivitäten, Kinderbetreuung, Nachhilfe, Sportvereine oder pädagogisch wertvolle Spielsachen. Dies alles gab es in unserem Leben nicht. Außerschulische Bildung, wie etwa das Erlernen eines Instrumentes oder die Pflege eines Hobbys im Verein, war unseren Eltern unbekannt. Wir unterschieden uns auch im Kleidungsstil von den deutschen Kindern. Unsere Mütter kauften unsere Kleidung entweder im Sommer in der Türkei oder auf den Märkten des Stadtteils. Wir trugen meistens selbstgestrickte Westen aus

Polyester in den quietschigsten Farben, die uns warm halten sollten, da alle türkischen Mütter stets in Sorge waren, dass ihre Kinder krank werden könnten. Die Erkrankung eines Kindes wurde von der Mutter selbst – aber auch von allen anderen – als Versagen der mütterlichen Pflicht wahrgenommen. Auch meine Mutter war der festen Überzeugung, dass eine Krankheit nicht etwa durch Bakterien oder Viren hervorgerufen wird, sondern allein durch Frieren oder noch schlimmer: schwitzen.

Wir türkischen Kinder waren also immer wärmer angezogen als andere Kinder und wurden sofort aufwendig getrocknet, wenn wir mal vom Spielen verschwitzt nach Hause kamen. Ein Phänomen, das noch heute zu beobachten ist, ist die Angewohnheit, dem schwitzenden Kind mehrere Lagen Stofftaschentücher zwischen Haut und verschwitztem T-Shirt zu schieben, um auf diese Weise zu verhindern, dass das Kind krank wird. Meine Mutter wechselte in unserer Kindheit genau deshalb auch jede Nacht mehrmals unsere Schlaf-Shirts. Sie selbst hätte sonst nicht ruhig schlafen können.

Ein besonderes Ereignis war die Anschaffung einer Jeanshose für meinen größeren Bruder anlässlich seiner Einschulung. Unsere Kleidung war immer sauber und ordentlich, aber eben auch immer sehr einfach und günstig. Eine Jeans sprengte das Budget und war etwas ganz Besonderes. Ich weinte sehr, weil mein Wunsch nach einer Jeanshose nicht erfüllt werden konnte. Einige Jahre später bekam ich zu meiner eigenen Einschulung dann endlich eine solche Hose, die von mir stets in Ehren gehalten wurde. Überhaupt wurde der eigene Besitz von uns Kindern immer sehr geschont und geschützt, da wir nur wenige Spielsachen und andere »wertvolle« Gegenstände besaßen. Auch das Konzept des Kinderzimmers war uns unbekannt. Unsere Hausaufgaben erledigten wir auf dem Fußboden der Wohnung. Die ganze Kleidung der Familie wurde in einem einzigen verhältnismäßig kleinen Kleiderschrank untergebracht. Es gab kaum Platz für uns Kinder. So nutzten wir die Straße und die nähere Umgebung, um zu spielen und uns mit anderen Kindern zu treffen.

Einmal lud mich ein deutscher Junge aus meiner Klasse zum Spielen zu sich nach Hause ein. Ich staunte nicht schlecht, als ich die fremde Wohnung betrat. Bis dato lebte ich in dem Glauben, dass alle Familien so lebten wie wir. Die Familie meines Klassenkameraden hatte viel mehr Platz, und er hatte ein eigenes Kinderzimmer ganz für sich allein. Ich weiß noch heute ganz genau, mit welchen Postern er die Wände des Kinderzimmers geschmückt und welches Spielzeug er hatte.

Als ich wieder nach Hause kam, erzählte ich meinen Brüdern von meinem Erlebnis. Es war noch wochenlang Thema bei uns. Für uns Kinder war der Umstand schwierig, dass unsere deutschen Klassenkameraden in so ganz anderen Umständen lebten als wir. Es war nicht möglich, ein Kind nachmittags zum Spielen nach Hause einzuladen, denn bei uns gab es weder nennenswertes Spielzeug noch ein Zimmer, das man hätte nutzen können. Nachdem wir gesehen hatten, wie andere Kinder lebten, wäre eine Einladung zum Spielen bei uns zu Hause nur beschämend für uns ausgegangen. Auch eine Kindergeburtstagsfeier fand bei uns nicht statt, nicht zuletzt, weil unsere Mütter gar nicht gewusst hätten, wie so ein Kindergeburtstag auszusehen hat. Folglich wurden die türkischen Kinder einige wenige Male zu Geburtstagsfeiern eingeladen, kamen ohne Geschenk, weil auch dieser Brauch unbekannt war, und wurden dann bald nicht mehr eingeladen, weil sie die Einladungen nicht erwiderten. So blieb auch unter den Kindern ein verwirrendes Gefühl des Andersseins auf beiden Seiten.

Überhaupt wussten die wenigsten türkischen Kinder, wann sie Geburtstag hatten. Eines Tages kam meine Grundschullehrerin morgens freudestrahlend auf mich zu, nahm mich in den Arm und gratulierte mir ganz herzlich zum Geburtstag. Ich nahm die Glückwünsche überrascht entgegen, versuchte mich zu fangen und mir meine Ahnungslosigkeit nicht anmerken zu lassen. Auf die Frage, was ich denn an meinem Geburtstag plane, phantasierte ich mir rasch eine Geburtstagsfeier samt Geburtstagskuchen zusammen, so wie ich es aus den Erzählungen meiner Mitschüler erinnerte. Nach Schulschluss lief ich weinend nach Hause und erzählte meiner Mutter, was passiert war. Nun fiel auch ihr ein, dass es der Tag meines Geburtstages war. Sie nahm mich fest in den Arm und weinte mit mir, weil die Situation in der Schule für mich so beschämend gewesen war. Nachmittags kauften meine Eltern noch ein Geschenk für mich, besorgten Kuchen, und wir feierten. Noch heute kann es vorkommen, dass meine Mutter den Geburtstag einer ihrer drei Söhne vergisst. Das liegt daran, dass Geburtstage in der türkisch-islamischen Kultur keine so große Bedeutung haben.

Langsam macht sich jedoch ein Umdenken bemerkbar. Kürzlich ereignete sich eine sehr rührende Begebenheit. Meine Tochter feierte ihren vierzehnten Geburtstag. Sie ist die erste Enkelin meiner Mutter, und die beiden verbindet ein sehr inniges Verhältnis. Bereits morgens war das Geburtstagskind reichlich beschenkt worden. Das wertvollste Geschenk wurde jedoch am Nachmittag von der türkischen Großmutter überreicht. Es handelte sich um eine selbst geschriebene Geburtstagskarte. Nun sollte man meinen, dass eine Karte zwar nett ist, aber kein Anlass, die ganze Familie zu Tränen zu rühren. In diesem Fall verhielt es sich aber anders: Meine Mutter besuchte die Schule für etwa drei Jahre. Sie kann kaum lesen und schreiben. Für die vier türkischen Sätze, die sie in die Karte schrieb, brauchte sie mehr als eine Stunde, und sie waren mit Fehlern übersät. Sie hatte jedoch für ihre Enkelin all ihren Mut zusammengefasst und diese Karte geschrieben, neben der alle kostspieligen Geschenke verblassten. Es war die erste Karte, die sie in ihrem Leben überhaupt geschrieben hat. Meine Tochter war überwältigt davon, dass ihre Großmutter sich so viel Mühe gemacht hatte.

Die Einschulung werden die meisten von uns türkischen Kindern der zweiten Generation eher als traurigen Moment in Erinnerung haben. Dass man für die Schule einen Schulranzen und weiteres Material benötigte, hatte sich herumgesprochen. Aber dass man am Tag seiner Einschulung eine Schultüte mit kleinen Geschenken und Süßigkeiten in den Arm gelegt bekam, davon wussten unsere Eltern nichts. Die allermeisten türkischen Kinder erschienen zu ihrer Einschulung also ohne die besagte Schultüte und betrachteten die der Mitschüler begierig. Nach dem Inhalt zu fragen, trauten wir uns damals nicht, und so blieb die ominöse Schultüte für uns ein Mysterium unserer Kindheit.

Auch schwang immer ein wenig Scham mit, wenn die Eltern aufgrund ihrer Unwissenheit und der fehlenden Deutschkenntnisse etwas verpassten oder anders handhabten als andere Eltern. So machten sich die meisten türkischen Mütter auf den Weg nach Hause, als wir Kinder nach der Feierlichkeit in der Aula das erste Mal in die Klasse geführt wurden. Alle anderen Eltern und Großeltern warteten Kaffee trinkend auf dem Schulhof auf das Wiedererscheinen ihrer Kinder, um den Tag zu Hause im Kreise der Familie feierlich zu begehen. Ich ging an diesem Tag gemeinsam mit meinem größeren Bruder nach Hause. Der Nachmittag war einer wie alle anderen Nachmittage auch.

Eine weitere von der Mehrheit der anderen Kinder abweichende Lebensrealität war der Umstand, dass wir ohne Großeltern aufwuchsen. Sie fehlten uns nicht nur an besonderen Tagen wie der Einschulung oder am Geburtstag, sondern ständig. Die Kinder ohne Migrationshintergrund erzählten immer von Ausflügen mit den Großeltern oder von Übernachtungen mit schönen Spielerlebnissen. Wir trafen unsere Großeltern bestenfalls einmal im Jahr, im Sommerurlaub. Meine Großeltern hatten in der Türkei noch viele andere Enkel, und meine Mutter war als Einzige von insgesamt fünf Kindern meiner Großeltern nach Deutschland ausgewandert. Ob ihre Sehnsucht nach uns genauso groß war wie unsere nach ihnen, weiß ich nicht. Wir freuten uns immer sehr auf die Ferien im Dorfhaus meiner Großeltern. Wir bekamen frisch gepressten Kirschsaft und durften auf dem Esel reiten, der meinen Großeltern die Feldarbeit erleichterte.

Die ersten Jahre in der Grundschule sind mir noch aus einem anderen Grund deutlich in Erinnerung geblieben. Ich hatte in der ersten und zweiten Klasse eine Lehrerin, die mit einem türkischen Mann verheiratet war. In unbeobachteten Momenten zog sie die türkischen Kinder beiseite, riss uns an den Ohren oder gab uns Backpfeifen, wenn wir uns ihrer Meinung nach nicht richtig verhalten hatten. Einige Male demütigte sie uns auf diese Weise sogar vor der ganzen Klasse. Wir Kinder hatten große Angst vor ihr und trauten uns nicht, uns unseren Eltern zu offenbaren. Eines Tages entdeckte meine Mutter blaue Flecken an meinem Oberarm, die von der besagten Lehrerin stammten. Sie hatte mich mal wieder sehr grob am Arm gepackt. Meine Mutter kam empört in die Schule und stellte die Lehrerin, die aufgrund ihrer Ehe mit ihrem türkischen Mann türkisch sprechen konnte, zur Rede. Diese verhielt sich in dem Gespräch sehr gelassen und argumentierte, dass sie sich lediglich dem Erziehungsstil der türkischen Eltern angepasst habe, die ihre Kinder ja auch alle schlagen würden. Damit war das Thema für sie erledigt. Meine Eltern konnten sich damals nicht besser zur Wehr setzen, weil sie nicht genug Deutsch sprachen, um sich an anderer Stelle Gehör zu verschaffen. In der dritten Klasse bekam ich glücklicherweise eine neue Lehrerin.

Ein weiteres Phänomen, das jedes Kind der zweiten Generation als peinliches Erlebnis in Erinnerung hat, war das Schulfrühstück. Es fing mit der Verpackung an: Hatten alle Kinder der Klasse ihr gesundes Frühstück mit Vollkornbrot, Obst und Gemüse in einer wohlsortierten Brotdose dabei, zogen die türkischen Kinder ein mehrfach in Alufolie und Plastiktüten verpacktes Paket aus der Schultasche. Waren die vielen Schichten Folie einmal abgewickelt, dann machte sich meist ein durchdringender Duft nach Knoblauchwurst und gebratenen Eiern breit. Unsere Mütter hatten morgens keine Mühe gescheut, sich an den Herd gestellt und ein üppiges Frühstück »gekocht«. Oft führte die Angst vor diesem peinlichen Moment dazu, dass das Frühstück unangerührt in der Schultasche blieb und der Magen bis zum Mittagessen knurrte. In diesem Falle gab es zu Hause natürlich Ärger, weil wir den ganzen Tag nichts gegessen hatten. Zudem wurden gut genährte Kinder als gesunde Kinder angesehen und im Umkehrschluss dünne Kinder als krankheitsanfälliger eingeschätzt. Auch dies fiel dann natürlich wieder auf die Mütter zurück, die nicht dafür gesorgt hatten, dass das Kind ausreichend isst.

Die meisten türkischen Mütter waren übrigens durchaus offen für den Wunsch ihrer Kinder, ihnen eine ganz normale Brotdose mit Vollkornbrot und Obst mitzugeben. Dies scheiterte aber oft allein daran, dass große Unkenntnis darüber herrschte, wo eine entsprechende Dose und das Vollkornbrot zu beschaffen waren.

Der treibende Wunsch von uns war immer, genauso zu sein wie die anderen, um möglichst nicht aufzufallen. Wir fürchteten jede Situation, die das Anderssein unterstrich und peinlich für uns endete. Auch die wöchentliche Kakaobestellung gehörte zu den schambesetzten Momenten. Die türkischen Kinder bekamen nie Geld mit in die Schule, weil die Bestellung ihren Familien zu teuer erschien. Die meisten anderen Kinder gaben am Ende der Woche ihre Kakao- oder Milchbestellung für die nächste Woche auf. In diesem Moment versuchte ich mich jedes Mal möglichst klein und unsichtbar zu machen, da ich nie Geld hatte und folglich nichts bestellen konnte.

Natürlich wurden in meiner Schule auch AGs angeboten. Ich wäre sehr gerne in die Flöten-AG gegangen. Da man dafür jedoch eine für unsere Verhältnisse teure eigene Flöte hätte anschaffen müssen, traute ich mich erst gar nicht, meine Eltern zu fragen. Ich belegte also eine andere AG.

Eine Klientin erzählte von einem anderen prägenden Erlebnis. Eines Tages wurden in der Schule Elternbriefe ausgeteilt. Dies war immer eine große Herausforderung für die Eltern, da diese Briefe oft recht ausführlich und kompliziert geschrieben waren und man ständig Sorge hatte, etwas nicht richtig zu verstehen. In dem ersten Brief handelte es sich um die Ankündigung der anstehenden Karnevalsfeier in der Schule mit der Bitte, die Kinder im Kostüm in die Schule zu schicken. Ein weiterer Brief kündigte eine Übernachtung in der Schule an, die bald auf die Karnevalszeit folgen sollte. Die Eltern bemühten sich sehr, das Geschriebene zu verstehen, und die ganze Familie beteiligte sich an der Entzifferung. Schließlich schickte man das Kind zum Karneval im Schlafanzug in die Schule, und die Klientin versank angesichts ihrer kostümierten Klassenkameraden vor Scham im Boden. Zum Glück ahnte ihre Lehrerin bei ihrem Anblick den Irrtum und half ihr über die peinliche Situation hinweg. Dieser schamhafte Moment blieb ihr dennoch bis heute im Gedächtnis.

Eine weitere Belastung für alle Angehörigen der zweiten Generation war die allgegenwärtige Verpflichtung, in jeder erdenklichen Situation für die Eltern zu übersetzen. Dies fing beim eigenen Elternsprechtag an und reichte über Arztbesuche bis hin zu Behördengängen. Oft ging es um Inhalte, die nicht unbedingt für Kinderohren geeignet waren, und so gingen viele wichtige Details in der kindlichen Übersetzung unter. Zudem stellte sich ein Gefühl der Scham bei uns ein, weil die eigenen Eltern auch nach vielen Jahren in Deutschland sprachlich nicht in der Lage waren, ihre Angelegenheiten selbst zu regeln. Denn wir bekamen als Kinder natürlich den Unmut der deutschen Gesellschaft über die fehlenden Deutschkenntnisse unserer Eltern mit. Während andere Kinder spielen konnten, verbrachten viele türkische Kinder ihre Nachmittage in Wartezimmern von Ärzten oder Behörden.

Die Aufgabe des Dolmetschers gilt es noch heute zu erfüllen. Die Mütter haben oft nie Deutsch gelernt, und die pensionierten Väter haben ihre bescheidenen Sprachkenntnisse inzwischen oft wieder verloren. Immer wieder kommen Hilfe suchende Menschen zu mir, die die ständige Verpflichtung, für die Eltern zu übersetzen, als regelrecht traumatisch in Erinnerung haben und bei jeder erneut auftretenden Situation einen kaum zu überwindenden inneren Widerstand gegen diese Aufgabe verspüren. Oft ist es zudem so, dass die auf die Übersetzung angewiesenen Personen großes Misstrauen hegen und es in diesem Zusammenhang zu Konflikten kommt, weil man vermeintlich nicht richtig übersetzt hat oder gar Details verschweigen würde. Die vielen Gelegenheiten, in denen eine Übersetzung nötig war, führten also bei den Kindern zu Ärger und Widerstand und bei den Eltern zu Misstrauen. Letztere mussten sich in solchen Momenten in die Abhängigkeit ihres Kindes begeben, was für sie nicht einfach war.

Der Plan für die Sommerferien war immer der gleiche. Es ist wohl ein Phänomen, das alle Kinder der zweiten Generation kennen, egal, woher ihre Eltern kommen (es sei denn, dort herrscht gerade Krieg). Am letzten Schultag wurde das Auto gepackt, und sobald die Kinder aus der Schule kamen, machte sich die ganze Familie glücklich und beseelt von dem Gedanken, die Heimat endlich wiederzusehen, auf den Weg. Bei uns in der Wohnsiedlung standen vor jedem Mehrfamilienhaus Autos, die mit Koffern auf dem Dachgepäckträger darauf warteten, dass eine mindestens fünfköpfige Familie sie besteigen und in Richtung Türkei davonbrausen würde. Von den Nachbarn wurde beim Start der obligatorische Eimer Wasser verschüttet. Dieses Ritual wurde von dem Ausspruch *»su gibi git, su gibi gel«* begleitet, der wörtlich mit »geh wie Wasser, komm wie Wasser« übersetzt werden kann. Damit wird den Reisenden eine möglichst unproblematische, schnelle Reise gewünscht.

Es war natürlich nie der schöne Strandurlaub, den die meisten Deutschen wohl mit der Türkei verbinden. Auf uns warteten sechs Wochen Dorfleben und Verwandtenbesuche irgendwo in Zentralanatolien. Die Familie in der Türkei erwartete Geschenke, und so wurde jeder erdenkliche Stauraum mit Schokolade in erheblichem Umfang – die mit den ganzen Nüssen von einem bekannten Discounter – sowie mit Shampoo und gesalzenen Erdnüssen gefüllt. Warum es gerade diese sonderbare Mischung von Mitbringseln sein musste, ist mir bis heute ein Rätsel. Das Auto war so vollgepackt, dass wir Kinder die gesamte Autofahrt mit angezogenen Beinen dasitzen mussten. Meine Eltern hatten eine Handvoll Kassetten mit türkischer Musik, die die gesamte Fahrt über liefen und uns auf die Heimat einstimmten.

Im Dorf erwartete uns die Feldarbeit der Sommermonate, an der sich alle beteiligen mussten. Wir verbrachten unsere Ferien also mit der Ernte von Obst und Gemüse, dem Waschen von Schafwolle, dem Trocknen von Kräutern und Aprikosen und dem Sammeln von Walnüssen. Auf dem Rückweg war das Auto bis zum Bersten vollgepackt mit Produkten aus der Heimat, die unseren Eltern die Zeit bis zum nächsten Heimaturlaub erleichterten. Für uns hieß das wieder – macht euch möglichst klein.

Zurück in Deutschland wartete nach den Ferien der Erzählkreis in der Schule auf uns. Meine Mitschüler erzählten immer von den schönsten Ferienerlebnissen an den unterschiedlichsten Orten, wir türkischen Kinder begannen und endeten gleichzeitig mit dem Satz: »Wir waren in der Türkei.« Natürlich hatte es da auch schöne Momente gegeben, aber die schienen uns damals nicht weiter erzählenswert.

Im Laufe meiner Grundschulzeit überwand ich die sprachlichen Defizite und bekam am Ende der vierten Klasse eine Empfehlung für das Gymnasium. Da sich meine Eltern mit dem deutschen Schulsystem und dem Unterschied zwischen den einzelnen Schulformen nicht auskannten, meldeten sie mich zunächst dennoch an einer nahe gelegenen Realschule an. Das nächste Gymnasium war weiter weg, und alle Nachbarkinder besuchten Schulen in der nahen Umgebung.

Auf der Realschule war ich zusammen mit einem anderen Jungen der einzige Türke in der Klasse. Bereits nach sechs Wochen wurden meine Eltern in die Schule zitiert. Die Schule hielt mich weder von meinen Leistungen her noch von meinem Verhalten für geeignet, dort zu bleiben, und hatte mich bereits bei der nahe gelegenen Hauptschule angekündigt. Mein älterer Bruder wurde bei dem Gespräch als Übersetzungshilfe von der Schulleitung nicht zugelassen. Man legte meinen Eltern ein Dokument über meinen Schulwechsel vor, das von ihnen ohne Kenntnisse des Inhaltes unterschrieben wurde. Wir wurden praktisch vor vollendete Tatsachen gestellt. Meine siebte Schulwoche auf der weiterführenden Schule begann ich also auf der Hauptschule, wo die überwiegende Zahl der Kinder in meiner Klasse türkischstämmig war.

Der andere türkische Schüler, der mit mir in der Klasse auf der Realschule gewesen war, folgte mir wenige Wochen später. Mein Abitur absolvierte ich erst viele Jahre später am Abendgymnasium. Auch dort wurde ich nach wenigen Wochen zur Schulleitung gerufen, wo man mir sagte, dass ich doch ein oder besser zwei Jahre in den Vorbereitungskurs gehen solle, da man die Erfahrung gemacht habe, dass Schüler mit meinen Voraussetzungen das Abitur nicht schaffen würden. Ich entschied mich dagegen und machte mein Abitur in der Regelzeit nach drei Jahren als einer der wenigen Übriggebliebenen aus dem Kurs, zwei Drittel meiner Mitschüler hatten abgebrochen. Erst während meiner Abschlussarbeit für mein Studium, die ich über Bildungschancen und Benachteiligungen von Menschen mit Migrationshintergrund im deutschen Schulsystem schrieb, stieß ich auf meine alten Zeugnisse und erfuhr so zum ersten Mal, dass ich die Grundschule mit einer Gymnasialempfehlung verlassen hatte.

Die Unvoreingenommenheit der Kindheit verließ uns langsam, und als Jugendliche wurden wir uns mehr und mehr unseres Andersseins bewusst. Erlebnisse der Ungleichbehandlung und das häufige Hinterfragen von Kultur und Religion, das wir fast immer erlebten, führten zu einem Gefühl des Abgelehntwerdens. Ich erinnere mich zum Beispiel an regelmäßige Diskussionen in der Schule während des Ramadan. Immer wieder wurde die Fastenpraxis hinterfragt und kritisiert. Sicher war da oft auch die eine oder andere Fehlinterpretation unsererseits im Spiel, manche waren tatsächlich auch einfach nur interessiert, etwas über den Fastenmonat zu erfahren. Aber es gab auch viele Beispiele, die klar als diskriminierend oder sogar fremdenfeindlich eingeordnet werden müssen.

Gut kann ich mich auch daran erinnern, dass ich einmal während meiner Ausbildung für eins meiner Werkstücke eine Fünf vom Meister erhielt. Enttäuscht warf ich das stundenlang bearbeitete Metallstück in den Müll. Ein deutscher Azubi aus meiner Ausbildungsgruppe fragte mich, ob er es nehmen dürfe, da er seines nicht fertig bekommen habe. Ich erlaubte es ihm, sagte aber, dass ich eine schlechte Note dafür erhalten hätte. Wenig später kam der besagte Kollege zurück. Er hatte für mein Werkstück, für das ich nur wenige Minuten zuvor den Spott meines Meisters und eine schlechte Note kassiert hatte, eine Eins bekommen. Eine Offenlegung der Situation hätte meinen Kollegen verraten, weshalb ich damals nichts sagte.

Diese und ähnliche Erlebnisse verursachten Wut. Das Gefühl der Machtlosigkeit insbesondere im Zusammenhang mit Institutionen lässt sich nur schwer ertragen und ruft seinerseits Ablehnung hervor. Diese Gefühle suchen sich ihren Weg und äußern sich bei Jugendlichen oft in abwertenden Floskeln, die sich dann gegen einen größeren Personenkreis richten, weil sie in ihrer Bewertung dazu neigen, ihre Eindrücke zu generalisieren. Als Jugendliche überkam uns immer ein Gefühl der Überlegenheit, wenn es auf die Ferien zuging und wir wussten, wir würden den Sommer in der Türkei verbringen. Großspurige Parolen darüber, wie schlecht in Deutschland doch alles sei und wie viel cooler die Türkei sei, machten dann unter den Jugendlichen die Runde. Bei unseren deutschen Lehrern, Freunden und Nachbarn mag das eine gewisse Verblüffung oder Ärger ausgelöst haben. Für uns war es eine Art Psychohygiene, um unseren verletzten Stolz zu besänftigen und dem Ohnmachtsgefühl entgegenzutreten.

In der Türkei mussten wir dann allerdings die Erfahrung machen, auch dort als Ausländer, als Deutschtürken – *Almancı* – angesehen zu werden. Ganz »klein mit Hut« kamen wir am Ende des Sommers zurück nach Deutschland, erleichtert, wieder zu Hause zu sein.

Leider wiederholte sich dieses Phänomen im Jahresrhythmus. Dieses Gefühl, sich nirgendwo so richtig zu Hause zu fühlen, betrifft alle Generationen mit Ausnahme der ersten Generation. Ein Grund dafür mag auch der sukzessive Verlust der Muttersprache sein. Selbst die zweite Generation, die mit ihren Eltern noch fast ausschließlich türkisch gesprochen hat, ist sprachlich nicht mehr so fit und fällt in der Türkei nicht zuletzt deshalb sofort auf.

Deutsch-türkische Freundschaften waren in meiner Jugendzeit oft schwierig. So gesellte ich mich in meiner Abiturzeit einmal zu meinen Mitschülern, die gerade dabei waren, einen Abend in der Kneipe zu planen. Ich fragte, warum sie mich nicht in ihre Pläne einbeziehen würden, und bekam die Antwort: »Ach, ihr Türken trinkt doch eh keinen Alkohol und rastet sofort aus, wenn man einen Spruch über eure Freundinnen macht.« Der besagte Mitschüler versuchte noch, seine Aussage als Spaß hinzustellen, nachdem er meine Überraschung wahrgenommen hatte, die Botschaft war aber schon angekommen.

Während meines Studiums ereignete sich folgende Situation: Ich war auf eine Party eingeladen und saß auf einem Sofa, über dessen Lehne mehrere Jacken lagen. Eine junge, nicht mehr ganz nüchterne Frau suchte in ihrer Jacke nach ihren Zigaretten. Sie sah mich an und sagte: »Hast du meine Zigaretten genommen? Ihr Türken klaut doch alle.«

All diese Erlebnisse vermitteln die Botschaft, aufgrund der kulturellen Unterschiede und der eigenen Ethnie nicht dazuzugehören oder mit der Andersartigkeit irgendwie nicht reinzupassen.

Für die Herausbildung einer eigenen stabilen Identität ist ein Zugehörigkeitsgefühl indes von großer Wichtigkeit. Fühlt man sich häufig abgelehnt, so wird diese Wahrnehmung in die eigene Identität integriert mit dem Resultat, dass sich ein Ohnmachtsgefühl einstellt oder man sich in der Opferrolle einrichtet, die ihrerseits wieder die Gefahr birgt, dass vorschnell Kategorien und Vorurteile gebildet werden, die einen klaren Blick und eine wertfreie Einschätzung der Situation nahezu unmöglich machen.

Die meisten dieser diskriminierenden Ereignisse passieren im Verborgenen, nur wenige werden publik, ebenso wie der Schaden, den sie auslösen. Am 24. Mai 1982 zündete sich die Lyrikerin Semra Ertan auf offener Straße an, um auf die zunehmende ausländerfeindliche Atmosphäre im Land aufmerksam zu machen. In ihrem berühmtesten Gedicht »Mein Name ist Ausländer« spricht sie über Ablehnung und Gefühle der Fremdheit, ausgelöst durch die Haltung der deutschen Gesellschaft, aber auch die Vorgehensweise der türkischen Heimat. Sie erlag zwei Tage später ihren schweren Verbrennungen.

Die meisten von uns in der zweiten Generation machten einen Haupt- oder Realschulabschluss. Viele traten in die Fußstapfen ihrer Väter und begannen ihre Ausbildung in den großen Industriebetrieben. Es war insofern ein gesellschaftlicher Aufstieg zu erkennen, als dass wir zum großen Teil Fachausbildungen absolvierten und danach eine Anstellung als Facharbeiter bekamen. Auch ich wurde zunächst als Industriemechaniker ausgebildet.

Ein Abitur machten nur die wenigsten, da dies die Unterstützung des Elternhauses vorausgesetzt hätte, die jedoch bei den allermeisten nicht zu erwarten war. Es ging hier einerseits um materielle Unterstützung im weitesten Sinne, wie etwa die Bereitstellung eines adäquaten Arbeitsplatzes zum Lernen, die Finanzierung einer Nachhilfe oder einer Hausaufgabenbetreuung und Ähnliches. Andererseits fehlte auch eine mentale Unterstützung in Form von motivierendem Zuspruch und der klaren Haltung, dass ein Abitur sinnvoll und machbar ist. Unsere Eltern lösten durch ihre Äußerungen eher das Gegenteil aus. Kinder, die aus einem bildungsnahen Haushalt kommen, bilden ein ganz anderes Selbstverständnis aus. Bei ihnen löst der Gedanke, nach der Schule eine Universität zu besuchen, nicht sofort Zweifel aus, ob das überhaupt zu schaffen ist.

Die meisten Kinder und Jugendlichen wurden von ihren Eltern dazu angehalten, eine handwerkliche Ausbildung zu machen, da dies nah an der eigenen Lebensrealität war und Unkenntnis über Studiengänge und qualifiziertere Ausbildungen herrschte. Viele meiner Klienten berichten, dass sie von ihren Eltern immer das Gefühl vermittelt bekamen, dass die Kinder anderer Familien besser, klüger und folgsamer seien. Dies passierte vermutlich in der Absicht, die eigenen Kinder anzuspornen und sie in die gewünschte Richtung zu lenken. Leider resultierte daraus jedoch ein ständiger Kampf um Anerkennung und das Gefühl, nie gut genug zu sein. Diese Strategie verfolgten offenbar sehr viele türkische Eltern, und folglich begegnet mir dieses Thema in meinen Beratungen ziemlich oft.

Auch machte sich bei der Berufswahl der Kinder die allgemein vorhandene Ängstlichkeit der ersten Generation bemerkbar. Diese hatte sich im Laufe der Jahre aufgrund der unsicheren Rahmenbedingungen, die eine Migration mit sich bringt, herausgebildet. Eine solche Grundangst führt dazu, dass man sein Leben so gestaltet, dass es ein Minimum an Unwägbarkeiten und ein Maximum an Bekanntem gibt. Dieser Umstand erschwerte es der zweiten Generation zusätzlich, neue (berufliche) Wege zu gehen.

Auch der Schritt ins eigene, selbstständige Leben, etwa durch die Gründung einer eigenen Familie, wurde dadurch erheblich beeinträchtigt. Insbesondere die Jungen wurden durch den Erziehungsstil ihrer Eltern und deren Ängstlichkeit nicht gerade optimal auf ein Leben in Eigenverantwortung vorbereitet. Bei der Suche nach einer geeigneten Frau fürs Leben ging es besonders darum, jemanden zu finden, die bereit war, ihren Partner und möglichst auch die zukünftigen Schwiegereltern vollumfänglich zu versorgen und dabei möglichst nicht viel Aufhebens zu machen. Das türkische Sprichwort *»ağzı var, dili yok«* (»Sie hat einen Mund, aber keine Zunge«) beschreibt die Wunschschwiegertochter ziemlich gut. Sie soll alle Forderungen folgsam erledigen und dabei möglichst keine Fragen stellen und nicht aufbegehren. In Deutschland waren solche Frauen eher nicht zu finden. Viele junge Männer scheiterten deshalb bei der eigenständigen Partnersuche und griffen auf die Tradition zurück, die Eltern nach einer Partnerin suchen zu lassen. War dann eine geeignete Ehefrau gefunden, so war die Verantwortung, fortan für eine Familie sorgen zu müssen, die nächste große Belastung, die Unsicherheiten und Ängste auslöste.

Viele umgingen diese Situation, indem sie erst gar keine Familie gründeten. Diese Art der Biographie begegnet uns bei Angehörigen der zweiten Generation häufiger. Ich kenne einige Männer meiner Generation, die ihr Leben allein bestreiten. Ihr Anteil in dieser Generation erscheint mir höher als im Rest der Gesellschaft. Ihre Eltern sind inzwischen alt oder sogar schon verstorben. Die Geschwister haben eigene Familien gegründet und leben ihr Leben. So bleibt die Rolle als Onkel – und ein ansonsten ziemlich einsames Leben. Der Zeitpunkt, zu heiraten und eine eigene Familie zu gründen, ist verpasst. Schuld daran ist der hohe Erwartungsdruck, verbunden mit der Angst, nicht gut genug zu sein, und der Unfähigkeit, sich in unbekannten Situationen zurechtzufinden.

Es gab jedoch auch Eltern, die der Überzeugung waren, dass ihre Kinder unbedingt studieren müssten, und die dieser Vorstellung mit großem Druck nachgingen. Ich lerne bei meinen Beratungsterminen immer wieder Menschen kennen, die viele Jahre ihres Lebens mit einem Studium verbracht haben, das sie nie abgeschlossen haben. Meist führen die als Kind erworbenen inneren Überzeugungen, selbst »nicht gut genug« zu sein, dazu, dass ein Studium scheitert. Es vergehen viel zu viele Jahre an der Uni, ehe man es schafft, sich einzugestehen, dass man die Anforderungen nicht erfüllen kann. Viel schwerwiegender ist jedoch die Enttäuschung der Eltern, wenn man ihnen erklären muss, dass man gescheitert ist. Zu dem Frust kommt hinzu, dass es nach den vielen Jahren oft aussichtslos ist, eine andere Ausbildung zu beginnen. So kommt es, dass diese Menschen nach einem abgebrochenen Studium meist in einem ungelernten Arbeitsverhältnis tätig sind.

Dennoch ist die heute erwachsene zweite Generation weitestgehend gut etabliert. Die überwiegende Zahl der Menschen befindet sich in teilweise langjährigen Angestelltenverhältnissen oder wagte den Schritt in die Selbstständigkeit. Bei der Partnerwahl bietet sich ein differenziertes Bild. Viele Menschen mit türkischem Migrationshintergrund haben einen Partner mit einer ähnlichen Biographie geheiratet. In der zweiten Generation begegnet uns ebenso noch recht häufig die sogenannte Heiratsmigration. Das heißt, dass einer der Partner erst mit der Eheschließung die Türkei verlässt. In der überwiegenden Zahl der Fälle lernen die zugezogenen Partner nicht die deutsche Sprache und finden nicht in den Arbeitsmarkt. Sie sind wegen der sehr geringen Sprachkenntnisse höchstens im Bereich der geringfügigen Beschäftigungen oder im Niedriglohnsektor angestellt. Insbesondere bei zugezogenen Frauen bedeutet dies, dass sie die Rolle der Hausfrau und Mutter einnehmen müssen. Die Männer, die eine solche Ehe eingehen, sind dadurch gezwungen, alle außerhäuslichen Angelegenheiten selbst zu regeln. Sie nehmen Elternsprechtage an der Schule ihrer Kinder wahr, erledigen Telefonate, Behördengänge und sonstige Aufgaben für Partner und Kinder, für die die deutsche Sprache benötigt wird. Auch für sie ist die Situation alles andere als ideal.

Es gibt aber auch viele binationale Ehen. Im Gegensatz zur ersten Generation war es für die Angehörigen der zweiten Generation weitestgehend klar, dass sie ihr Leben hier in Deutschland planen und gestalten würden. Mit Ausnahme der aus der Türkei angeheirateten Partner sind sprachliche Barrieren in dieser Generation meist kein Thema mehr.

Oft hört man, dass die türkischstämmigen Mitbürger unter sich bleiben wollten und eine Schwiegertochter mit einer anderen Nationalität in der Familie nicht geduldet wird. Diese Einschätzung kann ich aus meiner eigenen Erfahrung und meinem Umfeld nicht teilen. Meine deutsche Ehefrau wird in meiner Familie sehr geschätzt. Ihr wird ein großes Vertrauen entgegengebracht, und sie wird von ihr behandelt wie eine eigene Tochter. Die typischen Erwartungen, wie sie an eine türkische Schwiegertochter herangetragen werden würden, fallen in unserem Fall einfach weg. Meine Frau wird nicht dazu angehalten, Tee zu servieren, und wenn ihre Hilfe benötigt wird, dann wird sie freundlich darum gebeten. Würde man meine Familie fragen, ob eine türkische Schwiegertochter nicht doch besser wäre, würden sie dies rundheraus verneinen. Im Gegenteil, sie sind stolz auf »ihre« Deutsche in der Familie. Aus meinem Freundes- und Bekanntenkreis weiß ich, dass es oft die Familie auf der deutschen Seite ist, die große Ressentiments gegen die binationale Ehe hat.

Darüber hinaus stellt sich für mich ehrlich gesagt eher die Frage, ob eine Ehe zwischen einem in Deutschland lebenden Menschen mit türkischem Migrationshintergrund und einer aus der Türkei angeheirateten Person nicht eher als binationale Ehe bezeichnet werden muss, da die Entwicklung der Gesellschaft hier eine andere Richtung genommen hat als die in der Türkei. Viele dieser Ehen sind von Beginn an konfliktbehaftet und verlangen eine große Anpassungsleistung. Sprache und Religion sind zwar gleich, aber die Sozialisation unterscheidet sich in vielen Belangen deutlich voneinander. Ich habe in vielerlei Hinsicht wesentlich mehr Gemeinsamkeiten mit meiner deutschen Frau, als ich sie mit einer Türkin aus der Türkei hätte. Egal, wie man sich entscheidet, Anpassungsleistungen sind in jedem Fall zu erbringen.

Wenn man all dies beachtet, steht die zweite Generation deutlich unter dem Eindruck der Migration ihrer Eltern. Die weitreichende Entscheidung ihrer Eltern, nach Deutschland zu gehen, und der Umstand, dass die Familien viele Jahre in dem Glauben lebten, wieder zurück in die Türkei zu gehen, prägte ihr Leben entscheidend. Die Lebensumstände der Familien waren mehr als einfach und nicht mit dem Leben von Familien ohne Migrationshintergrund zu vergleichen. Sie lernten erst mit dem Schuleintritt Deutsch, und da auch vonseiten der Schule davon ausgegangen wurde, dass die Familien zurückgehen würden, wurden keine großen Anstrengungen unternommen, die Kinder vernünftig einzugliedern und zu fördern. Sie mussten viele Nachteile in Kauf nehmen, sich stets mit den Gleichaltrigen ohne Migrationshintergrund vergleichen und sich für das Gelingen ihrer Biographie deutlich mehr anstrengen. Dennoch ließen sich auch mit viel Einsatz keineswegs alle Nachteile ausgleichen. Dazu kommt, dass sie hin- und hergerissen waren zwischen dem Leben in Deutschland und einer vermeintlichen Zukunft in der Türkei, die als Option nie ganz aufgegeben wurde. Doch ebenso wie es in Deutschland Probleme gab, war einem auch die Türkei fremd geworden. Die Option, bei »Nichtgefallen« einfach in die Türkei zu wechseln, gab es so nicht.

Aus heutiger Perspektive muss man sagen, dass beide Seiten, sowohl der deutsche Staat als auch die eingewanderten Familien, mit der Situation überfordert waren.

Kofferkinder

Welche Wunden die Migration generationenübergreifend hinterlassen kann, lässt sich an den sogenannten Kofferkindern der zweiten Generation exemplarisch ablesen. Ihnen soll hier daher besondere Aufmerksamkeit zuteilwerden. Kofferkinder meint Kinder von Migranten, die oft mehrfach zwischen der Türkei und Deutschland hin- und hergeschickt wurden, in anderen Fällen blieben sie ohne die Eltern in der Türkei zurück. In der Rückschau können viele Aspekte dieses Lebens als traumatisch eingestuft werden. Diese Erlebnisse haben das Leben dieser Menschen nachhaltig beeinträchtigt und tun dies bis heute. Das Phänomen der Kofferkinder ist abseits der deutschtürkischen Community in unserer Gesellschaft weitestgehend unbekannt. Es hat jedoch so viel Leid über die Familien gebracht, Lebensgeschichten maßgeblich geprägt und damit auch große Auswirkungen auf die allgemeine deutsche Gesellschaft, dass ich gesondert darauf eingehen will.

Wir sprechen hier keineswegs über ein seltenes Phänomen. Schätzungen gehen von etwa 700 000 solcher Kofferkinder in Deutschland aus. Nahezu jede türkischstämmige Familie hat ein Kofferkind in ihrem Kreis. Viele andere aber sind diesem Schicksal noch nie begegnet. Was also sind Kofferkinder?

Da waren zunächst die Kinder, die von ihren Eltern in der Türkei bei Verwandten untergebracht und zurückgelassen wurden. Das Abenteuer Deutschland sollte nur wenige Jahre dauern, und dort wäre aufgrund der Arbeit keine Zeit für die

Betreuung der Kinder gewesen, so dachte man. In diesem Falle arbeiteten meist sowohl die Männer als auch die Frauen. Also wurden die Kinder bei der Tante, den Großeltern oder anderen mehr oder weniger bekannten Verwandten zurückgelassen. Oft waren die Kinder dabei noch im Kleinkindalter. Die Eltern, im Glauben, das Beste für die Familie zu tun, wollten möglichst viel Geld verdienen, um die Lebensperspektive für die Familie in der Türkei zu verbessern.

Meistens wurden die Kinder vor vollendete Tatsachen gestellt, ohne zu wissen, wann sie die Eltern wiedersehen würden. Untergebracht bei einer Familie, in der oft auch leibliche Kinder lebten, wurden sie nicht selten benachteiligt und kaum je mit der gleichen Liebe und Zuneigung bedacht wie die eigenen Kinder. Die »Pflegeeltern« wurden selbst oft vor vollendete Tatsachen gestellt, da sie aus einer familiären Verpflichtung heraus nicht nein sagen konnten. Die zusätzlichen Kosten stellten ebenfalls eine Belastung für diese Familien dar.

Wenn heutzutage ein Kind in einer Pflegefamilie untergebracht wird, dann bringt dieser Umstand häufig diverse Probleme mit sich. Angefangen von vermutlich großen Schwierigkeiten in der Herkunftsfamilie, verbunden mit der Inobhutnahme und/oder der Ablehnung durch die leiblichen Eltern bis hin zur Neuorientierung in der Pflegefamilie. Die Kofferkinder erlebten ebenfalls die Situation, aus den vertrauten Bezügen herausgerissen und zu ihnen oft völlig fremden Menschen geschickt zu werden. Auch hatten die aufnehmenden Familien diese Situation so ebenfalls nie gewollt. Adoptiv- oder Pflegeeltern entscheiden sich normalerweise ganz bewusst für die Situation, ein fremdes Kind in ihrer Familie aufzunehmen. Dies stellt eine gänzlich andere Ausgangssituation dar. Oft wussten die Familien auch gar nicht, für wie lange diese (Not-)Lösung würde funktionieren müssen. Genauso wie die Kofferkinder selbst gingen sie praktisch jeden

Sommer erneut davon aus, dass das Pflegekind wieder zu den Eltern gehen würde.

Die Eltern sahen ihre Kinder in der Regel einmal im Jahr – in den Werksferien der Betriebe – und versuchten dann oft, alles nachzuholen, was über das Jahr verpasst worden war.

Das Schicksal, ein Kofferkind zu werden, ereilte meist die Erstgeborenen. Oft traf die Entscheidung der Familie, eines der Kinder in die Türkei zu schicken, auch die Mädchen, weil ihre Erziehung in der Fremde als schwieriger galt. Sie wurden in einen türkischen Haushalt geschickt, in dem sie von der Großmutter oder der Tante auf das Leben als Hausfrau und Mutter vorbereitet wurden. Die Eltern dieser Kofferkinder sind häufig auch nach Jahrzehnten noch der Meinung, das Beste für ihr Kind getan zu haben, und überzeugt, dass es keine Alternative gegeben habe.

Ein weiterer Grund, ein Kind in die Türkei zu schicken, war die Abwendung eines Verfahrens auf Überprüfung des sonderpädagogischen Förderbedarfs. Vielen Kindern, die aus unterschiedlichsten Gründen nicht die Schulleistungen erbrachten, die erforderlich gewesen wären, drohte eine solche Überprüfung. Dabei wurde weder dem Umstand Rechnung getragen, dass die Kinder Deutsch als Zweitsprache lernten, noch der Tatsache, dass die allermeisten türkischen Kinder nicht den Kindergarten besucht hatten und erst mit der Einschulung anfingen, deutsch zu sprechen. In den siebziger und achtziger Jahren war es noch nicht so aufwendig, ein solches Verfahren einzuleiten, weshalb häufiger zu diesem Mittel gegriffen wurde, anstatt die Nachteile der Kinder mit entsprechender Förderung auszugleichen. Darüber hinaus fehlten den Eltern schlicht die Deutschkenntnisse, um die Tragweite einer solchen Entscheidung wirklich zu erfassen. Oft unterschrieben sie die Unterlagen, ohne zu wissen, was genau sie da taten. Die Familien setzten sich auch deshalb oft nicht zur

Wehr, weil sie Angst hatten, das Jugendamt könnte ihnen die Kinder wegnehmen.

Diese eher diffuse Angst hielt sich hartnäckig und sorgte oft dafür, dass man Entscheidungen der Schule oder auch anderer Behörden akzeptierte, um zu verhindern, dass man die Kinder abgeben musste. Auf diese Weise wurden viele Schullaufbahnen gelenkt, die dann meist in ein ungelerntes Arbeitsverhältnis mündeten, ohne nennenswerte Möglichkeit des beruflichen Aufstiegs.

Es sprach sich jedoch herum, dass ein Besuch der Förderschule eine gut bezahlte, ordentliche Arbeit nahezu unmöglich machte und außerdem ein Stigma für die Familie bedeutete. Drohte also ein solches Verfahren, verschwanden die Kinder oft binnen weniger Wochen – auch mitten im Schuljahr – von der Bildfläche, wurden aus ihren gewohnten Zusammenhängen gerissen, mussten Freunde und Familie zurücklassen, um fortan in der ihnen weitgehend fremden Türkei zu leben.

Dies ist eine Strategie, die auch heute noch Anwendung findet. Inzwischen ist es allerdings so, dass ein Verfahren auf Überprüfung des sonderpädagogischen Förderbedarfs ein sehr komplexer Vorgang ist, der nicht nur der sorgfältigen und aufwendigen Dokumentation bedarf, sondern bei dem auch deutlich werden muss, dass alle Formen der individuellen Förderung zuvor ausgeschöpft wurden. Darüber hinaus werden im Falle von Sprachbarrieren meistens Dolmetscher hinzugezogen, damit die Eltern genau verstehen können, worum es geht. Oft reagieren betroffene Eltern jedoch nach wie vor mit großem Misstrauen – vielleicht auch, weil sie in ihrer Kindheit mitbekamen, dass viele Kinder mit Migrationshintergrund auf die Förderschule mussten – und verweigern Fördermaßnahmen, Klassenwiederholungen und Diagnostik. Eher schicken sie ihre Kinder in die Türkei zu Verwandten, als hier einer Beschulung an der Förderschule oder einer inklusiven Schule zuzustimmen. Leider wird den Kindern auf diese Weise eine optimale Förderung verwehrt.

Ayse stammt aus der Region Yozgat in Zentralanatolien und wuchs dort in einem kleinen Dorf auf. Wenn sie in der Beratung sitzt, kann sie ihre innere Unruhe kaum zurückhalten. Ihre Blicke wandern über die Gegenstände in meinem Büro, und ihr Körper ist ständig in Bewegung. Im Gespräch passiert es sogar manchmal, dass sie plötzlich ihren Platz verlässt und durch das Zimmer wandert. Sie erinnert sich daran, dass ihre Mutter die gemeinsame Sommerzeit dafür nutzte, ihre Tochter zu waschen und ihr dabei Vorträge darüber zu halten, wie sie sich zu verhalten habe. Das Schamgefühl ihrer sich inzwischen im Teenageralter befindlichen Tochter, von einer ihr praktisch fremden Frau gewaschen und belehrt zu werden, nahm die Mutter dabei gar nicht wahr. Vermutlich vom eigenen schlechten Gewissen geleitet, spulte sie in diesem Moment ihr »Erziehungsprogramm« ab, ohne wirklich zu sehen, wer da vor ihr in der Badewanne saß und wie sich dieses Kind in diesem Augenblick fühlte.

Ayse wurde bereits als Baby im Alter von sechs Monaten bei den Großeltern in der Türkei zurückgelassen. An der Situation sollte sich sehr lange nichts ändern: »Meine Eltern riefen zu Beginn der Sommerferien immer an und kündigten ihre baldige Ankunft an. Ich hielt mich die nächsten Tage von morgens bis abends auf der Dachterrasse unseres Dorfhauses auf und hielt nach dem Auto Ausschau. Ich sehnte nicht meine Eltern herbei, sondern die Koffer, die immer gefüllt waren mit Mitbringseln und nach Deutschland rochen. Den Geruch habe ich heute noch in meinem Gedächtnis. Meine Eltern versprachen mir immer, mich bald zu sich zu holen. Ich war praktisch immer auf Abruf, und so gestaltete sich auch mein Leben. Meine Freundschaften waren eher lose, und meine

Entscheidungen fällte ich immer provisorisch, weil ich ja sowieso bald weg sein würde. Letztendlich nahmen mich meine Eltern erst mit, als ich schon fünfzehn war.

Es war immer mein Wunsch gewesen, endlich mit meinen Eltern nach Deutschland fahren zu dürfen, aber auch auf diese Entscheidung wurde ich nicht vorbereitet, sondern vor vollendete Tatsachen gestellt. Ich konnte mich nicht mehr in Ruhe von allen verabschieden. In Deutschland angekommen, brach meine Welt dann vollständig zusammen. Wir wohnten dort in sehr beengten Wohnverhältnissen mit sechs Personen in einer Dreizimmerwohnung. Die Toilette mussten wir uns mit den Nachbarn teilen, und die Duschen befanden sich im Keller. Dies entsprach nicht im Entferntesten meinem Traum von Deutschland. In der Türkei hatte ich mit meinen Großeltern in einem großen Haus gelebt. Wir hatten dort viel Platz und einen großen, schönen Garten. Die Wohnung in Deutschland war das genaue Gegenteil. Ich schämte mich für alles vor diesen mir praktisch unbekannten Menschen, die nun meine Familie waren. Ich traute mich zum Beispiel nicht, mich satt zu essen, weshalb ich mir immer heimlich Süßigkeiten aus dem Schrank nahm. In den ersten Monaten in Deutschland nahm ich deshalb fünfzehn Kilo zu. Ich habe mit meinen Eltern nie über diese Situation sprechen können und auch die Frage, warum ausgerechnet ich und nicht meine Geschwister getrennt von der Familie leben musste, wurde nie beantwortet.«

Dass solche Erlebnisse nicht ohne Spuren an den Beziehungen zwischen den Generationen vorbeiziehen, kann man sich denken. In diesem Falle kühlte sich das Verhältnis zu ihren Eltern, aber auch zu ihren Geschwistern, so stark ab, dass sie heute wie Fremde miteinander umgehen.

Im Gesundheitszentrum begegnen mir nahezu täglich die inzwischen erwachsen gewordenen Kofferkinder. Die

Themen, mit denen sie in die Beratung kommen, sind vielfältig: Beziehungsschwierigkeiten, Eheprobleme, Bindungsstörungen, Suchtproblematiken, aber auch angestaute Wut, die nicht selten in Form von psychosomatischen Beschwerden zum Ausdruck kommt. All dies ist Folge des ertragenen Trennungsschmerzes, der widerfahrenen Ungerechtigkeiten, der Gefühle der Einsamkeit und des Verlassenseins, die sie in ihrer Kindheit erlebten. Aber auch die Mütter, die damals ihre Kinder zurückließen, tragen noch heute schwer an den Ereignissen. Bei ihnen ist heute vor allem die Scham darüber groß, die Trennung zugelassen zu haben. Manchmal sogar so groß, dass sie über das Thema schweigen oder es nicht mehr erinnern. Die, die sich heute trauen, darüber zu sprechen, berichten von innerer Zerrissenheit, durchweinten Nächten und einem Gefühl der Leere. Damals hatten sie als junge Frauen nicht die Möglichkeit, sich der Entscheidung zu widersetzen. Heute müssen sie mit den Schuldgefühlen und der unterkühlten Beziehung zu ihren Kindern leben.

In vielen Familien ist es aufgrund des gebotenen Respekts der Kinder gegenüber den Eltern nicht möglich, diese verletzten Gefühle und seelischen Wunden aus der Kindheit anzusprechen. In der türkisch-islamischen Kultur ist es nicht üblich, den Eltern Schuld zuzuweisen oder ihnen Fehler vorzuwerfen. Findet eine Familie dennoch einmal den Weg in die Beratung – also Eltern und erwachsene Kinder gemeinsam –, dann geht es zunächst darum, wohlwollend auf die Situation aller Beteiligten zu schauen und gegenseitiges Verständnis für die damalige Situation zu entwickeln. Die Kinder müssen anerkennen, dass die Eltern in allerbester Absicht für die Familie gehandelt haben, und die Eltern müssen einsehen, dass diese Lösung für ihre Kinder keineswegs die beste war. In der Regel stellt es sich schon als heilsam für alle Beteiligten heraus, überhaupt miteinander über dieses Trauma gesprochen zu haben. Nicht selten vergeht die Chance des miteinander Redens jedoch, weil die Familie es ohne Moderation nicht schafft, konstruktiv über dieses Thema zu reden. Die Eltern sterben oder werden dement, und die Kinder leben allein mit ihrer Wut und den daraus resultierenden Schwierigkeiten.

Oft wird eine Aussprache auch dadurch vereitelt, dass Eltern ihren Kindern Undank vorwerfen, sobald das Gespräch auf dieses Thema kommt. Es wird argumentiert, dass man doch stets alles für die Familie getan und Geld verdient habe, um den Kindern eine gute Zukunft zu ermöglichen.

Einer meiner Klienten, der als Kind in die Türkei zu seinem prügelnden Onkel geschickt wurde und erst mit siebzehn Jahren wieder nach Deutschland kam, schilderte mir folgende Situation: Vor kurzem habe ihm seine inzwischen alte Mutter vorgeworfen, dass er nicht liebevoll mit seinem Sohn umgehen würde. In diesem Moment packte ihn die Wut. Die Mutter, die ihren eigenen Sohn dem Onkel überlassen hatte, der ihn immer wieder prügelte, warf ihm nun liebloses Verhalten gegenüber seinem eigenen Kind vor. Aber er schluckte seine Wut runter und verließ die Situation ohne ein Wort. Ich erlebe es sehr häufig, dass Klienten nicht den Mut haben, ihre Sicht der Erlebnisse anzusprechen. Zu groß ist die Angst vor dem Unverständnis der Eltern und davor, sich eine Reihe von Vorwürfen anhören zu müssen. Hinterher stünde man selbst als der Undankbare da, der es wagt, seinen Eltern so respektlos und vorwurfsvoll zu begegnen. Viele erwachsene Kofferkinder verzichten deshalb auf ein klärendes Gespräch mit den Eltern und offenbaren ihre Gefühle nicht.

Als mein Vater nach Deutschland kam, ließ er meine Mutter und meinen Bruder zunächst in der Türkei zurück. Sobald es möglich war, sobald der Familienzuzug erlaubt war, holte er sie zu sich nach Deutschland. Mein Bruder war damals vier Jahre alt. Dennoch vergingen Jahre, in denen mein Bruder

Angst vor meinem Vater hatte und sich seiner Nähe entzog. Bis ins Erwachsenenalter war ihre Beziehung nie besonders herzlich und eng.

Auch kam es vor, dass in Deutschland geborene Kinder nach einigen Jahren des gemeinsamen Lebens, meist zum Schuleintritt, in die Türkei geschickt wurden. Dies geschah in der Absicht, die Kinder nicht von der türkischen Kultur zu entfremden, da man ja die baldige Rückkehr in die Heimat plante. Weitere, später in Deutschland geborene Geschwisterkinder blieben dann bei den Eltern, da sich eben doch herauskristallisierte, dass die Familie in Deutschland bleiben würde. Eine Klientin berichtete, dass die Eltern nach einem gemeinsam verbrachten Sommer in das mit Koffern beladene Auto gestiegen seien, um – nach eigenen Angaben – Einkäufe in der nahe gelegenen Stadt zu erledigen. Das Kind lief dem wegfahrenden Auto durch das ganze Dorf hinterher, in der dunklen Ahnung, dass es die Eltern so schnell nicht mehr wiedersehen würde. Diese hatten tatsächlich die Abreise nach Deutschland angetreten, ohne ihrer Tochter zu sagen, dass sie in der Türkei bleiben solle und sie ohne sie abreisen würden.

So oder ganz ähnlich erging es vielen Kofferkindern. Diese Erlebnisse haben ihnen tiefe Verletzungen zugefügt, die bis heute als »Geister der Vergangenheit« durch ihr Leben spuken und für Schwierigkeiten insbesondere bei zwischenmenschlichen Beziehungen sorgen, aber auch in vielen anderen Bereichen. Hat man als Kind selbst eine so unsichere Bindung erfahren, so verfestigen sich diese Erfahrungen mit den primären Bezugspersonen zu einer entsprechenden Bindungsrepräsentanz. Das heißt, dass diese Personen oft im Laufe ihres Lebens im Aufbau von Beziehungen – sei es zu Partnern oder zu einem eigenen Kind – auf die Erfahrungen und erlernten Strategien zurückgreifen. Gerade in Bezug auf die eigenen Kinder bringt das natürlich Probleme mit sich. Die Geister der

Vergangenheit sind dann nicht nur Phänomen des eigenen Lebens, sondern bestimmen mitunter über Generationen hinweg die Beziehungen von Eltern zu ihren Kindern.

Ein Beispiel dafür, wie sich die Erfahrungen der Kofferkinder auf ihre eigenen Kinder auswirken, ist Nurten. Die junge Frau sitzt mir mit hängenden Schultern gegenüber. Sie beklagt sich über ihren Vater: »Ich weiß gar nicht, ob er mich überhaupt liebt. Er ist immer streng und kalt, nimmt mich nie in den Arm oder sagt mal was Liebes.«

Der Vater, ein Kofferkind, lebte mehrere Jahre von seiner Kernfamilie getrennt bei Verwandten in der Türkei. Dort wurden ihm die leiblichen Kinder vorgezogen, und er wuchs ohne jede liebevolle Behandlung auf. Die eigene Vaterschaft erfordert nun ein Verhaltensrepertoire von ihm, das ihm nicht zur Verfügung steht. Weder kann er auf ein elterliches Modell noch auf eine emotionale Erinnerung zurückgreifen, sodass er große Schwierigkeiten hat, ein für seine Tochter erkennbar liebevoller Vater zu sein. Die Folgen können weitreichend sein. Nurten kann keine Beziehung zu ihrem Vater aufbauen und ist in seiner Gegenwart emotional stark verunsichert. Es bleibt zu hoffen, dass in einem solchen Fall der andere Elternteil einen liebevollen und sicheren Rahmen bieten kann, um ausgleichende und korrigierende Erlebnisse zu schaffen und die Folgen, die über Generationen hinweg wirken, etwas abzumildern.

Aber auch gesellschaftlich macht sich eine solche Biographie bemerkbar: Der ständige Kampf der Kofferkinder um Gleichbehandlung, oder vielmehr das Gefühl, zu kurz zu kommen, resultiert vermutlich aus den eigenen, tief ins Unterbewusstsein eingegrabenen Erlebnissen. Dies ist besonders prekär in Situationen, in denen eine tatsächliche Ungleichbehandlung vorliegt – etwa bei Bewerbungen –, da dieses alte

»Kindergefühl« sofort für höchste Alarmbereitschaft sorgt, eine pragmatische Klärung der Umstände erschwert und einen klaren Blick auf die Dinge verhindert. Ich sehe dann häufig, wie eine Opferhaltung eingenommen wird, und höre die Klagen, dass die Ablehnung nur aufgrund des Migrationshintergrundes erfolgt sei. Dass man sich auf andere Art und Weise wehren könnte, wird nicht in Erwägung gezogen.

Auch agieren Menschen mit einer Kofferkindvergangenheit häufig illoyal in den unterschiedlichsten Zusammenhängen. Sie haben oft große Schwierigkeiten, Absprachen einzuhalten, sich auf einen Standpunkt festzulegen, Konflikte auszutragen oder in bestimmten Zusammenhängen loyal zu sein, zum Beispiel dem Arbeitgeber gegenüber. Dies führt seinerseits zu Reaktionen des Gegenübers und erschwert die Interaktionen. Es entstehen Irritationen, deren Ursprung allen Beteiligten unbekannt sind.

Alle heute erwachsenen Kofferkinder berichten von der unstillbaren Sehnsucht ihrer Kindheit, mit den Eltern wiedervereint als glückliche Familie in Deutschland zu leben. Jedes vorbeifliegende Flugzeug wurde genau beobachtet, weil immer die Hoffnung da war, dass es die vermissten Eltern mitbringen würde und endlich die ersehnte Reise nach Deutschland angetreten werden könne. Diese tiefe Zerrissenheit lässt die Psyche der Betroffenen oft das ganze Leben nicht mehr los.

Einer meiner Klienten stellte sich mit missbräuchlichem Alkoholkonsum bei mir vor. Seit vielen Jahren bekomme er das Problem nicht in den Griff, seine Ehe sei daran zerbrochen. Die Biographiearbeit förderte folgende Geschichte zutage: Der Klient wurde in den siebziger Jahren als drittes Kind seiner Eltern in Deutschland geboren. Auch die Einschulung erfolgte hier. In der zweiten Klasse offenbarten sich Verhaltensprobleme, die von der Schule als so gravierend eingestuft wurden, dass er als förderbedürftig angesehen wurde. Der Familie wurde daraufhin die Beschulung an einer Förderschule nahegelegt. Die Eltern des Klienten fürchteten damals wegen ihrer geringen Deutschkenntnisse die Auseinandersetzung mit den deutschen Behörden. Sie entschlossen sich daher, ihren Sohn zu dem Bruder des Vaters in die Türkei zu schicken, da die Familie ohnehin plante, in zwei, drei Jahren in die Heimat zurückzukehren. Die beiden älteren Töchter verhielten sich unauffällig und durften bei den Eltern bleiben. Tatsächlich kehrte die Familie nie zurück. Der Sohn, der in die Türkei geschickt worden war, lebte dort bis zu seinem siebzehnten Lebensjahr in der steten Hoffnung, dass seine Eltern mit den Schwestern nachkommen und sie dann wieder zusammen als Familie leben würden. Stattdessen wurde der nun jugendliche Sohn kurz vor seinem achtzehnten Geburtstag erneut aus seinen Lebenszusammenhängen gerissen und wieder nach Deutschland geholt. Seine als Kind erworbenen Deutschkenntnisse waren inzwischen weitgehend verkümmert, und so gelang der Neustart in Deutschland nur mühsam. Da er die Sprache nicht sprach, konnte er keine Ausbildung beginnen. So blieb nur die Möglichkeit, Arbeit als Hilfsarbeiter anzunehmen. Diese war mit einem geringen Lohn und einem hohen Entlassungsrisiko verbunden. Bald heiratete er. Die Ehe war nie besonders glücklich, da der Klient große Schwierigkeiten damit hatte, liebevoll mit seiner Frau umzugehen. Deshalb und aufgrund der sich mit den Jahren entwickelnden Alkoholsucht, zerbrach die Ehe schließlich.

Es gibt keine Statistik, die die Scheidungsrate von Menschen mit einer Kofferkindvergangenheit ausweist. Aus meiner Beratungserfahrung heraus kann ich jedoch sagen, dass diese Art der Biographie erheblich zu einer konfliktreichen Ehe beiträgt, die nicht selten mit der Scheidung endet.

So wie dieser Klient wurden viele Kinder meist kurz vor der Vollendung des achtzehnten Lebensjahres wieder nach

Deutschland geholt, da sie sonst nicht mehr ohne Weiteres hätten einreisen dürfen. Auch konnte man auf diese Art und Weise dem zweijährigen Militärdienst in der Türkei entgehen.[6] Sie hatten jedoch prägende Jahre in der Türkei verbracht und sich von der in Deutschland lebenden Familie entfremdet. Die Rückkehr nach Deutschland bedeutete einen weiteren Neustart mit allen Konsequenzen. Die vertraute Umgebung wurde erneut verlassen und die Beziehung zu nahestehenden Menschen abgebrochen. Die Familie in Deutschland hatte sich inzwischen ganz anders weiterentwickelt, und so musste man praktisch zu völlig fremden Menschen ziehen. Hinzu kam oft die Wut, dass die eigene Familie diese Situation so zugelassen hatte. Die deutsche Sprache, die zwischenzeitlich wieder verloren gegangen war, musste erneut erlernt werden.

Jugendliche, die hier so ohne Sprachkenntnisse in die achte oder neunte Klasse eingeschult wurden, hatten kaum eine Chance auf einen guten Schulabschluss. Dies wirkte sich ungünstig auf die berufliche Laufbahn und damit auf das ganze Leben aus. Das beschriebene Phänomen der Kofferkinder wirkte sich also sowohl auf persönliche Strategien der Beziehungsgestaltungen als auch auf die berufliche Biographie aus und hat für die Betroffenen und ihre unmittelbare Umgebung weitreichende Folgen. Auch Freunde von mir, die aus den Balkangebieten stammen, berichten von solchen Situationen. Es sind also nicht nur die eingangs bereits erwähnten 700 000 Menschen mit türkischem Migrationshintergrund, sondern auch Menschen aus anderen Ländern. Ihre Nachfahren sind ebenfalls unmittelbar betroffen von diesem Phänomen.

Das Zurücklassen oder auch die Verschickung von Kindern war in den sechziger und siebziger Jahren ein häufig vorkommendes Phänomen. In Unkenntnis der Folgen für die Kinder ließen die Eltern diese in der Türkei bei Verwandten oder Bekannten zurück. Wie sie selbst mit der Trennung umgingen, darüber schweigen sie meist. Selten und nur in ganz persönlichen Momenten sprechen die Mütter manchmal darüber. Das Zurücklassen eines Kindes wurde aus rein pragmatischen Gesichtspunkten und in der Regel von den Männern entschieden. Ob sie jemals Zweifel an der eigenen Entscheidung hatten, darüber fehlen aussagekräftige Erhebungen. Zumindest lässt sich aber sagen, dass sie sich keiner Schuld bewusst sind, falsch gehandelt zu haben. Es mag jedoch auch sein, dass sie ihren eigenen Schmerz über die Trennung so abgespalten haben, dass sie heute keinen Zugang mehr zu diesen Gefühlen und Erinnerungen haben. Ganz selten einmal passiert es, dass eine Klientin – meistens sind es eher die Frauen – die Trennung von ihrem Kind betrauert und nach vielen Jahren darüber spricht, wie es ihr damals erging, als sie ihr Kind in der Heimat zurückließ. In der Regel sind es jedoch eher die Kofferkinder selbst, die den Weg in die Beratung finden, weil ihre Schwierigkeiten so schwer wiegen, dass sie Hilfe und Beistand benötigen.

Das Phänomen der Kofferkinder ist nicht begrenzt auf Menschen aus der Türkei. Ich kenne es aus vielen anderen Migrationszusammenhängen, häufig mit ähnlichen Auswirkungen. Auch gegenwärtig erleben wir, dass nur Teile einer Familie aus der Ukraine nach Deutschland oder in andere europäische Länder einwandern. Auch hier werden wieder Kinder von Eltern beziehungsweise Vätern getrennt. Eine unklare Bleibeperspektive hält dieses Phänomen oft aufrecht. Ein Mensch, der nicht weiß, ob er bleiben kann, wird beim Familiennachzug zögerlich agieren, da dies auch bedeuten würde, die Zelte in der ehemaligen Heimat endgültig abzubrechen.

Die Heiratsmigration – ein Schritt vor, zwei zurück

Die Heiratsmigration ist ein weiteres Phänomen, das vorwiegend die zweite Generation betrifft. Etwa 25 Prozent der hier lebenden Menschen mit türkischem Migrationshintergrund suchen ihren zukünftigen Partner oder ihre zukünftige Partnerin in der Heimat.[7] Dies betrifft sowohl Männer als auch Frauen. Die Suche nach potenziellen Partnern läuft dabei meist über die Netzwerke der Eltern. Es sind vor allem die Migranten der zweiten Generation, die diese Hilfestellung bei der Partnerwahl von ihren Eltern annehmen. Oft greifen vor allem traditionell denkende Familien auf diese Möglichkeit zurück. Die Familie arrangiert dann eine Ehe mit dem passenden Partner oder der passenden Partnerin, für die oder den wiederum die Aussicht auf ein Leben in Deutschland verlockend scheint. Das junge Paar sieht sich nur wenige Male vor der Eheschließung und ist sich zu Beginn der gemeinsamen Ehe praktisch fremd. Der / die Angeheiratete hat eine doppelte Anpassungsleistung zu meistern: Zum einen muss die Migration mit allen Aufgaben und Belastungen bewältigt werden, und darüber hinaus muss er oder sie sich an das Eheleben mit einer gänzlich unbekannten Person gewöhnen.

Im Falle einer Heiratsmigration kommt es oft vor, dass das junge Paar die ersten Jahre bei den Schwiegereltern wohnt. Auf diese Weise lässt sich Geld sparen, da keine Miete bezahlt werden muss. Für die Eltern weitaus wichtiger ist allerdings die Möglichkeit, Einfluss auf die junge Ehe zu nehmen. Auch hier begegnet uns wieder die Annahme der Eltern, dass die folgende Generation ohne ihre Hilfe nicht in der Lage sein wird, das Leben zu zweit (und später als Familie) zu bewältigen.

Die Beweggründe, auf diese Weise einen Lebenspartner zu finden, sind vielfältig. Oft wünschen sich junge Männer eine Frau wie die eigene Mutter. So legen sie die Suche nach eben einer solchen Frau in die Hände der Eltern, weil sie ihnen zutrauen, genau diese zu finden. Andere haben Schwierigkeiten, selbstständig eine Beziehung aufzubauen und zu führen, vielleicht weil sie Kofferkinder waren. Manchmal sind es aber auch andere Umstände, die das »normale« Kennenlernen eines potenziellen Ehepartners erschweren. Eltern schauen auch in der Heimat nach Partnern für ihre Kinder, wenn diese aufgrund von Erkrankungen oder Verhaltensauffälligkeiten hier in Deutschland keinen Erfolg bei der Partnersuche haben. Dies kann etwa eine Drogenabhängigkeit, eine Persönlichkeitsstörung oder eine andere psychische Erkrankung sein. Ich habe fast täglich angeheiratete Partner in der Beratung, die auf diese Weise an einen Menschen geraten sind, den sie unter normalen Umständen nie geheiratet hätten. Dies passiert sowohl Männern als auch Frauen.

Nilgün etwa, eine 34-jährige Kurdin aus Bingöl im Osten der Türkei, kommt regelmäßig zur Beratung. Ihre Körperhaltung spiegelt ihre innere Anspannung wider, und sie berichtet oft voller Wut über ihre familiäre Situation. Einmal kam ihr Mann mit zur Beratung, und sie nutzte die Gelegenheit, vorsichtige Kritik zu üben. Anschließend berichtete sie mir, dass er nach der Sitzung zwei Wochen lang kein Wort mit ihr gesprochen habe. Über ihre Biographie berichtet sie:

»Meine Eltern arrangierten meine Ehe. Mein Vater ist mit dem Vater meines Mannes gut befreundet. Ich wuchs in meiner türkischen Heimat in einem Dorf auf und wurde eines Tages von meinen Eltern vor vollendete Tatsachen gestellt. Es war alles schon geregelt, als sie mir sagten, dass ich den Sohn des besten Freundes meines Vaters heiraten werde. Als wir verheiratet und in Deutschland waren, fiel mir sehr schnell auf, dass mit meinem Mann etwas nicht stimmte. Er verhielt sich oft merkwürdig, und ich konnte nicht mit ihm reden. Nach und nach kam ich dahinter, dass er mit seinen kognitiven Fähigkeiten an der Grenze zur geistigen Behinderung liegt, weshalb er auch bei der Lebenshilfe im geschützten Rahmen beschäftigt ist. Vor der Eheschließung wurde darüber nie gesprochen. Ob meine Eltern wussten, dass mein zukünftiger Mann eine solche Beeinträchtigung hat, weiß ich nicht. Meine Schwiegereltern hatten diese Ehe jedoch in vollem Bewusstsein arrangiert und mich damit ins Verderben gerissen. Sie hatten nur die Versorgung ihres Sohnes und ihre eigene Entlastung im Blick. Wie es mir als Schwiegertochter mit einem solchen Ehemann gehen würde, war ihnen egal. Als junge Frau war mir dies alles noch nicht so bewusst. Was hätte ich auch tun können? Eine Trennung kam nicht infrage. Die Leute hätten sich über unsere Familie das Maul zerrissen. Darüber hinaus hätte eine Trennung sicher auch die Freundschaft unserer Väter beerdigt. So nahm ich mein Schicksal hin. Wir bekamen zwei Kinder. Auch ihretwegen bin ich immer noch mit meinem Mann zusammen. Allerdings bin ich wirklich am Ende meiner Kräfte. Die Ehe ist die Hölle für mich. Ich kann ihn mit seinem eigenartigen Verhalten nicht ertragen.«

Die Behinderung des Sohnes hatten dessen Eltern vor der Eheschließung also verschwiegen. Sie wurde erst offenbar, als ein Rückzieher für die Braut nicht mehr möglich war. Dass so kaum eine glückliche Ehe entstehen kann, liegt auf der Hand.

Auch junge Männer, die übermäßig Alkohol trinken, nicht arbeiten gehen wollen und sich »herumtreiben«, also ein unstetes Leben führen, werden auf diese Art »unter die Haube gebracht«, in der Hoffnung, dass die Ehe sie zu einem – aus Sicht der Eltern – anständigen Mann werden lässt. Die Konsequenzen tragen dann die ahnungslosen Ehepartner. So geschah es einer anderen Klientin von mir: Sie lernte ihren späteren Mann im Urlaub kennen. Zu diesem Zeitpunkt war sie bereits Ende zwanzig und für türkische Verhältnisse über das übliche Heiratsalter hinaus. Die Eltern übten Druck auf ihre Tochter aus, dass sie doch endlich heiraten solle, sonst würde sie am Ende keinen Mann mehr abbekommen. Als sie dann einen sympathischen Deutschtürken im Urlaub kennenlernte, ergriff sie die Gelegenheit, auch um endlich dem Wunsch ihrer Eltern zu entsprechen. In Deutschland stellte sich jedoch heraus, dass ihr Mann ein bereits mehrfach verurteilter Straftäter war. Im Laufe der Ehe saß er erneut wiederholt im Gefängnis. Die Klientin kümmert sich um die gemeinsame Tochter und muss allein für den Lebensunterhalt für sich und das Kind aufkommen. Sie bringt es nicht fertig, sich von ihrem Mann zu trennen, weil dieser ihr immer wieder glaubhaft macht, dass sie sein einziger Halt im Leben sei und dass sich von nun an alles ändern werde. In dieser Abhängigkeit ist sie gefangen, unfähig, Entscheidungen für ihr eigenes Leben zu treffen. Auch gegenwärtig befindet sich der Mann in Haft.

Eltern, die auf diese Weise ihre »schwer vermittelbaren« Kinder unter die Haube bringen, scheint das zukünftige Eheglück recht egal zu sein. Auch die Männer, die aufgrund ihrer Biographie hier in Deutschland keine Partnerin finden, nutzen solche Ehen eher als Mittel zum Zweck. Dass die frischgebackene Ehefrau auf diese Weise womöglich in ihr Unglück rennt, spielt keine Rolle. Übrigens besteht immer die Hoffnung, dass mögliche Schwierigkeiten sich mit der Eheschließung erledigen könnten. Nur ist dies etwa im Falle einer erheblichen Intelligenzminderung mehr als unwahrscheinlich.

Wenn die Schwiegertochter selbstbewusst genug ist, schafft sie es manchmal, in den ersten Monaten der Ehe die Notbremse zu ziehen und entweder zu Verwandten in Deutschland oder wieder in die Heimat zurückzugehen. Ich hatte schon einen Klienten in der Beratung, dem auf diese Weise nach jeweils wenigen Ehemonaten nacheinander drei Frauen weggelaufen sind. Es ist jedoch verblüffend und tragisch, wie viele dieser angeheirateten Partner sich mit ihrem Schicksal arrangieren und die Ehen aufrechterhalten. Oft kommen sie erst nach vielen Jahren, wenn die Kinder groß sind, mit ihren Problemen in die Beratung. Und selbst zu diesem Zeitpunkt ist eine Trennung oft kein Thema. Zu groß scheint der Druck der Eltern, das Ansehen der Familie nicht zu zerstören, sodass viele meiner Klienten eher ein Leben lang leiden, als die Trennung zu vollziehen.

Auch eine andere Klientin kam mit Eheproblemen zu mir in die Beratung. Im Erstgespräch beklagte sie: »Mein Mann hält nie zu mir, und ständig möchte er seine Eltern einladen. Ich habe das Gefühl, dass meine Bedürfnisse gar nicht gesehen werden. Manchmal bin ich einfach sehr erschöpft, muss aber trotzdem für alle kochen und mich um alles kümmern. Meine Schwiegereltern mischen sich ständig ein, und mein Mann richtet sich dann nach ihrer Meinung, auch wenn wir vorher die Sachen ganz anders besprochen haben. Nichts kann ich ihnen recht machen. Wenn die Kinder in der Schule nicht gut genug sind, dann ist das ihrer Meinung nach immer mein Fehler. Ich würde am liebsten alles hinschmeißen!«

Wenn eine Klientin mir solche Situationen schildert, komme ich zügig auf die Biographie zu sprechen. Oft bekomme ich dann solche Erlebnisse geschildert:

»Mein Mann lebte mit seinen Eltern in Deutschland, ich lebte vor der Hochzeit in der Türkei. Die Ehe ergab sich durch Bekanntschaftsverhältnisse, ich selbst sah meinen Mann nur wenige Male vor der Hochzeit. Als ich dann als junge Frau nach Deutschland kam, kannte ich hier niemanden. Wir lebten die ersten Jahre zusammen mit meinen Schwiegereltern in einer Dreizimmerwohnung. Es war für alle klar, dass ich mich um den Haushalt und die Versorgung der Familie kümmere. Wenn Gäste kamen, musste ich sie bedienen. Mein Mann ging tagsüber arbeiten und traf sich abends oft noch mit Freunden. Wir hatten praktisch keine Zweisamkeit, weil meine Schwiegereltern ständig anwesend waren. Da ich die Sprache nicht konnte, gab es keine Möglichkeit, mich ohne sie zu bewegen. Ich wollte in den ersten Jahren noch nicht so schnell ein Kind, musste aber immer mit meiner Schwiegermutter zum Gynäkologen. In ihrer Gegenwart traute ich mich nicht, das Thema Verhütung anzusprechen. Mein Zuhause war nicht mein Zuhause. Ich konnte nicht in Ruhe duschen und nicht essen, was ich wollte. Ich stand unter ständiger Beobachtung, und meine Schwiegereltern mischten sich in alles ein. Als das erste Kind kam, wurde es immer schlimmer. Mein Mann hielt nie zu mir. Als wir kurz vor der Trennung standen, stimmte er schließlich einem Umzug zu, und meine Schwiegereltern verloren etwas an Einfluss. Aber auch heute noch steht mein Mann unter ihrer Fuchtel und lässt dies alles geschehen. Ich hasse meine Schwiegereltern, muss aber immer gute Miene zum bösen Spiel machen.«

Übrigens haben Männer, die durch die Hochzeit nach Deutschland kommen, ebenfalls große Probleme. Ein Klient schilderte mir Folgendes:

»In der Türkei arbeitete ich im Betrieb meines Vaters, den ich irgendwann übernehmen sollte. Dann bot sich die Möglichkeit, nach Deutschland zu gehen und dort zu heiraten. Meine Eltern hatten diese Vereinbarung mit den Eltern meiner zukünftigen Frau getroffen. Da ein Leben in Deutschland mir verlockend schien, willigte ich ein. Meine Frau und ich lebten die ersten Jahre bei meinen Schwiegereltern. Da ich kein Deutsch konnte, bekam ich keine Arbeit. Meine Frau ging arbeiten. Ich saß den ganzen Tag untätig zu Hause und musste Aufgaben für meine Schwiegereltern erledigen. Bei jeder Unternehmung war ich darauf angewiesen, dass mich jemand begleitete. Meine Frau sprach oft verächtlich von mir, ich sei ein Nichtsnutz, der kein Geld nach Hause bringe. Ob ich mich nicht schämen würde, vom Geld der eigenen Frau zu leben. Sie ging am Wochenende mit ihren Freundinnen aus, und ich wartete zu Hause auf sie. Ich fühlte mich in meinem Stolz tief verletzt. Aber was sollte ich machen? Meine Familie in der Heimat hätte mich ausgelacht, wenn ich als gescheiterte Existenz und von meiner Frau verlacht wieder zurückgekommen wäre. Daher war dies nie eine Option für mich. Inzwischen sind wir bei den Schwiegereltern ausgezogen und haben uns arrangiert. Liebe ist da aber keine im Spiel.«

Diese und ähnliche Schilderungen begegnen mir tagtäglich in meiner Arbeit. Keiner dieser Klienten ahnt, dass dieser holprige Start ins Eheleben einen großen Anteil an ihren gegenwärtigen Problemen hat. Heiratsmigration ist so üblich, dass niemand annimmt, sie könne per se problematisch sein. Die meisten erwägen trotz solcher Schilderungen keine Trennung, auch wenn sie jahrelang sehr unglücklich in der Beziehung sind. Sie trauen sich das Leben alleine nicht zu, und der Druck der Familie, die Ehe aufrechtzuerhalten, ist immens. Sich gegen die Familie zu stellen, würde deren Verlust bedeuten. Hier kann man durchaus von Abhängigkeiten sprechen. Statt diese anzugehen, entwickeln sich psychosomatische Beschwerden oder depressive Erkrankungen als Folge von jahrelanger Unterordnung und der Abwesenheit von Lebensglück. Auch viele der männlichen Klienten, die mit Suchtproblematiken zu mir kommen, bringen eine solche Biographie mit. Die erlebte Hilflosigkeit sowie das Fehlen von Selbstwirksamkeitserfahrungen begünstigen die Entstehung von Abhängigkeiten, sei es von Substanzen, Glücksspielen oder auch von Beziehungen.

Aufgrund des späten Migrationszeitpunktes (in der Regel wandern Heiratsmigranten erst mit Anfang zwanzig oder später ein) fällt der Erwerb der Sprache sowie der Einstieg in den hiesigen Arbeitsmarkt den Betroffenen meist sehr schwer. Dies wirkt sich in der Folge dann auch ungünstig auf die Integration in die Gesellschaft aus. Nach meiner Erfahrung bleiben vor allem die eingeheirateten Frauen eher unter sich, da die hier geborenen Frauen eine andere Sozialisation genossen haben und ihr Leben deutlich anders gestalten. Die unterschiedlichen Lebensentwürfe passen nicht zusammen, und die eher konservativen Frauen aus der Türkei meiden den Kontakt mit den Frauen von hier, weil dieses Zusammenkommen eher Konflikte als Freundschaften hervorbringt. Es ist also nicht nur ein Inseldasein innerhalb der Gesamtgesellschaft, sondern auch innerhalb der Gruppe der Menschen mit Migrationshintergrund.

Eingeheiratete Schwiegertöchter werden von ihren Schwiegereltern mit einem sehr traditionellen Rollenverständnis konfrontiert. Es stehen klare Erwartungen unausgesprochen im Raum, und es wird selbstverständlich erwartet, dass diese erfüllt werden. Die Schwiegertochter hat ihren Schwiegereltern Respekt entgegenzubringen und ihre Wünsche zu erfüllen. Eine Schwiegertochter, die in Deutschland geboren und aufgewachsen ist, würde diese Erwartungen nicht erfüllen, da sie – hier sozialisiert – ein anderes Selbstverständnis mitbringt. Zudem geriete sie nicht in eine solche Abhängigkeit von ihrem Mann und den Schwiegereltern, da sie die Sprache spricht, ihre Familie in der Nähe hat und wahrscheinlich über eine Berufsausbildung verfügt. Die aus der Türkei eingeheiratete Frau dagegen wird sich der Familie ihres Mannes unterordnen und alle von ihr verlangten Dienste übernehmen. Solange keine Kinder da sind, wird sie oft nicht als vollwertige Schwiegertochter anerkannt. Ihr Ehemann steht auf der Seite seiner Eltern und merkt oft erst, dass der Haussegen schief hängt, wenn von Trennung die Rede ist.

Für die Kinder solcher Beziehungen ergibt sich der Nachteil, dass sie schulisch weitestgehend auf sich allein gestellt sind, da ein Elternteil arbeitet und der andere Elternteil aufgrund der Sprachbarriere nicht helfen kann. Genauso, wie es die Kinder der ersten Generation erlebt haben.

Alle geschilderten Fälle zeigen sehr eindrücklich, dass ein Entkommen aus der Situation, wenn die Ehe einmal geschlossen ist, praktisch unmöglich ist. Es ist in erster Linie die Sorge um das Ansehen der Familie, die einer Trennung im Wege steht. Einen solchen Makel gilt es zu verhindern, weshalb alle Beteiligten darauf hinwirken, dass die Ehe aufrechterhalten bleibt, auch wenn das Unglück der eigenen Kinder damit verbunden ist. Meist ist die Ehe dann nichts weiter als eine Zweckverbindung. Dies sorgt natürlich für erhebliches Konfliktpotenzial zwischen den Generationen. Bestenfalls werden diese Konflikte offen ausgetragen, in den meisten Fällen werden sie jedoch nie angesprochen, und die Wut und Enttäuschung der Heiratsmigranten äußert sich in psychischen oder psychosomatischen Erkrankungen. Manchmal gelingt es den Partnern nach vielen Jahren der Schmach, wenn die Kinder aus dem Haus sind – allerdings meist den Männern –, die Ehe zu beenden. Sie reißen aus, nicht länger willens, die Unterdrückung hinzunehmen. Den Männern gelingt der Ausstieg öfter, weil sie bessere Chancen haben, erneut eine Ehe einzugehen. Oft suchen sie sich eine jüngere Frau und gründen eine neue Familie. Für die Frauen aus diesen Ehen bedeutet eine späte Trennung, dass sie den Rest ihres Lebens allein bleiben, da sie mit vierzig oder fünfzig Jahren keine Möglichkeit mehr für sich sehen, eine neue Familie zu gründen.

Die auf diese Weise geschlossenen Ehen haben nicht nur Folgen für die Ehepartner selbst. Die Kinder, die diesen Ehen entstammen, leiden jahrelang unter der Familiensituation und den Konflikten der Eltern. Aus meinen Beratungen kenne ich drei Szenarien, die auf die Kinder einer solchen Ehe besonders oft zutreffen: Häufig versuchen die Kinder der Situation durch eine extrem frühe eigene Hochzeit zu entkommen. Eigentlich rückt das Heiratsalter auch bei Menschen mit türkischem Migrationshintergrund immer weiter nach hinten. In diesen Fällen heiraten die Jugendlichen jedoch oft schon vor dem zwanzigsten Lebensjahr. Sie wählen diese »Fluchtmöglichkeit«, weil ein bloßes Verlassen des Elternhauses, also etwa das Wohnen in einer WG, nicht möglich ist. Dies wird von (deutsch-)türkischen Eltern meist nicht toleriert. Hier sind mehrere Aspekte zu nennen: Die emotionale Abhängigkeit der Kinder von den Eltern und umgekehrt ist groß. Darüber hinaus werden insbesondere die Jungen in ihrem Bestreben nach Unabhängigkeit durch eine Überbehütung der Mütter eingeschränkt. Weiterhin wird das Getuschel der Nachbarn gefürchtet, wenn das Kind auszieht, obwohl es weder heiratet noch für ein Studium oder eine Arbeit wegziehen muss. So bleibt oft nur die eigene Hochzeit, um einen plausiblen Grund für einen Auszug aus dem elterlichen Haushalt zu haben.

Allerdings ist für die Heirat eine Arbeit nötig, durch die sich das Leben dann finanzieren lässt. Eine Ausbildung oder gar ein Studium würde den Zeitpunkt des Auszugs deutlich nach hinten schieben, weshalb eine ungelernte Tätigkeit vorgezogen wird, da sie ermöglicht, ein – wenn auch niedriges – Gehalt zu erzielen. Zu diesem Zeitpunkt erscheint dies den Betroffenen als die vermeintlich beste Lösung, langfristig bedeutet es aber, dass die Familie nie über viel Geld verfügen wird, da die ungelernte Tätigkeit ein hohes Entlassungsrisiko birgt und überdies wenig Aufstiegschancen bietet.

Häufig höre ich auch, dass eines der Kinder, oft das jüngste, den elterlichen Haushalt gar nicht verlässt und bis zum Tod eines oder beider Elternteile in deren Haushalt verbleibt. Hinter diesem Phänomen verbirgt sich die Überzeugung des Kindes, den einen Elternteil – meist die Mutter – nicht mit dem anderen Elternteil allein lassen zu können. Dieser Fall tritt besonders dann ein, wenn häusliche Gewalt oder ein sehr liebloser Umgang miteinander im Spiel ist. Zum Schutz und zur Unterstützung der Mutter bleibt dann ein Kind bei den Eltern. Dies bedeutet, dass etwaige eigene Pläne und eine Familiengründung auf der Strecke bleiben. Oft leben diese Kinder dann mit Mitte vierzig noch zu Hause. Wird die Situation durch den Tod eines oder beider Elternteile beendet, ist es für eine eigene Familiengründung zu spät. Die eigene Lebensplanung wurde praktisch zum Schutz eines Elternteils aufgegeben.

Das dritte Szenario ist die Ablehnung der Gründung einer eigenen Familie. Tatsächlich beobachte ich häufig, dass viele Kinder aus solchen Ehekonstellationen eine eigene Ehe kategorisch ablehnen. In den Eltern haben sie das Modell einer sehr konfliktreichen Beziehungsgestaltung vorgelebt bekommen. Das Aufwachsen in einer solchen Atmosphäre hat diese Kinder so nachhaltig geprägt, dass sie diesen Lebensentwurf nicht wählen möchten. Sie bleiben oft ihr Leben lang Single, was im Alter dann zu Vereinsamung führen kann. Alle diese Handlungsstrategien haben massive persönliche Konsequenzen für die Kinder als direkte Folge dieser arrangierten Verbindungen.

Die gesellschaftlich weitreichendste Konsequenz der Heiratsmigration ist jedoch die Tatsache, dass die Kinder dieser Paare das Schicksal ihrer Eltern im Grunde (wieder) erleben müssen, weil sie von einem Elternteil großgezogen werden, der mit den Migrationsbelastungen, wie wir sie auch von der ersten Generation kennen, leben muss. Es ergeben sich ähnliche Probleme in der Schule, weil eine Hilfestellung zu Hause von der (meist migrierten) Mutter oft nicht möglich ist. Kinder solcher Konstellationen beginnen die deutsche Sprache erst mit Eintritt in den Kindergarten zu sprechen. Eine Wortschatzerweiterung im häuslichen Rahmen oder das Vorlesen von deutschen Büchern ist ebenfalls kaum die Regel. Die Verantwortung für den Erwerb der deutschen Sprache liegt praktisch vollumfänglich bei der Kita, wenn das Kind denn dort angemeldet wird. Für den Fall, dass die Kita nicht besucht wird, muss die Grundschule sich um den Erwerb der Sprache kümmern. Die Nachteile liegen auf der Hand.

Betrachtet man die gesamten Integrationsbemühungen seit Ankunft der ersten Arbeiter vor sechzig Jahren, so müssen wir hier einen fatalen Rückschritt erkennen, abgesehen von dem Schaden für die Individuen.

Der Einfluss der Familie ist bei dieser Art der Familiengründung überwältigend. Leider gibt es hierzu keine quantitativen Studien. Aus meiner Beratungserfahrung heraus würde ich sagen, dass in der zweiten Generation der deutlich überwiegende Teil solcher Ehen arrangierte, jedoch nicht erzwungene Ehen sind. Die Eltern setzen ihre Idee vom Leben ihres Kindes mit großem Druck durch. Die Heirat mit einem Partner oder einer Partnerin aus der Türkei birgt für sie den Vorteil, dass sie ihren Einfluss geltend machen können. Davon abgesehen bekommen sie ein junges Familienmitglied, das sich um die Versorgung der Schwiegereltern kümmert. Das eigene Kind zeigt eine hohe Loyalität den Eltern gegenüber, und die Schwiegereltern sind weit weg und üben nur wenig Einfluss aus. Welche der beiden Familien mehr Einfluss auf die junge Ehe hat, spielt in der türkischen Kultur eine wichtige Rolle. Das Paar braucht oft viele Jahre, um sich von diesem Druck und Einfluss zu befreien. Manchen gelingt es nie.

In Mitleidenschaft gezogen wird einmal mehr die folgende Generation. Sie werden in einer oft sehr konfliktreichen Familienatmosphäre groß, ihre Bildungsbiographie ist von Anfang an beeinträchtigt.

Auf ein solch arrangiertes Beziehungskonstrukt trifft man bei Menschen mit türkischem Kulturhintergrund übrigens vorwiegend in der Migration. In der Türkei selbst halten sich die Eltern mehr zurück. Arrangierte Ehen findet man dort wenn überhaupt bei sehr konservativen Familien aus ländlichen Regionen.

Die Verantwortung für die durch die Heiratsmigration verursachten massiven Rückschritte in Bezug auf die Integrationsbemühungen tragen die türkischstämmigen Familien. Es ist an der Zeit, gewohnte Strategien zu durchbrechen und nicht länger auf diese Art der Familiengründung zu beharren. Es gibt Hoffnung, dass sich das auch tatsächlich ändert. In der dritten Generation kommt es zum Glück nur noch selten zu dieser Art Arrangement.

Kinder erziehen, wenn man selbst nie Kind war

Auswirkungen des Erziehungsverhaltens machen sich gesellschaftlich bemerkbar. Es ist entscheidend, welche Startbedingungen Kinder von ihren Eltern bekommen und welche Werte ihnen mitgegeben werden. Diese Aspekte sind nicht nur für den persönlichen Erfolg entscheidend, sondern auch für den der Gesamtgesellschaft.

Um das Erziehungsverhalten der zweiten Generation nachvollziehen zu können, ist es sinnvoll, sich die Bedingungen genauer anzusehen, die diese Generation in ihrer Kindheit hatte. Wie bereits beschrieben, lebten die Familien damals in einfachsten Verhältnissen. Die Kinder besaßen praktisch keine Spielsachen, sie hatten in der Regel kein eigenes Kinderzimmer und auch keinen Schreibtisch oder Platz, der für die Erledigung ihrer Hausaufgaben geeignet gewesen wäre. Kindergeburtstage wurden nicht gefeiert, es gab keine Einladungen von Freunden zu gemeinsamen Spielnachmittagen, und von den Klassenfahrten wurden die Kinder meistens abgemeldet. Zum einen waren den Familien die Kosten einer solchen Fahrt zu hoch, und zum anderen fürchtete man, dass die Kinder womöglich versehentlich Schweinefleisch zu essen bekämen. Die Kinder mussten viele Botengänge für die Eltern erledigen und immer zum Dolmetschen zur Verfügung stehen. Unterstützung erhielten sie keine von ihren Eltern, es wurde vielmehr verlangt, dass sie alle ihre Pflichten ohne großes Aufsehen erledigten. Diese Generation erlebte also eine Kindheit voller Entbehrungen und großer Verantwortlichkeiten.

Vor diesem Hintergrund ist es nicht verwunderlich, dass diese Kinder als Erwachsene ihrem eigenen Nachwuchs eine bessere Kindheit ermöglichen möchten.

Es gibt noch einen weiteren Aspekt, der für das Erziehungsverhalten von zentraler Bedeutung ist: Die erste Generation entwickelte überdurchschnittlich häufig diverse Ängste, die sich maßgeblich auf die Migrationsbelastungen zurückführen lassen. Diese äußern sich in stark überangepasstem Verhalten, in sozialer Ängstlichkeit oder auch in diversen isolierten Ängsten, etwa der Angst vor Tieren, vor Krankheit und anderem. Die Kinder der ersten Generation erlernten diese Ängstlichkeit am Modell ihrer Eltern, und so wurden diese auch Bestandteil ihres eigenen Lebens und somit ihres Erziehungsstils.

Die gegenwärtig allgemein zu beobachtende Tendenz zur Überbehütung, ausgehend von sogenannten Helikoptereltern, potenziert sich im Erziehungsverhalten der türkischen Migranten der zweiten Generation. Eingedenk der eigenen Erfahrungen versuchen sie oft dem Nachwuchs jedes Hindernis aus dem Weg zu räumen und sind allgegenwärtig, um jede Regung ihres Sprösslings mit der gebührenden Aufmerksamkeit zu bedenken. Bereits der erste Geburtstag wird gefeiert, als gäbe es keinen weiteren. Es werden Räumlichkeiten gemietet, Torten in Auftrag gegeben, Einladungen gedruckt … Die ganze Familie wird für das Ereignis neu eingekleidet, sodass man meinen könnte, es steht eine Verlobung bevor. Auch die Anzahl der Gäste erinnert eher an ein solches Ereignis als an einen Kindergeburtstag.

Bei diesen exzessiv anmutenden Feierlichkeiten geht es natürlich nur vordergründig um den Geburtstag des Kindes. Vielmehr wird dem eigenen Bedürfnis Rechnung getragen, solche Feiern, die man als Kind selbst nie erlebt hat, nachzuholen. Die Eltern feiern praktisch ihre Geburtstage nach, als eine Art Selbstheilungsversuch, weil sie so etwas in ihrer Kindheit nie erlebt haben. Oft hört man den Satz: »Wir haben so etwas nie gehabt, meinem Kind soll es besser gehen.« Ein wichtiger Aspekt hierbei ist auch die Inszenierung der Feierlichkeit in den sozialen Medien. Man möchte gerne zeigen, dass man sich nicht hat lumpen lassen und eine aufwendige Feier finanziert hat.

Ein weiteres Phänomen ist die Ausstattung mit Spielzeug. Auch dies rekurriert auf die eigene Kindheit. Weil man selbst nie über viel Spielzeug verfügte, wird nun der eigene Nachwuchs im Überfluss damit bedacht. Auch kleine Kinder verfügen bereits über ein perfekt eingerichtetes Kinderzimmer, und jeder Wunsch wird sofort erfüllt. Die Kinder der dritten Generation hören selten ein Nein, wenn sie einen Wunsch äußern. Einmal beobachtete ich einen türkischen Vater mit seinem Sohn in der Konsolenabteilung eines großen Elektromarktes. Sie gingen gemeinsam durch die Warenauslage, und der Vater sagte mit großzügiger Geste: »Alles, was du willst, mein Sohn!« Spätestens im Grundschulalter wird das Kind mit einem Smartphone ausgestattet, das Kindertablet existiert zu diesem Zeitpunkt schon lange als Zeitvertreib.

Auffällig ist hier, dass es sich oft um Spielzeug ohne nennenswerten Mehrwert handelt. Pädagogisch wertvolles und sinnvolles Spielzeug ist weiterhin rar in den Kinderzimmern der dritten Generation. Dies liegt womöglich daran, dass Kinder sich nicht unbedingt solches Spielzeug wünschen, sondern eher der magischen Anziehung von blinkenden Lichtern und Glitzer erliegen. Fast immer ist eine Ausstattung mit einschlägigen Spielkonsolen vorhanden. Genauso selbstverständlich ist die ständige und unbegrenzte Nutzung dieser Gegenstände. Wenn ich in Beratungen von Eltern die Begrenzung der Bildschirmzeit erwähne, ernte ich meistens verblüffte Blicke. Der Wunsch der Eltern, dass ihre Kinder eine Kindheit mit weniger Entbehrungen erleben sollen, ist hier handlungsweisend. Aber zu was führt ein solches Verhalten? Was lernen diese Kinder über das Leben, wenn sie ständig »wunschlos glücklich« sind?

Vor diesem Hintergrund sorgt jedes Verbot, jedes Nein und jedes Abwartenmüssen für Frustration. Dies aber kommt spätestens in der Kita und in der Schule auf diese Kinder zu. Das Lerndefizit ist enorm, etwas, mit dem dann das Personal der Kitas und Schulen fertigwerden muss. Oft werden in diesen Institutionen zum ersten Mal Grenzen gesetzt und Wünsche nicht sofort erfüllt. Dies sorgt zum einen für gehörigen Frust bei den Kindern, aber auch die Eltern müssen erkennen, dass die Kita und die Schule ihre Kinder nicht auf die gleiche Weise behandeln (wollen), wie sie das bisher getan haben.

In einem Falle wurde ich von einer Grundschule um Rat gefragt: Ein Erstklässler fiel durch enorme Fehlzeiten auf, und ein Gespräch mit den Eltern ergab, dass der Junge morgens häufig Kopf- oder Bauchschmerzen habe und deshalb nicht zur Schule geschickt werde. Alle Beteiligten waren sich einig, dass eine Trennungsangst Auslöser für die Bauchschmerzen war. Die Schule forderte aber natürlich den regelmäßigen Schulbesuch ein. Die kaum Deutsch sprechende Mutter schaffte es einfach nicht, ihren weinenden Sohn allein in der Schule zu schicken. Auch die ältere Schwester des Jungen übte Druck auf die Eltern aus, was sie für Eltern seien, ein weinendes Kind in die Schule zu schicken. In der Beratung bei mir wurde den Eltern die Dynamik der Trennungsangst bewusst, und sie konnten anerkennen, dass sie ihrem Sohn mit ihrem überbehütenden Verhalten nicht helfen, sondern eher Schaden anrichten. Zwischen dem Jungen und der Klassenlehrerin wurde ein Vertrag über den regelmäßigen Schulbesuch vereinbart, womit auch er in die Verantwortung genommen wurde, und die Eltern konnten, gestärkt von der Beratung, fortan für den Schulbesuch ihres Kindes sorgen.

Die alleinige Bewältigung des Schulwegs gilt den Eltern der zweiten Generation ebenfalls oft als Zumutung. In der Regel werden die Kinder mit dem Auto zur Schule gefahren, auch wenn es nur wenige Hundert Meter sind. Und wenn die Eltern ihr Kind dann doch mal ohne Auto bringen, dann tragen sie wenigstens die Schultasche. Vor dem Schultor warten sie dann so lange, bis das Kind sicher im Schulgebäude verschwunden ist und ein finales Winken aus dem entsprechenden Stockwerk gesichtet wurde. Oft wird die Situation morgens genutzt, um andere Eltern zur Rede zu stellen, wenn das eigene sich mit deren Kindern am Vortag gestritten hat. In solchen Fällen wird auch gerne die Klassenlehrerin oder die Schulleitung eingeschaltet, um das vermeintliche Recht ihres Kindes durchzusetzen. Auf diese Weise wird das Erlernen von Konfliktlösekompetenzen enorm erschwert. Die Kinder sind kaum in der Lage, einen Streit alleine zu klären. Darüber hinaus erschwert die Haltung der Eltern, dass das eigene Kind das Opfer sei – für diese Erkenntnis müssen sie erstaunlicherweise in der Situation nicht zugegen gewesen sein –, für das Kind die Möglichkeit, den eigenen Anteil an einem Konflikt zu erkennen und einzugestehen.

Ins Gesundheitszentrum kamen einmal Eltern, die sich regelmäßig mit einem Fernrohr vor der Grundschule ihrer Tochter postierten, um die Ungerechtigkeiten, die ihrer Tochter widerfuhren, genauestens zu beobachten und dokumentieren zu können. Da die Schule in diesem speziellen Fall nicht willens war, sich voll und ganz für das betroffene Kind einzusetzen, da Lehrpersonal und der Schulsozialarbeiter die Situation etwas anders einschätzten, wechselte das Kind schließlich die Schule. In einem anderen Fall mieteten sich Eltern in einem Hotel ein, um in der Nähe ihrer Kinder sein zu können, die sich auf Klassenfahrt befanden. Allzu oft werden weder Kosten noch Mühen gescheut, den Kindern eine möglichst wohlbehütete und wunschlos glückliche Kindheit zu bescheren. Eine Erziehung zur Selbstständigkeit findet praktisch nicht statt.

Im Jugendalter wird dies so fortgeführt. Bereits zu Beginn der weiterführenden Schule wird das neuste Smartphone angeschafft, Sportschuhe und Kleidung der angesagtesten Marken gekauft. Geht etwas kaputt, wird sofort für Ersatz gesorgt. Darüber hinaus verfügen die Kinder immer über eine ausreichende Summe Bargeld. Die Idee, dass das Kind sich sein Taschengeld mit einem kleinen Schülerjob aufbessert, wird rundheraus abgelehnt. Dies wäre eine Schande für die Familie, man müsste das Getuschel der Nachbarn fürchten. Und es wäre eine Zumutung für das Kind. Wird der Nachwuchs volljährig und macht seinen Führerschein, dann wird die Anschaffung eines Autos finanziell großzügig unterstützt. All diese Annehmlichkeiten verlangen den Eltern viel ab. Nicht selten ist dieser Lebensstil nur auf Pump zu finanzieren. Oft sitzen Eltern bei mir, deren Kinder durch aufsässiges und respektloses Verhalten in der Schule – und bei näherem Nachfragen auch zu Hause – auffallen. Meistens höre ich dann folgende Sätze: »Wir haben doch alles für ihn getan! Er wollte ein neues Handy und er hat es bekommen, er wollte Urlaub machen, und wir sind drei Wochen in Antalya gewesen. Aber er beschimpft uns, und seine Lehrer beschweren sich dauernd über ihn! Wir wissen nicht, was wir falsch machen!«

Diese Eltern wissen wirklich nicht, dass sie durch ihren Erziehungsstil zu den Verhaltensauffälligkeiten ihrer Kinder erheblich beitragen. Auch hören sie in der Beratung zum ersten Mal, dass dieses Verhalten auch in der Zukunft ihrer Kinder mit ziemlicher Sicherheit für erhebliche Schwierigkeiten sorgen wird. Leider kommen sie oft erst, wenn der Druck vonseiten der Schule so massiv wird, dass sie handeln müssen. Dann sind die Kinder meist schon vierzehn oder fünfzehn Jahre alt, und es ist schwierig, durch ein verändertes Erziehungsverhalten noch Einfluss zu nehmen.

Eine andere Klientin, selbst Kofferkind, kam mit einer Sprachnachricht ihrer Tochter in die Beratung. In dieser Sprachnachricht beschimpfte die 21-jährige Tochter ihre Mutter als übergriffig und unverschämt. Sie solle sich aus ihren Angelegenheiten heraushalten und ihr endlich mal vertrauen. Sie wolle kein Geld und keine Geschenke, nur ihre Ruhe.

Auch diese Mutter war der Meinung, immer das Beste für ihre Tochter getan zu haben. Sie hatte ihrer erwachsenen Tochter sogar heimlich einen GPS-Sender in die Tasche gesteckt, damit sie immer verfolgen könnte, wo diese sich gerade aufhielt. Ihre Sprachnachricht machte mehr als deutlich, dass die Tochter sich nicht ernst genommen fühlte und unter dem ständigen Misstrauen der Mutter litt.

Auch die Mutter kämpfte in ihrer Jugend und auch noch im Erwachsenenalter ständig um die Anerkennung der Eltern. Unbewusst hat sie mit ihrem Kind wieder die gleiche Situation heraufbeschworen. In der Beratung wurde verabredet, dass die Mutter ab sofort jede Art der Einmischung unterlassen und ihrer Tochter durch Worte und ihr Verhalten zu verstehen geben solle, dass sie volles Vertrauen in ihr Handeln habe. Noch vor kurzem rief die Frau an und berichtete glücklich, dass die Mutter-Tochter-Beziehung nun viel entspannter laufe.

Der stete Kampf um Anerkennung der zweiten Generation, wie er bereits beschrieben wurde, prägt das Erziehungsverhalten derselben deutlich. Der ständige Vergleich mit den Kindern anderer Familien und die ständige Abwertung der eigenen Leistung hinterließen ihre Spuren und die Überzeugung, die eigenen Kinder später anders zu behandeln. Im Erziehungsverhalten der zweiten Generation begegnet uns dann häufig auch eine sehr unkritische Haltung dem eigenen Kind gegenüber, unabhängig davon, wie sich dieses verhält. Selbst wenn eine kritische Reflexion des kindlichen Verhaltens angebracht wäre, erfolgt diese oft nicht. Die Folgen einer solchen Weigerung liegen auf der Hand. Das Kind hat keine Möglichkeit, sein Verhalten zusammen mit seinen Eltern zu rekapitulieren und zu überprüfen. Es werden keine Handlungsalternativen entworfen, und so muss das Kind davon ausgehen, dass das zuvor gezeigte Verhalten richtig und in Ordnung ist. Die ursprüngliche Intention, das eigene Kind nicht ständig zu kritisieren und mit anderen zu vergleichen, so wie man es selbst erlebt hat, schlägt um in das andere Extrem mit nicht minder schweren Folgen. In der Extremform sehen wir egozentrierte Kinder, die eine völlig verzerrte Wahrnehmung von sich selbst und ihrer Umwelt entwickeln.

Fragt man die zweite Generation zu ihrem Erziehungsverhalten, so wird man die Antwort erhalten, dass sie alles für ihre Kinder tun und zu tun bereit sind. Dabei liegt den Interaktionen jedoch eine gänzlich andere Erziehungshaltung zugrunde, als wir sie bei Familien ohne Migrationshintergrund finden. Es werden kaum Erwartungen an die Kinder gestellt, weil dies eine Zumutung bedeuten könnte. Dabei wird leider vergessen, dass Kinder durch die Übernahme von kleinen altersgerechten Aufgaben spielerisch lernen, Verantwortung zu tragen. Ein Kind sollte etwa beizeiten lernen, sich selbst anzuziehen und sich die Schuhe zuzubinden. Oft erlebe ich, dass Eltern ihre Kinder im Schulalter immer noch an- und ausziehen. Bei diesem Verhalten steht der Versorgungsaspekt im

Vordergrund und nicht der pädagogische Nutzen. Der kindliche Wunsch stimmt jedoch oft nicht mit einem pädagogisch wertvollen Handeln überein. Ich beobachte häufig, dass Kinder von Eltern mit türkischem Migrationshintergrund im Supermarkt alles bekommen, was sie wollen. Sie müssen nur lange genug quengeln. Es ist aber nicht sinnvoll, dem Wunsch eines Vierjährigen nachzugeben und ihm eine 250-Gramm-Tüte Chips in die Hand zu drücken, nur weil er dies verlangt. Dabei ist sicherlich den meisten Eltern klar, dass dies nicht die adäquate Ernährung für ein Kind in diesem Alter ist.

Was also ist die treibende Kraft, die dafür sorgt, dass die Chipstüte dennoch gekauft und dem Kind überlassen wird? Ich stoße in den Beratungen immer wieder auf eine Haltung, die man am ehesten mit dem Wort »konfliktscheu« umschreiben könnte. Dem Kind den Wunsch zu erfüllen bedeutet, dass man in diesem Moment keine Grenze ziehen und nicht den Streit aushalten muss, der durch die Ablehnung des Wunsches sonst höchstwahrscheinlich entstehen würde. Die Grenzsetzung und das Verhandeln sind jedoch wesentliche pädagogische Instrumente, die uns in der Erziehung unserer Kinder zur Verfügung stehen. Das Kind kann auf diese Weise wichtige Erfahrungen sammeln und lernen, dass eigene Wünsche nicht immer erfüllt werden (müssen). Die Anwendung solcher erzieherischen Maßnahmen sind allerdings oft auch anstrengend. Es ist einfacher, dem Kind zu geben, was es verlangt, als die Situation auszudiskutieren. Kurzfristig haben die Eltern ihre Ruhe. Langfristig schaden sie ihren Kindern mit diesem Vorgehen.

Auch die Grenzsetzung beim Thema Medien ist in den Beratungen immer wieder ein Thema. Leider kommen die Familien immer erst dann, wenn die Kinder schon so alt sind, dass man keinen großen erzieherischen Einfluss mehr auf sie hat. Dass die ständige Grenzenlosigkeit dazu führt, dass Teenager nun nur noch auf ihre Handybildschirme schauen, ist ein Effekt, den nur die wenigsten verstehen.

Im Grunde haben wir es mit einer Doppelbotschaft zu tun: Die Eltern behaupten, dass sie alles für ihre Kinder tun; das Wichtigste vergessen sie dabei aber. Auf der Handlungsebene sehen wir, dass die nötige Erziehungsarbeit ihnen oft zu anstrengend ist. Sie kümmern sich gar nicht wirklich, beziehungsweise es wird in erster Linie das umgesetzt, was besonders viel Außenwirkung hat und einen kurzfristigen Erfolg bringt. Eine ausschweifende Geburtstagsparty kann in den sozialen Medien inszeniert werden, und das mit Geschenken überhäufte Geburtstagskind ist am Ende des Tages glücklich. Auf diese Weise kann man sich als perfekte Eltern verkaufen. Die Diskussion über die Größe der Süßigkeitenration dagegen ist oft nervig und in ihrer Außenwirkung eher unspektakulär oder gar negativ, weil es zu Streit und eventuell Tränen kommt, dafür aber in ihrer Wirkung für die Zukunft von großer Wichtigkeit. Allerdings erfordert sie Zeit und gute Nerven. Insbesondere bei dem Thema Mediennutzung ist darüber hinaus auch die Reflexion des eigenen Verhaltens nötig und wichtig. Ich kann meinem Kind schwer vermitteln, dass die übermäßige Bildschirmzeit ihm schadet, wenn in unserer Familie pausenlos der Fernseher läuft und ich als Elternteil ständig mit meinem Smartphone beschäftigt bin. Es wäre also wünschenswert, das eigene Mediennutzungsverhalten zu überdenken und sich zum Wohle des Kindes einzuschränken. Aber auch dazu sind die wenigsten Eltern bereit. Sich selbst einzuschränken, um einen positiven Effekt bei dem Kind zu erzielen, kommt für viele Eltern in meinen Beratungen nicht infrage. Das würden sie in dieser Deutlichkeit natürlich nicht formulieren. Aber aus der ausbleibenden Umsetzung der in der Beratung erarbeiteten Ideen kann man auf die fehlende Bereitschaft schließen, aktiv etwas für die Erziehung der Kinder zu tun. Auch müsste man die plötzlich zur Verfügung stehende Zeit – besonders mit kleineren Kindern – anderweitig füllen. Dies bedeutet, dass man nach einer anderen Aktivität suchen und gegebenenfalls auch Zeit investieren müsste. Die erlebten Einschränkungen in der eigenen Kindheit führen im Erwachsenenalter womöglich dazu, dass die Bereitschaft, sich zugunsten anderer, in diesem Fall der eigenen Kinder, besonders zu bemühen, gering ist.

Ich bemerke bei Eltern mit türkischem Migrationshintergrund auch eine gewisse Sorglosigkeit in Bezug auf die Inhalte und Altersgrenzen von Filmen oder Spielen. Sie scheinen nicht davon auszugehen, dass hier eine Gefahr für ihre Kinder lauern könnte. Die wenigsten kennen die Inhalte der Spiele und Serien, die ihre Kinder gucken. Dies liegt manchmal auch daran, dass die Sprachkenntnisse der Mütter, wenn sie als Heiratsmigrantinnen erst spät eingewandert sind, nicht ausreichen, um zu kontrollieren, was die Kinder sich da anschauen. Und auch hier gilt wieder: das Kind muss nur lange genug jammern, um unbegrenzten Zugang zu den gewünschten Medien zu bekommen. Diese hier skizzierte Haltung mag auch dadurch mitverursacht werden, dass der Erziehungs- und Bildungsauftrag in der türkischen Kultur den entsprechenden ausgebildeten Personen und Institutionen in die Hände gelegt wird. Die eigene Verantwortung wird hier eher nicht gesehen.

Insbesondere im Teenager- und Jugendalter benötigt der Nachwuchs jedoch ein klares Gerüst aus Grenzen, Werten und Regeln, um sich daran zu reiben, sich auszuprobieren und über die Stränge schlagen zu können. Gibt es hingegen keinen sicheren Rahmen, an dem man sich orientieren könnte, so hinterlässt diese Erfahrung Unsicherheit.

Auf der anderen Seite stellen die Eltern Forderungen, sobald die Kinder ein gewisses Alter erreicht haben. Viele Eltern folgen nicht der Schulempfehlung und melden ihr Kind aus Prinzip auf dem Gymnasium an. Dass ein Kind mit einer knappen Realschulempfehlung auf dem Gymnasium eventuell hoffnungslos überfordert ist, wird dabei ausgeblendet. Zudem haben sie bis zu diesem Zeitpunkt mit ihrem Erziehungsverhalten dazu beigetragen, dass sich kein adäquates Lernverhalten entwickeln konnte. Ihre Kinder haben nicht gelernt, auf etwas hinzuarbeiten, um zu einem späteren Zeitpunkt die Früchte zu ernten. Dies ist für eine erfolgreiche Schullaufbahn jedoch unabdingbar. Das schulische Scheitern der dritten Generation ist also auch ein Stück weit selbst verursacht.

Im Laufe der Jugendphase entwickelt sich im Rahmen des üblichen Abnabelungsprozesses eine Abwehrhaltung gegenüber der überbehütenden und übergriffigen Haltung der Eltern. Die Jugendlichen orientieren sich an den Gleichaltrigen ohne Migrationshintergrund und gleichen ihren Lebensstil dem ihren an. Wenn die Eltern nun versuchen, traditionelle Werte durchzusetzen, kommt es innerhalb der Familie zu einem Generationenkonflikt. Dieser wird von der dritten Generation offensiv angegangen, da sie nicht die angepasste Haltung ihrer Eltern und Großeltern übernommen haben. Auch wird die Forderung nach Respekt der Familie gegenüber hinterfragt und nicht mehr ohne Weiteres hingenommen.

Andererseits können diese Jugendlichen und jungen Erwachsenen jedoch nur schwer auf eigenen Beinen stehen, weil sie nie gelernt haben, eigenverantwortlich zu agieren. Ich bekomme im Gesundheitszentrum immer wieder Anrufe von türkischen Eltern, die um einen Praktikumsplatz für ihre studierenden Kinder bitten. Es löst jedes Mal Erstaunen aus, wenn ich darum bitte, dass die Tochter oder der Sohn sich doch bitte persönlich melden solle, um alles zu besprechen. Oft höre ich dann nie wieder etwas von der Familie, weil die

Kinder nicht in der Lage sind, sich um ihre Angelegenheiten selbst zu kümmern.

Mit einer jungen Frau Anfang zwanzig übte ich, nach und nach Verantwortung für das eigene Leben zu übernehmen. Hierfür war eine sehr kleinschrittige Anleitung nötig. In Rollenspielen übten wir verschiedene Situationen ein. Sie hatte sich in zwei verschiedenen Städten um Studienplätze beworben und für beide eine Zusage erhalten. Die Eltern hatten ihr vorsorglich in beiden Städten ein WG-Zimmer besorgt. Unsere Abmachung war, dass das Mädchen selbst das WG-Zimmer in der Stadt absagen musste, gegen die sie sich entschieden hatte. Die Eltern zahlten zwei Monate lang die Miete für beide Zimmer, weil ihre Tochter es nicht schaffte, das entscheidende Telefonat zu tätigen. Die innere Überzeugung, zur Regelung der eigenen Angelegenheiten auf die Hilfe von anderen angewiesen zu sein, war sehr tief in ihrem Selbstbild verankert. Damit ist sie leider kein Einzelfall.

So wenig den Kindern Grenzen gesetzt werden, so sehr mischt man sich allerdings häufig in ihre Angelegenheiten ein, wenn sie erwachsen sind. Auch wenn sie bereits im Begriff sind, eine eigene Familie zu gründen, enden die übergriffigen Einmischungen oft nicht. So beteiligen sich die Eltern maßgeblich an der Partnerwahl ihrer Kinder, äußern etwa ihre Missbilligung im Falle einer aus ihrer Sicht falschen Wahl deutlich.

Eine meiner Klientinnen steht kurz vor der Hochzeit und ist einem Nervenzusammenbruch nahe. Je näher der Hochzeitstermin kommt, umso häufiger wird subtiler Druck ausgeübt. Der Vater der Braut klagt seit mehreren Wochen über diffuses Unwohlsein und begründet dies mit dem nahenden Auszug der Tochter, die nach der Feierlichkeit mit ihrem Mann ein gemeinsames Haus beziehen wird. Die Mutter klagt bereits jetzt regelmäßige Besuche der Tochter ein und nimmt ihr ganz unverhohlen übel, dass sie nach der Hochzeit in eine andere Stadt ziehen wird. Und sie wirft ihrer Tochter vor, sich gut mit der Schwiegermutter zu verstehen. Inzwischen vermeidet die Klientin in Anwesenheit ihrer Mutter die Nähe zu ihrer zukünftigen Schwiegermutter, um nicht noch mehr Unmut zu verursachen. Selbstredend, dass sich die Klientin nicht ungetrübt auf ihr Eheleben freuen kann, bedeutet dies doch, trauernde Eltern zurückzulassen.

Im neuen Zuhause warten bereits die zukünftigen Schwiegereltern auf die frischgebackene Ehefrau ihres einzigen Sohnes. Bereitwillig haben sie für das junge Glück ihr Einfamilienhaus geräumt und sind in eine Mietwohnung gezogen, die sich in unmittelbarer Nähe befindet. Auch sie hegen gewisse Ansprüche den Kindern gegenüber. Die junge Ehe wird demnach mit Argusaugen betrachtet, und es zeichnet sich bereits zu diesem frühen Zeitpunkt ab, dass das junge Paar reichlichen Besuch der Eltern und Schwiegereltern empfangen müssen wird. Ebenfalls kann man davon ausgehen, dass die Eltern sich auch in die Familienplanung sowie in die Erziehung der zukünftigen Kinder einmischen werden.

Ich habe schon viele junge Paare erlebt, die diesem Druck nicht standhielten und deren Ehe daran gescheitert ist. In der türkischen Kultur ist es sehr schwer, sich gegen den Willen der eigenen Eltern durchzusetzen. Die Erwartung an die Loyalität der Kinder ist hoch. Die Einsichtsfähigkeit, den eigenen Kindern mit den Einmischungen keinen Gefallen zu tun oder gar am Scheitern der Ehe schuld zu sein, fehlt gänzlich. Dabei kann den Eltern nicht der Vorwurf gemacht werden, ihre Kinder unglücklich sehen zu wollen. Alle diese »Unterstützungen« werden mit besten Absichten geleistet. Was die finanzielle Unterstützung angeht, kann man sagen, dass türkischstämmige Eltern tatsächlich oft eine große Hilfe sind. Sie finanzieren nicht nur die große Hochzeit, sondern sorgen meist auch dafür, dass ein gewisses Startkapital vorhanden ist. Allein das Maß für Einmischungen fehlt und das Verständnis für die Folgen. Oft wird die Güte der Kinder an der Häufigkeit der Kontakte festgemacht. Je öfter die Eltern eingeladen werden, umso zufriedener sind sie mit den Kindern. Spätestens, wenn die Eltern sich im Rentenalter befinden, die Kinder jedoch mit beiden Beinen fest im Berufsleben stehen und entsprechend eingebunden sind, wird dieser Zeitüberhang der Eltern zu einem echten Problem.

Die Schilderungen solcher Extremformen betreffen natürlich nicht alle Familien, aber in der Tendenz lassen sich diese Verhaltensmuster in fast allen Familien wiederfinden.

Das Erziehungsverhalten der zweiten Generation wird von der eigenen Biographie beeinflusst. Das, was sie als Mangel erinnern und wahrgenommen haben, wird den eigenen Kindern nun auf dem Silbertablett serviert. Dabei gehen sie äußerst exzessiv vor. Wie auch schon bei den eigenen Eltern, also der ersten Generation, wird das Erziehungsverhalten nicht ausreichend reflektiert und überdacht. Es ist vielmehr ein intuitives Handeln, das aus den eigenen Erfahrungen resultiert. Auch sie handeln, wie schon ihre Eltern, mit den besten Absichten. Häufig führt dieses Erziehungsverhalten jedoch dazu, dass ihre Kinder Frustrationen und Belohnungsaufschub nur schlecht ertragen können und in Konflikten nicht auf funktionierende Lösungsstrategien zurückgreifen können. Langfristig resultiert daraus im schlechtesten Fall eine gewisse Lebensunfähigkeit, da die Kinder nicht gelernt haben, ihre eigenen Angelegenheiten zu regeln. Selbst wenn diese Eltern sich eingestehen, dass ihre Kinder ohne ihre Unterstützung praktisch nicht lebensfähig sind, bedeutet dies nicht, dass das Verhalten geändert wird.

In der zweiten Generation herrscht ein unausgesprochener Konsens über die Erziehung. Würde man sich diesem Konsens durch die Anwendung anderer Strategien entziehen, müsste man mit der Missbilligung von Nachbarn und Bekannten rechnen. Niemand hätte Verständnis dafür, wenn man sein Kind einen Schülerjob verrichten ließe, nur damit es lernt, teure Gegenstände wertzuschätzen. Oder wenn man zum dritten Geburtstag nur drei ebenfalls Dreijährige einlüde und es selbst gebackene Muffins gäbe. Die Angst, dass es deshalb zu übler Nachrede kommen könnte, ist extrem groß. Das Erziehungsverhalten hat demnach viel mit Außenwirkung zu tun, und dieser Umstand führt zur Aufrechterhaltung dieser problematischen Strategien. Darüber hinaus sind der niedrige Lebensstandard und die überfordernden Verpflichtungen der eigenen Kindheit noch so fest in der Erinnerung verankert, dass man diese Situation auf keinen Fall erneut herstellen möchte. Es entgegen dieser vorherrschenden Ansichten anders machen zu wollen, würde ein hohes Maß an Selbstbewusstsein erfordern. Gerade dies findet sich aufgrund des Erziehungsverhaltens der ersten Generation in der zweiten Generation aber eher selten.

Die dritte Generation – deutscher, als wir denken

Die dritte Generation der Migranten, jene, die heute um die dreißig Jahre alt sind, sitzt gleich in mehrfacher Hinsicht zwischen den Stühlen: Sie ist hin- und hergerissen zwischen Tradition und Moderne, zwischen Türkischfühlen und Deutschsein, zwischen gesellschaftlicher Deplatzierung und dem steten Kampf um Anerkennung und nicht zuletzt zwischen Abhängigkeit und dem Wunsch nach Selbstständigkeit.

Dies sind die Kinder, die mit Eltern groß geworden sind, die alles anders machen wollten als ihre (Groß-)Eltern und die ihren Kindern ein Leben ermöglichen wollten oder wollen, das dem eigenen in nichts ähnelt.

Neben dieser Erziehung, die im schlechtesten Fall unsichere, verantwortungslose und egozentrische Menschen hervorbringt, wirken Erfahrungen der Chancenungleichheit und der Ablehnung, wie sie auch schon die zweite Generation im Jugendalter machen musste, negativ auf die jungen Menschen von heute ein. Sie lösen – wie bereits erläutert – eine gewisse Abwehrhaltung gegenüber der Gesellschaft aus. Noch immer erreichen Jugendliche mit einem Migrationshintergrund im Durchschnitt nicht so gute Schulabschlüsse wie ihre Altersgenossen ohne Migrationshintergrund. Und das, obwohl die meisten von ihnen hier geboren sind und die Kriterien für Migranten im engeren Sinne gar nicht mehr erfüllen, da weder sie selbst noch ihre Eltern im Ausland geboren wurden.

Die immer wieder aufflackernde Diskussion um anonymisierte Bewerbungen und Prüfungen an Universitäten oder Schulen macht leider deutlich, dass Unterlagen selten ohne Ansehen der Person begutachtet werden. Die Studie der Universität Mannheim »Max vs. Murat«[8] legte offen, dass Schüler für die gleiche Leistung – ein Diktat mit exakt der gleichen Fehlerzahl – fast bis zu einer ganzen Note schlechter bewertet wurden, wenn der Name auf einen Migrationshintergrund schließen ließ. Studien des Sachverständigenrats deutscher Stiftungen für Integration und Migration[9] und des Wissenschaftszentrums Berlin für Sozialforschung[10] kommen zu dem Ergebnis, dass Menschen mit Migrationshintergrund sich bei gleichen Leistungen deutlich häufiger bewerben müssen, um eine Anstellung zu finden. Innerhalb der Gruppe der Bewerber mit Migrationshintergrund werden die Bewerber, die einen muslimischen Kulturhintergrund haben, am häufigsten diskriminiert.

Der geringere Erfolg in der Bildungsbiographie liegt sicherlich nicht ausschließlich an der erfahrenen Benachteiligung in den Institutionen der Bildung, sondern auch an der Migrationsbelastung, die die Familien über mehrere Generationen tragen. Wir müssen also von einer Wechselwirkung der Einflüsse ausgehen. Dies allerdings macht die Beurteilung der Phänomene nicht nur für die Betroffenen selbst schwierig.

Nehmen wir noch einmal das Beispiel der Eltern, die sich vor der Schule ihrer Tochter postierten, um die Ungerechtigkeiten zu dokumentieren, die ihrer Tochter ihrer Meinung nach täglich widerfuhren. Uns begegnet in diesem Fall eine völlig verzerrte Wahrnehmung des eigenen Kindes. Mehrere Telefonate mit der Lehrerin und der Schulsozialarbeiterin ergaben, dass das Kind der Klienten oft bewusst falsche Dinge berichtete, um Aufmerksamkeit und Mitleid zu bekommen. Die Eltern glaubten ihrer Tochter jedes Wort und ließen die anderslautenden Meinungen von Personen, die die Situation miterlebt hatten, nicht gelten. Darüber hinaus agierten die Eltern massiv übergriffig, indem sie die Observation des Falles selbst in die Hand nahmen. Damit brachten sie dem Personal an der Schule großes Misstrauen entgegen. Als ihre eigenen Interventionen nicht fruchteten, baten sie mich, Kontakt zur Schule aufzunehmen. Sie vermuteten mir gegenüber eine fremdenfeindliche Einstellung der Schule. Nachdem ich mir selbst ein Bild gemacht hatte, schien mir die Sichtweise der Schule jedoch überaus adäquat gewesen zu sein. Nun beschwerten sie sich, dass ich nicht für die Durchsetzung ihrer Interessen gegenüber der Schule gesorgt hätte. Sie kamen fortan nicht mehr. Diese Eltern haben für ihre Tochter sicherlich das Beste gewollt. Leider erreichten sie vermutlich das genaue Gegenteil.

Diese Erfahrungen der Diskriminierung und der Ablehnung werden – ob sie nun objektiv sind oder nur gefärbt durch die Eigenwahrnehmung beurteilt werden – in das Selbstbild der jungen Menschen integriert. Sie nehmen sich als gesellschaftlich abgelehnt wahr und sehen für sich keine Möglichkeit, an dieser Situation aktiv etwas zu verändern.

Erschwerend hinzu kommt eine »jugendliche Aufsässigkeit« als berechtigter Versuch der Abgrenzung der Jugend gegenüber der Gesellschaft, wie wir sie unabhängig von Ethnien beobachten können. Das so entstandene Selbstbild wird nicht mehr hinterfragt. Die jungen Menschen bilden Kategorien, um sich die Einordnung der Welt um sich herum einfacher zu machen. Dies tun wir alle, weil es viel zu anstrengend wäre, jede erlebte Situation wieder vollkommen neu zu bewerten und einzuordnen. Kategorien helfen uns, dies deutlich schneller erledigen zu können. Allerdings übersieht man Details, wenn man in jugendlicher Hitzigkeit die »Schublade« vorschnell wieder zumacht. Übrigens ist es vielleicht auch einfacher, sich in einer Opferrolle einzurichten und die eigenen Anteile an der gesellschaftlichen Position, in der man steckt, auszublenden.

Auf diese Weise stellt man sich selbst als machtlos hin, was intendiert, dass man nichts zur Veränderung der eigenen Situation tun kann. Dies führt seinerseits wieder zu gesellschaftlicher Empörung über das rücksichtslose und unreflektierte Verhalten der jungen Menschen mit Migrationsgeschichte. Damit setzt sich ein Teufelskreis in Bewegung, der befeuert wird von weiteren, provokativ wirkenden Aktionen vonseiten der Jugendlichen und der gesellschaftlichen Empörung auf der anderen Seite, die ihrerseits dann wieder für ein Gefühl der Nichtzugehörigkeit sorgt.

In Köln trug sich vor einigen Jahren folgendes Ereignis zu: Die Stadt präsentierte nach langer Bauzeit 2015 stolz den neu gestalteten Rheinboulevard. Die neu gestaltete Uferpromenade sollte ein Publikumsmagnet werden, die Großevents der Stadt besser in Szene setzen und die Stadt touristisch weiter aufwerten.

Diese attraktive neue Aufenthaltsmöglichkeit wurde bald auch von Jugendlichen entdeckt, die sich abends dort versammelten, Wasserpfeife rauchten und sich und ihre schicken Autos auf der Promenade präsentierten. Dabei handelte es sich überwiegend um Jugendliche mit Migrationshintergrund. Unter einzelnen Gruppen kam es zu Streitereien, die Polizeieinsätze nach sich zogen. Die Stadt Köln ging daraufhin gegen diese ungeplante Nutzung des neuen Promenadenabschnitts vor, Polizisten sprachen Platzverbote aus.

Man kann sagen: Es gab berechtigte Interessen von beiden Seiten. Die Stadt wollte den Ort im ursprünglichen Sinne genutzt wissen, und die Jugendlichen waren froh, einen zentralen Ort entdeckt zu haben, an dem man sich in großer Gruppe treffen konnte, der schön ist und für den man nichts bezahlen muss. Dazu kam natürlich noch, dass es dort auch ausreichend Parkmöglichkeiten für schicke Autos gab. Die Stadt setzte sich letztlich durch. Die Platzverweise und die allgegenwärtige Präsenz von Polizei und Ordnungsamt sorgten dafür, dass der Ort für Jugendliche schließlich unattraktiv wurde.

Aber kann man hier wirklich von einem Erfolg sprechen? Die Jugendlichen fühlten sich unfair behandelt und diskriminiert, der Vorwurf der Fremdenfeindlichkeit kam auf, weil die Maßnahmen der Stadt sich zumindest indirekt hauptsächlich gegen Jugendliche mit Migrationshintergrund richteten. Dass sie mit ihrem allabendlichen Verhalten auf der Promenade dazu beitrugen, dass andere Menschen wenig Lust hatten, sich dort aufzuhalten, und darüber hinaus regelmäßig Kosten für Einsätze von Polizei und Ordnungsamt entstanden, nahmen sie nicht wahr. Andererseits ist es auch eine – leider vernachlässigte – gesellschaftliche Aufgabe, Jugendlichen Räume zu schaffen, in denen sie ihre Bedürfnisse ausleben können. Warum dies gerade für Jugendliche mit Migrationshintergrund so immens wichtig ist, lässt sich mit kulturspezifischen Gegebenheiten erklären.

Die Diskrepanz von familiärer Tradition einerseits und moderner Jugendkultur andererseits ist ein Spannungsfeld, das zur Lebensrealität der dritten Generation gehört und von dem sie weit mehr betroffen ist als Gleichaltrige ohne (türkischen) Migrationshintergrund. Die Coronapandemie brachte es ungewöhnlich offen zutage: Auf öffentlichen Plätzen, an Uferpromenaden und in Parks traf man während der Lockdowns häufig auf Gruppen junger Migranten. Neben der Tatsache, dass dies die öffentliche Meinung befeuerte, dass die jungen Migranten nicht willens seien, sich an die Regeln zu halten, sorgte dieses Phänomen auch schlicht für Verwunderung.

In den Phasen, in denen Diskotheken, Bars und Cafés geschlossen hatten, brach plötzlich der öffentliche Raum weg, in dem sich junge Menschen treffen konnten. Doch während es in vielen deutschen Familien möglich ist, dass Jugendliche sich auch zu Hause treffen können, ist dies in türkisch-muslimischen Familien nicht üblich. Zum einen fehlt hierfür häufig ein eigener Rückzugsraum, zum anderen können relativ neu erworbene Freiheiten nicht unter den Augen der Eltern ausgelebt werden. So verbietet es der Respekt, vor den Eltern Alkohol zu trinken oder gar als Junge eine Freundin mit nach Hause zu bringen (geschweige denn andersherum). Diese Bedürfnisse können aber nicht über einen längeren Zeitraum unterdrückt werden. Es werden also Nischen gesucht, innerhalb derer man sich ausleben kann.

Mit neuen Freiheiten ist hier der Umstand gemeint, dass Jugendliche mit türkisch-muslimischem Kulturhintergrund ein solches Leben überhaupt noch gar nicht so lange in der Öffentlichkeit ausleben. Sie beginnen, sich wie »ganz normale« Teenager zu verhalten. Voreheliche Sexualität etwa ist aber in Coronazeiten zum echten Problem geworden. Konnten sich die jungen Paare vor Corona zumindest noch ein Hotelzimmer mieten, war auch dies während des Lockdowns nicht mehr möglich. Da die jungen Leute bis zur Hochzeit in der Regel im elterlichen Haushalt leben und außerdem die Religion nach wie vor die Jungfräulichkeit zu Beginn der Ehe postuliert, ist Zweisamkeit auf andere Weise nahezu unmöglich. Die Diskrepanz zwischen dem, was erlaubt ist, und dem, was von den jungen Menschen gelebt wird, ist riesengroß.

Ein weiterer befeuernder Aspekt ist die Sprache. Wer Deutsch als Zweitsprache erlernt, ist gegenüber Muttersprachlern praktisch immer im Nachteil, selbst wenn er hier geboren ist. Oft sprechen türkischstämmige Jugendliche einen Mix aus Deutsch und Türkisch und beherrschen weder die eine noch die andere Sprache auf hohem Niveau. Müssen sie sich einer Diskussion stellen oder ihren Standpunkt verteidigen, fühlen sie sich aufgrund ihrer mangelnden Sprachkenntnisse schnell unterlegen. Nur allzu oft können sie ihre Argumente nicht so vortragen, wie sie wollen, weil ihnen die Worte fehlen. Auch aufgrund dieser Hilflosigkeit entstehen oftmals platt wirkende Parolen, weil die Jugendlichen ihre Meinung natürlich gerne kundtun möchten, dies nur eben nicht besonders differenziert hinbekommen. Oft reagiert das Gegenüber dann jedoch ungehalten, weil die mäßigen Sprachkenntnisse schnell mit Schwäche gleichgesetzt werden, aus Unmut darüber, dass hier geborene Menschen die Sprache nicht richtig beherrschen, und weil die Formulierungen der Jugendlichen schnell als obszön oder beleidigend aufgefasst werden. So wird das oft verwendete Wort *lan*, was man am ehesten als »ey, Mann« übersetzen kann, häufig als respektlose Äußerung aufgefasst. Mangelnde Sprachkenntnisse werden allenfalls noch der ersten Generation verziehen, nicht aber der zweiten und dritten Generation.

Meist wissen die Jugendlichen ganz genau, wie sie auf andere wirken und würden dies sicher gerne ändern. Sich zu erklären und die Schwäche einzugestehen, dass man es einfach nicht besser kann, kommt jedoch für Jugendliche meistens nicht infrage. Dies gelingt nur in ganz besonderen Schutzräumen und innerhalb tragfähiger Beziehungen wie etwa in Jugendzentren. Oft habe ich Jugendliche in meiner Beratung sitzen, die eben genau dieses Gefühl der Ohnmacht in Bezug auf ihre Sprachkompetenzen umtreibt.

Leider verhält es sich mit den Türkischkenntnissen nicht anders. Die meisten Angehörigen der dritten Generation können die türkische Sprache nur noch unzulänglich sprechen. Die Eltern bemühen sich, mit ihren Kindern deutsch zu sprechen, weil sie durch die eigene Geschichte nur allzu gut wissen, wie wichtig es ist, die Landessprache gut zu beherrschen. Natürlichen unterlaufen ihnen dabei aber auch Fehler, und sie sprechen ein eher einfaches Deutsch. Durch Schule und soziale Kontakte kann das nicht immer ausgeglichen werden. Dieses Phänomen wird nur ganz allmählich mit der steigenden Anzahl höherer Schulabschlüsse von Migranten besser.

Aber eben auch die Kenntnisse der vermeintlichen Muttersprache verblassen von Generation zu Generation. Oft lassen sich bereits bei der zweiten Generation erhebliche Defizite feststellen, Fachbegriffe oder Fremdworte wurden nicht erlernt, weshalb solche Ausdrücke beim Sprechen vermieden und eher einfache Sätze gebildet werden. In der Folge geht auch das Wissen um Grammatik und Wortschatz immer weiter verloren, wenn nicht konsequent daran gearbeitet wird. Dies macht sich spätestens im Türkeiurlaub bemerkbar, wenn die Jugendlichen aufgrund ihrer türkischen Sprachkenntnisse sofort als Deutschtürken erkannt werden. Ihre Sprache unterscheidet sich deutlich von der der Einheimischen.

Hier in Deutschland werden fehlende Sprachkenntnisse sowohl der türkischen als auch der deutschen Sprache mit Worten der jeweils anderen Sprache kompensiert. So kann man Sätze hören wie: *»Arbeitsamt'dan bir mektup geldi«*, was so viel heißt wie: »Es kam ein Brief vom Arbeitsamt.« Meist handelt es sich um Worte, die einem entweder gerade nicht einfallen, oder aber um Worte, für die es in der türkischen Sprache kein Äquivalent gibt (wie etwa für die »Pfandflasche«).

Darüber hinaus gibt es noch andere untrügliche Anzeichen für die deutsche Herkunft. Vor einigen Jahren war ich mit einem Freund in Istanbul. Wir wollten ein Backgammonspiel kaufen und bemühten uns sehr darum, hochtürkisch zu reden, um nicht zu offenbaren, dass wir aus Deutschland kamen. So erhofften wir uns, einen besseren Preis zu bekommen. Wir waren keine zwei Minuten im Geschäft, als uns der Inhaber fragte, aus welcher Stadt in Deutschland wir denn kämen. Verblüfft über seine Treffsicherheit fragten wir ihn, wie er das erkannt habe. Da sagte der Mann: »Ihr Deutschtürken geht langsam. Istanbul ist eine hektische Stadt, die Einheimischen sind stets in Eile und schnell unterwegs. Ihr jedoch scheint alle Zeit der Welt zu haben.«

Und damit sind wir auch schon beim nächsten Dilemma: Die dritte Generation fühlt sich in der Türkei noch weniger zu Hause, als es die zweite Generation schon tat. Dort werden die jungen Deutschtürken eher belächelt, da sich inzwischen auch in der Türkei rumgesprochen hat, dass es den Landsleuten in Deutschland nicht gelungen ist, große Reichtümer anzuhäufen und sich gesellschaftlich zu etablieren. Wenn sich also ein junger Türke mit seinem 3er-BMW auf den Weg in die Türkei macht, um dort einen üppigen Urlaub zu verbringen, wird er in seinem Jogginganzug mit dem großen Schriftzug einer Edelmarke kaum beachtet. Unter anderem auch darum, weil es den Türken in der Türkei inzwischen wirtschaftlich deutlich besser geht als noch zu Zeiten, in denen die ersten Arbeitsmigranten das Land verließen. Es ist bekannt, dass viele in Deutschland ein Leben auf Pump führen und der Besitz, mit dem in den sozialen Netzwerken oder im realen Leben geprahlt wird, eigentlich Eigentum der Bank ist, das großspurige Leben eher Schein als Sein.

Das paradiesische Bild vom Leben in Deutschland kann also nicht mehr aufrechterhalten werden. Darüber hinaus fühlt man sich in der Türkei zunehmend fremder, weil sich das kulturelle Leben hier und in der Türkei inzwischen deutlich voneinander unterscheidet. In Deutschland ist eine türkische Subkultur entstanden, die nur noch bedingt etwas mit der Kultur der Menschen in der Türkei zu tun hat. Dennoch führt die erlebte Ablehnung in Deutschland dazu, dass man sich oft eher türkisch fühlt.

Hinzu kommt, dass sich die Menschen mit Migrationshintergrund – und dies betrifft nicht nur die dritte Generation der Einwanderer – nicht von der deutschen Politik angesprochen und wahrgenommen fühlen. Aussagen wie die des ehemaligen Innenministers Horst Seehofer, dass der Islam nicht zu Deutschland gehöre, haben in der türkischen Community für Entrüstung und Unverständnis gesorgt. Auch dass im Falle der NSU-Morde so lange in die falsche Richtung ermittelt wurde und die Familien der Opfer beschuldigt wurden, in Ehrenmorde verwickelt zu sein, und der Tod ihrer Angehörigen somit Folge des »türkischen« Lebens, sorgte für große Enttäuschung. Gleichzeitig wirbt der türkische Staatschef Erdoğan geschickt um die Stimmen der im Ausland lebenden türkischen Staatsbürger. Selbst die Menschen, die ihren türkischen Pass zugunsten des deutschen aufgegeben haben, werden von ihm mit Aufmerksamkeit bedacht. Erdoğan vergisst keinen und nimmt alle mit in seinen Reden und auch in seinem Handeln. Er ist immer bestens informiert über die Gemütslage seiner in Deutschland lebenden Landsleute und verschafft ihnen bestimmte Rechte und Annehmlichkeiten, auch wenn sie die türkische Staatsangehörigkeit abgelegt haben. Die sogenannte »Mavi Kart« als Ausweisersatz etwa weist sie als ehemalige türkische Staatsbürger aus. Die in Deutschland lebenden türkischen Staatsbürger sind in ihren politischen Rechten hingegen stark eingeschränkt, da sie ohne die deutsche Staatsbürgerschaft zum Beispiel nicht wählen dürfen. Oft höre ich Sätze wie: »Ich lebe jetzt so lange hier und zahle seit Jahrzehnten meine Steuern und Sozialabgaben. Aber ein Mitbestimmungsrecht habe ich nicht.«

Wenn man sich selbst als Opfer sieht, liegt es nahe, Solidarität zu zeigen mit Menschen, die sich ebenfalls in einer solchen Situation befinden. Darüber hinaus gibt es einen gemeinsamen Nenner, wenn Jugendgruppen in Deutschland sich beispielsweise mit den Menschen in Palästina solidarisieren: die Religion. Dabei spielt es nur eine untergeordnete

Rolle, ob man die eigene Religion tatsächlich lebt und als richtungsweisend für sein Leben ansieht.

Vielfach erschwert die genossene Erziehung der dritten Generation ein Leben in Verantwortung und Selbstständigkeit. Aber auch die Abwesenheit von Chancengleichheit führt zu einem latent vorhandenen Gefühl der Benachteiligung, das seinerseits einen Widerstand gegen die eigene deutsche Gesellschaft auslöst und ein Verharren in der Opferrolle begünstigt. Jugendliche der dritten Generation ecken an, lösen Unverständnis bis hin zur Empörung aus, weil ihre Verhaltensweisen oft nicht verstanden werden. Dies liegt jedoch nicht begründet in ihrer kulturellen Andersartigkeit oder gar in der Ablehnung einer westlichen Gesellschaft. Viele der Strategien, wie sie von Jugendlichen der dritten Generation angewendet werden, entstehen direkt oder indirekt aus den Migrationsbelastungen. Diese Strategien sind oft ungünstig und verschlechtern die Situation eher, als dass sie hilfreich sind.

Das Zusammenspiel aus Erziehung, erfahrenen Benachteiligungen und ein damit verbundener niedriger sozioökonomischer Status muss als ein wesentlicher Grund benannt werden, wenn es um Jugendliche geht, die als vermeintlich desintegriert eingeschätzt werden und unter Umständen als gewaltbereit in Erscheinung treten. Dies legt auch ein Gutachten im Auftrag des Mediendienstes Integration nahe.[11] Dabei erlebe ich immer wieder, wie fest die dritte Generation mit Deutschland verbunden ist. Hier ist ihre Heimat. Auf viele der genannten Determinanten ihres Lebens haben sie jedoch keinen Einfluss. Die Abwesenheit von Selbstwirksamkeit und der Möglichkeit, sein Leben selbst in die Hand nehmen zu können, sorgen für Frust, der sich seinen Weg über Verhaltensweisen sucht, die gesellschaftlich abgelehnt werden.

Fernab der Heimat – Träume, Realität und Lebensbilanz

Die Migration bringt eine Vielzahl von Belastungen mit sich. Dies gilt nicht nur für die Menschen, die selbst eingewandert sind, sondern auch für deren Nachkommen. Dabei haben es die unterschiedlichen Generationen jedoch mit ganz verschiedenen Migrationsbelastungen zu tun. Nur wenn wir das verstehen, können wir die Bedingungen in Zukunft zum Besseren verändern. In den nächsten drei Kapiteln soll daher noch einmal dezidiert auf die (psychischen) Folgen der Migration für die jeweiligen Generationen eingegangen werden.

In der ersten Einwanderergeneration, also bei Menschen im Alter von sechzig Jahren und älter, sehe ich besonders häufig Phänomene wie kulturelle Entwurzelung, Beziehungsabbrüche, sprachliche Barrieren, hohe Arbeitsbelastung und Gefühle des Fremdseins. Schon in der zweiten Generation, das sind die heute Dreißig- bis etwa Fünfzigjährigen, spielen diese spezifischen Aspekte – mit Ausnahme der Anfälligkeit für Beziehungsabbrüche – nur noch eine untergeordnete Rolle. Dafür machen sich hier andere Dinge bemerkbar: die ärmlichen Lebensverhältnisse, das Überforderungsgefühl angesichts der übertragenen Verantwortlichkeiten, das fehlende Kulturwissen und die Anforderungen der Integration sind die vorherrschenden Themen der zweiten Einwanderergeneration.

In der dritten Generation, wir sprechen hier von Menschen im Alter von bis zu etwa dreißig Jahren, treffen wir schwerpunktmäßig auf die Problematiken bei der Zugehörigkeit, der gesellschaftlichen Positionierung und Identitätsfindung sowie Abhängigkeiten.

All diese Lebensphänomene und Belastungen werden abhängig von den Konditionen und Reaktionen der Betroffenen unterschiedlich erlebt. Es muss nicht zwangsläufig zu Problemen oder Erkrankungen führen, wenn man sich für die Einwanderung in ein anderes Land entschieden hat. Die genannten Aspekte können jedoch dazu führen, dass Menschen verwundbarer werden, also weniger widerstandsfähig sind in Bezug auf physische oder psychische Erkrankungen. Untersuchungen belegen, dass Menschen mit Migrationshintergrund mitunter doppelt so häufig an psychischen Erkrankungen leiden wie Menschen ohne Migrationshintergrund.[12]

In meiner Beratungspraxis begegnen mir täglich Menschen, die aufgrund eben dieser Belastungen, die die Migration mit sich bringt, Schwierigkeiten und Erkrankungen entwickelt haben. Die wenigsten dieser Menschen wissen um den Ursprung ihrer Problematik. Dies macht die Hilfestellung für sie, insbesondere wenn es um psychische Schwierigkeiten geht, zu einer besonderen Herausforderung für unser Gesundheitssystem. Ärzte und Psychotherapeuten verfügen in der Regel selten über ein derart spezifisches Wissen zum Thema Migrationsbelastungen. Es sei denn, sie haben sich wirklich sehr intensiv damit auseinandergesetzt, weil sie viel mit der entsprechenden Zielgruppe arbeiten. Ich bekomme viele Anfragen von Psychiatern und Psychotherapeuten, die in ihren Behandlungen von Menschen mit Migrationshintergrund auf kulturspezifische Aspekte treffen, deren Hintergrund sie nicht kennen und die von den Patienten selbst oft nicht erklärt werden können.

Zudem wissen wir aus einschlägigen Statistiken, dass die Menschen, die als Arbeitsmigranten nach Deutschland kamen, häufiger unter chronischen Erkrankungen leiden, öfter in die Erwerbsminderung und in die Frührente gehen und überdurchschnittlich früh sterben.[13] In der Gesamtschau liegt es also nahe, die Belastungsfaktoren, die sich aus der Migration ergeben, als krankheitsbeeinflussend und im Falle psychischer Störungen sogar als krankheitsbedingend miteinzubeziehen.

Betrachten wir zunächst die erste Generation der Einwanderer. Diese Menschen dachten ursprünglich, dass sie für zwei Jahre zum Arbeiten nach Deutschland kommen. So war die Arbeitsmigration vonseiten der türkischen und der deutschen Regierung geplant. Aufgrund dieses Vorhabens wird es sich für diese Menschen also zunächst gar nicht wie eine wirkliche Migration angefühlt haben. Zwei Jahre sind ein überschaubarer Zeitraum, vor allem, wenn am Ende dieser Zeit die Rückkehr in die Heimat steht. Womöglich wären viele gar nicht aufgebrochen, wenn sie gewusst hätten, wie nachhaltig diese Entscheidung ihr Leben beeinflussen würde.

Die Kürze des angedachten Zeitraumes war auch einer der Gründe, warum sich niemand darum bemühte, die Sprache zu lernen, und vonseiten der deutschen Regierung keine Sprachkurse angeboten wurden. Die Durchführung eines allgemeinen Pflichtunterrichts hätte einen hohen finanziellen Aufwand bedeutet und darüber hinaus kostbare Arbeitszeit »verschwendet«. Für die Arbeiter war in den Betrieben alles so gestaltet, dass sie sich auch ohne große Sprachkenntnisse zurechtfinden konnten. Entscheidende Positionen waren stets so besetzt, dass Anweisungen auch in türkischer Sprache erfolgen konnten. Die geringen Sprachkenntnisse sowie die fehlenden Kenntnisse der Gepflogenheiten und Sitten des Landes, in das man eingewandert war, führten dann aber zu einem tiefen Gefühl der Unsicherheit.

An dieser Stelle muss noch ein weiterer, häufig vernachlässigter Aspekt erwähnt werden: Die erste Generation verfügt nur über eine niedrige Schulbildung. In der Türkei gingen sie nur wenige Jahre zur Schule, um basale Kenntnisse des Lesens und Schreibens zu erlernen. Texte auf Deutsch zu verstehen, ist für sie nahezu unmöglich. Auch dies bewirkte eine Verunsicherung im täglichen Leben. Jedes Behördenformular, jeder Elternbrief und Verträge, sei es für die Wohnung oder fürs Telefon, waren eine kaum zu überwindende Herausforderung. Viele Unterlagen wurden so in Unkenntnis des Inhaltes unterzeichnet. Dieser funktionale Analphabetismus wird oft aus Scham verschwiegen, aber er trägt erheblich zur Vulnerabilität der Menschen bei.

Aufgrund von Sprachbarrieren ergaben sich immer wieder Missverständnisse, die auf allen Seiten für Verwirrung sorgten. Die eingewanderten Menschen blieben daher lieber unter sich und nahmen weitestgehend nicht am gesellschaftlichen Leben teil. Meine Mutter etwa erledigte stets nur das Nötigste »draußen« und vermied es, allein vor die Tür zu gehen, weil sie sich nicht ausreichend verständigen konnte. Vor allem in den ersten Jahren war vieles fremd. Die Arbeitsmigranten mussten ihre Gewohnheiten auf die hiesigen Bedingungen einstellen. Zum Beispiel gab es viele Lebensmittel, die in der türkischen Küche vorkommen, nicht zu kaufen. Die Menschen konnten ihre Gebete nicht in der Moschee verrichten, weil es keine gab. Zeit und die Erkenntnis, dass man nun doch länger bleiben würde, waren nötig, um eine langsamere Veränderung der Gegebenheiten voranzutreiben. Und so blieb lange Zeit die Sehnsucht nach einer vertrauten Umgebung und die Furcht vor den vielen unbekannten Dingen und Situationen bestimmend für das Gefühlsleben der eingewanderten Menschen.

Der Ruf, der den Deutschen vorauseilte, besonders hochwertige Arbeit zu verrichten und verlässlich und präzise zu arbeiten, verursachte weiteren Druck. Denn selbstverständlich wollte man nicht hinter diesen Ansprüchen zurückstehen. Die Arbeiter hatten jedoch nicht nur die Erwartungen des aufnehmenden Landes zu erfüllen, sie hatten auch den Auftrag der türkischen Heimat, sich in Deutschland gut zu verhalten und zuverlässige Arbeit zu leisten, um ihr Heimatland in der Fremde würdig zu vertreten.

Die von beiden Seiten an die Menschen herangetragenen Erwartungen führten zu einem stark angepassten Verhalten, das man noch heute insbesondere bei Menschen der ersten Einwanderergeneration feststellen kann. Mein Vater hielt sich stets an die Regeln, nahm nie etwas, was ihm nicht zustand, und machte keine Schulden. Eines Tages kam er vom Brotkauf nach Hause und stellte fest, dass er versehentlich ein Brot mehr bekommen, als er bezahlt hatte. Er machte sich mit der Straßenbahn erneut auf den Weg zu dem Laden und bezahlte das überzählige Brot. Die Tage, an denen er wegen Krankheit nicht zur Arbeit erscheinen konnte, lassen sich an einer Hand abzählen. Sein Leben lang stand er an roten Fußgängerampeln, auch wenn meilenweit kein Auto zu sehen war. Die Angst, sich falsch zu verhalten oder unangenehm aufzufallen, war allgegenwärtig und prägte das Verhalten der Menschen nachhaltig. Im Grunde waren sie mustergültige Bürger, nur die Sprache fehlte ihnen.

Diese Rahmenbedingungen begünstigten über viele Jahre die Entwicklung von Ängsten. In der ersten Generation begegnen uns viele Menschen mit generalisierten Angststörungen, Panikstörungen, Zwangserkrankungen und isolierten Ängsten. Aufgrund der Sprachbarrieren sowie eines kulturspezifischen Krankheitsverständnisses begeben sich jedoch nur wenige dieser Menschen in Behandlung. Zum einen sind besonders psychische Erkrankungen stark stigmatisiert in der türkischen Gesellschaft, und darüber hinaus führt eine gewisse Schicksalsergebenheit dazu, dass man Krankheiten hinnimmt und sich nicht in Behandlung begibt.

Ein weiterer Aspekt ist, dass besonders bei einer Psychotherapie umfangreiches Kulturwissen nötig und bei Angehörigen der ersten Generation folglich ein muttersprachlicher Therapeut unabdingbar ist. Da es davon nur ganz wenige gibt, können diese Menschen kaum behandelt werden. Stattdessen bekommen sie Medikamente. Ängste neigen unbehandelt jedoch dazu, sich zu verstärken, sodass sich im Alter Störungen von teils massivem Ausmaß zeigen.

Außerdem werden Ängste und ängstliche Strategien an die nächste Generation weitergegeben. Zum einen sind die Eltern Modell für ihre Kinder. Wenn ein Kind erlebt, dass seine Mutter sich in spezifischen Situationen ängstigt, dann lernt es am Modell der Mutter, sich in solchen Situationen ähnlich zu verhalten oder sie zu meiden. Zum anderen sind Kinder auf ihre Eltern angewiesen, wenn es darum geht, die Welt um sich herum einschätzen zu lernen. Wenn ich als Kind eine Mutter an meiner Seite habe, die eine Angststörung hat, dann werde ich meine Umwelt eher als potenziell bedrohlich wahrnehmen. Der Fokus liegt dann stets auf der Sorge, dass irgendwas passieren könnte.

Unbehandelte Ängste beeinträchtigen also nicht nur die Menschen selbst, sondern auch die nachfolgende Generation. In einer meiner Beratungen ging es um die Ängste eines jungen Mannes. Er traute sich nicht, alleine tanken zu fahren oder eine Flasche Wasser am Kiosk zu kaufen, stets benötigte er Begleitung. Aus Scham über diese Ängste vermied er es möglichst, überhaupt das Haus zu verlassen, und schränkte sein Leben auf diese Weise massiv ein. Im Gespräch stellte sich heraus, dass seine Mutter ihren Reinigungsjob nur ausüben konnte, wenn ihr Mann sie zur Arbeit begleitete und wartete, bis sie fertig war. Allein hatte sie Angst.

Thematisiert werden solche Verhaltensweisen praktisch nie. Psychische Erkrankungen sind unter Menschen mit türkischem Migrationshintergrund bis heute ein Tabu. Zusätzlich legen religiös-kulturelle Annahmen nahe, dass das Leben und eben damit auch Krankheiten vom Schicksal bestimmt sind. Dies ist ein weiterer Grund dafür, dass sich viele dieser Menschen gar nicht oder erst sehr spät – wenn der Leidensdruck massiv wird – in Behandlung begeben.

Insbesondere türkische Frauen der ersten, aber auch der folgenden Generationen putzen leidenschaftlich und exzessiv. Die Grenzen zur Zwangserkrankung bzw. zu einer zwanghaften Persönlichkeitsakzentuierung sind fließend. Bei einem solchen Krankheitsbild liegt die Ursache häufig in Kontaminationsängsten. Der Leidensdruck der Person selbst ist oft gering, dafür leidet die Familie umso mehr. Eine meiner Klientinnen schreibt ihrem Mann vor, nach der Arbeit sofort zu duschen und sämtliche Kleidung zu wechseln, sonst darf er sich nicht in der Wohnung aufhalten. Eine andere verbietet ihren Kindern, die Schultaschen mit in die Wohnung zu bringen. Sie werden in den Keller gestellt, von wo aus sie am nächsten Tag wieder mit in die Schule genommen werden. Solche Reglements werden von den Familien jahrelang mitgetragen, meist um des lieben Friedens willen. Derartiges Verhalten wird auch eher als sehr pingelig wahrgenommen, weniger als aus gesundheitlicher Sicht problematisch. Oder die Familie schweigt oft peinlich berührt, weil sie nicht möchte, dass Nachbarn oder Verwandte davon erfahren. Darüber hinaus sind die Übergänge zum krankhaften Verhalten oft nicht eindeutig. Dass alles schön sauber sein soll, ist grundsätzlich ja nichts Schlechtes.

Die Coronapandemie verstärkte die Ängste der Menschen vor Ansteckung noch einmal deutlich, und die Beratungsanfragen rund um diese Problematik stiegen merklich an. Eine meiner Klientinnen wäscht ihre gesamten Einkäufe von außen ab, bevor sie die Vorräte einräumt, aus Angst, das Virus könnte an den Verpackungen haften und sie sich auf diese Weise anstecken. Insbesondere die erste Generation nahm die Pandemie auch zum Anlass, das Haus praktisch gar nicht mehr zu verlassen. Soziale Kontakte wurden eingestellt, was sich sehr negativ auf die psychische Gesundheit auswirkte.

Gerade in der ersten Generation leiden viele Personen an Depressionen. Viele der Migranten schauen auf ihr Leben zurück und bilanzieren: Die geplante Rückkehr in die Heimat hat nicht geklappt. Man hat sein Leben lang hart gearbeitet und sparsam gelebt, immer mit dem Gedanken, in naher Zukunft ein schönes Leben in der Türkei zu verbringen. Auch wenn die meisten Menschen dieser Generation bereits pensioniert sind, hindert sie der Umstand, dass Kinder und Kindeskinder hier in Deutschland wohnen, daran, gänzlich in die Heimat zurückzukehren. Die immerwährende Sehnsucht lässt sich mit ausgedehnten Heimaturlauben nur bedingt stillen. Was bleibt ist die Zerrissenheit zwischen Heimat und Familie. Die erhofften Reichtümer hat man meistens auch nicht angesammelt, da die Verwandtschaft in der Türkei das Geld für ihre Zwecke genutzt hat. Man befindet sich nun also im letzten Abschnitt seines Lebens und muss feststellen, dass man im Grunde die vielen Jahre in Deutschland mit einer gut verdrängten Lebenslüge gelebt hat. Das großzügige und gute Leben wurde immer weiter aufgeschoben. Nur ist dieser ersehnte Zeitpunkt nie eingetreten. Hinzu kommt das bleibende Gefühl des Fremdseins auch nach so vielen Jahren in Deutschland.

Viele der Menschen mussten aufgrund der wirtschaftlichen Situation ihrer Betriebe noch kurz vor dem Rentenalter ihre Entlassung hinnehmen. Dies bedeutete in den meisten Fällen eine Arbeitslosigkeit bis zum Renteneintritt. Alternativ wurden sie mit einer kleinen Abfindung in die Frührente entlassen. Nach vielen arbeitsreichen Jahren müssen sie sich plötzlich damit abfinden, dass ihre Arbeitskraft nicht mehr gebraucht wird. Vor diesem Hintergrund entwickeln manche Menschen der ersten Generation Störungen aus dem depressiven Spektrum. Fehlende therapeutische Angebote für diese Zielgruppe verschlechtern die Situation zusätzlich.

Ein Beispiel ist ein Klient von mir, der in den sechziger Jahren als Gastarbeiter nach Deutschland kam und bei einem großen Automobilhersteller arbeitete. Später kam seine Frau nach, das Paar bekam einen Sohn. Es sollte das einzige Kind bleiben. Die Lebensverhältnisse der kleinen Familie waren stets einfach, das Geld wurde gespart und in die Türkei geschickt. Unter dem Druck des Vaters absolvierte der Sohn sein Abitur und begann ein Studium, das er aber nie zu Ende brachte. Der Vater hatte sich für seinen Sohn immer gewünscht, dass er ein besseres Leben führen würde. Inzwischen arbeitet er jedoch schon seit vielen Jahren als ungelernter Arbeiter in der Chemieindustrie.

Die Eltern unternahmen mehrere Versuche, eine Frau für ihren Sohn zu finden und ihn zu verheiraten, aber auch dieses Vorhaben scheiterte. Der Eintritt in die Rente war für den Klienten dann ein Schock, da seine Bezüge so niedrig sind, dass er kaum davon leben kann. Von Jahrzehnten harter Arbeit ist ihm nicht viel geblieben. Als er in die Beratung kommt, ist er nun seit bald zwanzig Jahren pensioniert und hochbetagt. Er schaut auf sein Leben zurück und muss feststellen, dass viele der Träume, die mit der Einwanderung nach Deutschland verbunden waren, sich nicht erfüllt haben. Er wollte seiner Familie eine bessere Zukunft und finanzielle Sicherheit bieten. Der Lebensstandard hat sich jedoch in all den Jahren kaum verbessert, Fehlinvestitionen und fordernde Angehörige in der Türkei haben das zurückgelegte Geld verschlungen. Der Sohn machte weder die erhoffte Karriere, noch gründete er eine Familie. Die Rückkehr in die Heimat war aus unterschiedlichen Gründen unmöglich: Zum einen fehlt der Lebenserfolg. Man ist im Grunde genauso arm wie vor der Migration und fürchtet, das Gesicht vor den Verwandten in der Türkei zu verlieren, denen man das ganze Leben vorgegaukelt hat, dass man es in Deutschland zu etwas gebracht hat. Zudem hat sich die gesundheitliche Situation deutlich verschlechtert, sodass man auf die ärztliche Versorgung in Deutschland und das Pflegegeld der Pflegekasse angewiesen ist. Und in diesem beschriebenen Fall wohnt der Sohn noch im elterlichen Haushalt und wäre im Falle einer Rückkehr in die Heimat hier unversorgt. Auch dies ist eine Frage des Ansehens, da es als elterliche Pflicht gilt, sich um die Kinder zu kümmern.

Der Klient vereinsamt zusehends, da viele seiner Weggefährten inzwischen verstorben sind und er nur noch vereinzelt soziale Kontakte hat. Inzwischen ist er auf eine antidepressive, medikamentöse Behandlung angewiesen, da er kein muttersprachliches therapeutisches Angebot findet. Der Sohn befindet sich ebenfalls in einer verzwickten Lage: Er kann den elterlichen Haushalt nicht verlassen, da die alt gewordenen Eltern auf seine Hilfe angewiesen sind.

Die Arbeitsbedingungen der ersten Generation sind ein weiterer Faktor, der sich auf die Vulnerabilität auswirkt. Praktisch alle Arbeitsmigranten haben unter schwersten Bedingungen gearbeitet. Schichtarbeit, eintönige Bandarbeit, der Umgang mit gefährlichen Stoffen, harte körperliche Arbeit sowie Arbeitsplätze mit Verletzungspotenzial, zum Beispiel in der Chemiebranche oder im Bergbau, waren die Regel. Viele der heute manifesten Erkrankungen lassen sich direkt oder indirekt auf diese Arbeitsbedingungen zurückführen. Orthopädische Erkrankungen, Atemwegserkrankungen und chronische Stoffwechselerkrankungen haben nicht selten zu Erwerbsminderung oder Frührente geführt. Diese Vorerkrankungen spielten und spielen auch beim Infektionsgeschehen der Coronapandemie eine wesentliche Rolle. Die hohe Anzahl von Menschen mit Migrationshintergrund, die wegen einer Coronainfektion stationär aufgenommen bzw. intensivmedizinisch betreut werden mussten, lässt sich auch dadurch erklären.

Es wurde bereits eingangs geschildert, dass viele der Menschen erst zum Zeitpunkt ihrer Ausreise einen Ausweis erhielten. Die Geburtenerfassung in den ländlichen Regionen der Türkei wurde zum Zeitpunkt der Geburt dieser Menschen noch sehr großzügig gehandhabt. Hin und wieder kam ein Standesbeamter ins Dorf, um die Geburten der letzten Jahre zu erfassen. Da Daten für die im Einklang mit der Natur lebende Dorfbevölkerung im Grunde keine Rolle spielten, merkten sich die wenigsten Mütter den genauen Tag der Geburt ihrer Kinder. Eher konnten sie sich an die Jahreszeit erinnern, zu der sie niedergekommen waren. So wurde ein Kind zur Zeit der Traubenernte geboren, ein anderes im Winter, wenn der Schnee die Arbeit auf dem Feld unmöglich machte … Dies ist der Grund, weshalb sehr viele Türken der ersten Einwanderergeneration Geburtsdaten wie »1. Januar« oder »1. März« haben.

Nicht nur der genaue Tag konnte nicht benannt werden, oft war auch das Geburtsjahr unbekannt. Da es für die Einreise nach Deutschland nötig war, eine bestimmte Altersgrenze nicht überschritten zu haben, wurde die Ausstellung des Passes gerne genutzt, um einige Anpassungen vorzunehmen. Man muss daher annehmen, dass viele aus der ersten Generation bereits einige Jahre älter sind, als es im Pass steht. Dies konnte in der Vergangenheit immer wieder durch Röntgenaufnahmen bestätigt werden. Auch dieser Umstand erklärt die gesundheitliche Verfassung der Menschen.

Ebenso tragen die Sprachbarrieren zu einer erhöhten Vulnerabilität der ersten Generation bei. Viele Informationen erreichen diese Gruppe erst gar nicht, weil sie die Benachrichtigungen nicht verstehen. Ein Brief der Krankenkasse, der eine Präventivmaßnahme anbietet, landet höchstwahrscheinlich ungelesen im Papierkorb. Flyer in Arztpraxen werden gar nicht angeschaut. Diese Gruppe von Menschen ist der gesundheitlichen Vorsorge keineswegs abgeneigt, sie weiß nur nichts über Möglichkeiten der Prävention und ist deshalb unterrepräsentiert, wenn es um die Inanspruchnahme von Vorsorgemaßnahmen geht. Bestehende Angebote konnten oft nicht genutzt werden, weil die für die Teilnahme erforderlichen Sprachkenntnisse nicht vorhanden sind. Eine Ernährungsberatung bei einem Diabetesfall müsste in türkischer Sprache erfolgen und darüber hinaus bestenfalls die türkische Küche berücksichtigen, da die Menschen mit türkischem Migrationshintergrund am Ende ihres Lebens sicherlich nicht anfangen werden, ihre türkische gegen die deutsche Küche zu tauschen. Für den Krankheitsverlauf spielt eine nicht erfolgte Beratung, gerade bei Diabetes, jedoch eine entscheidende Rolle. Dies führt langfristig zu Erkrankungen, die vielleicht hätten vermieden werden können, oder zu einer Verschlechterung von Krankheiten bis hin zu deren Chronifizierung.

Der geringe sozioökonomische Status der Menschen mit Migrationshintergrund stellt einen weiteren Belastungsfaktor dar. Wir wissen heute, dass Menschen, die mit wenig Geld auskommen müssen, in Bezug auf viele Krankheiten anfälliger sind. Sie arbeiten unter härteren Bedingungen, haben weniger Geld für hochwertige Lebensmittel zur Verfügung und können sich seltener Angebote der Gesundheitsprävention leisten, da diese meistens aus der eigenen Tasche bezahlt werden müssen.

All diese genannten Punkte können als aus der Migration heraus begründete Aspekte für eine erhöhte Vulnerabilität der ersten Einwanderergeneration gesehen werden. Keines dieser

Probleme wurde von der aufnehmenden Gesellschaft als solches erkannt und mit geeigneten Maßnahmen bekämpft. In der Folge führte dieses »Nichtkümmern« dazu, dass sich die Probleme potenzierten und zu strukturellen Benachteiligungen führten, die sich auf die folgenden Generationen auswirkten. Ähnliches müssen wir auch bei anderen Migrationsbewegungen jetzt und in Zukunft befürchten.

Der Kampf um Zugehörigkeit und Anerkennung

Die größte Gruppe der Ratsuchenden in meinem Gesundheitszentrum machen nach wie vor Angehörige der zweiten Generation aus. Ihre Biographien sind die zerrissensten, sie haben kaum etwas in ihrem Leben aktiv entscheiden können. Die Erfahrungen ihrer Kindheit prägten sie stark und bestimmen gegenwärtige Verhaltensweisen und Bewältigungsstrategien in ihrem Leben. Auch ich gehöre zu dieser Generation.

Wie bereits angeführt, hat vor allem das Phänomen der Kofferkinder zu erheblichen Folgen geführt. Sie begegnen uns am häufigsten in der zweiten Generation und zum Glück nur noch selten in der dritten Generation.

In Beratungszusammenhängen zeigt sich immer wieder ein deutlicher Zusammenhang von dieser Art Biographie und teilweise massiven Schwierigkeiten der Menschen. Keiner von ihnen kommt wegen des Schicksals, ein Kofferkind zu sein, in die Beratung. Das Thema ist immer ein Problem in zwischenmenschlichen Beziehungen. Es geht um Trennungen, Scheidungen, Generationenkonflikte bis hin zur Bindungsunfähigkeit. Aber auch Suchterkrankungen spielen eine große Rolle. Oft sind diese Menschen nicht in der Lage, Verantwortung zu übernehmen, gestalten ihre Beziehungen sehr unverbindlich und flüchten, wenn die Verantwortung ihnen zu groß wird. Da dieses Schicksal so viele Menschen trifft, wird es als Normalität in der zweiten Generation angesehen. Sie kommen zunächst oft gar nicht darauf, dass es ihre eigene Lebensgeschichte ist, die so schwerwiegende Folgen ausgelöst hat. Allerdings rühren die Geschichten, die ich von den Menschen, die zu mir in die Beratung kommen, höre, oft zu Tränen.

Um zu verdeutlichen, welche Wege eine solche Biographie nehmen kann, möchte ich die Geschichte einer Klientin erzählen, die zu mir kam. Nennen wir sie Sevil. Als sie zum Erstgespräch kam, erschien eine achtunddreißigjährige, sehr müde wirkende, ausgezehrte Frau mit dunklen Ringen unter den Augen. Man sah ihr die Erschöpfung und Mutlosigkeit an. Während ihrer Schilderungen weinte sie unentwegt.

Sie berichtete, dass ihr Mann viel Alkohol trinke und sie schlage, wenn er betrunken sei. Der vierzehnjährige Sohn werde ihr gegenüber oft sehr ausfallend und ebenfalls immer wieder auch handgreiflich.

Nach ihrer Biographie gefragt schildert sie, dass sie in Deutschland geboren sei. Ihre Eltern ließen sie nach einem Urlaub im Alter von einem Jahr in der Türkei in der Nähe der Stadt Diyarbakır zurück. Dort wuchs sie bei einem Onkel und dessen Familie auf, zusammen mit fünf leiblichen Kindern. Diese wurden immer bevorzugt, und Sevil musste das hinnehmen. Ihre Eltern sah sie nur in den Ferien, einmal im Jahr, manchmal kamen sie auch gar nicht, dann sah sie ihre Eltern zwei Jahre oder auch länger nicht. Mit siebzehn Jahren holten ihre Eltern sie schließlich nach Deutschland. Nun musste sie hier mit den ihr fremden Eltern zusammenleben. Schnell sollte ein Ehemann gefunden werden. Noch vor ihrem zwanzigsten Lebensjahr wurde sie mit ihrem Einverständnis verheiratet. Da sie erst mit siebzehn kam und keine Schule mehr besuchte, hatte sie große Schwierigkeiten, die deutsche Sprache zu lernen. Wenige Jahre nach der Hochzeit wurde sie schwanger und bekam einen Sohn. Der Alkoholkonsum des Mannes nahm mit den Jahren zu. Der Sohn, inzwischen

Jugendlicher, fällt in der Schule immer wieder durch respektloses Auftreten auf und zeigt hin und wieder kriminelles Verhalten. Manchmal kommt er am Wochenende gar nicht nach Hause und meldet sich auch nicht. Seiner Mutter gegenüber zeigt er keinen Respekt.

Sevil kommt immer wieder mit blauen Flecken am Körper zu den Beratungsterminen. Ihr Mann schlägt sie mitunter so hart ins Gesicht, dass sie schon Zähne verloren hat. Der Sohn hat die jahrelange Behandlung der Mutter durch den Vater miterlebt und ahmt ihn inzwischen nach, wenn die Mutter nicht so handelt, wie er es möchte. Immer wieder beschreibt sie, wie sehr sie ihren Mann und auch ihren Sohn hasst. Sie traut sich aber nicht, der Situation zu entfliehen, weil sie denkt, dass sie das Leben alleine nicht bewältigen kann. Ihr Vater ist inzwischen verstorben, und ihre Mutter lebt in der Türkei. Sie hat in Deutschland sonst keine Verwandten.

Die in der Kindheit erlebten Benachteiligungen in der Familie des Onkels sowie das Verlassenwerden von den Eltern haben dazu geführt, dass das Selbstwertgefühl von Sevil sich nicht ausreichend positiv ausbilden konnte. Sie ist mit Botschaften wie »meine Eltern wollen mich nicht bei sich haben« und »ich bin weniger wert als die anderen Kinder« groß geworden, was ihr Selbstvertrauen massiv untergraben hat. Auch das Drängen der Eltern auf eine baldige Hochzeit suggerierte ihr, dass sie es zu mehr als Hausfrau und Mutter sowieso nicht bringen würde. Man bedenke: Diese altertümlich anmutende Argumentation für die Ehe wurde Anfang 2000 vorgebracht. Aufgrund ihres geringen Selbstwertgefühls hat sie es nie gewagt, sich gegen ihren Mann oder gegen den Sohn aufzulehnen.

Die Beratungstermine tun ihr gut, die Arbeit an der Verbesserung ihres Selbstwertgefühls ist jedoch mühselig, da die

Überzeugungen, sie sei minderwertig und hilflos, sehr tief sitzen. Um die Termine wahrnehmen zu können, verlässt Sevil die Wohnung immer mit einem Vorwand. Ihr Mann weiß nicht, dass sie zur Beratung kommt. Sie fürchtet seine Reaktion sehr, da sie vermutet, dass er ihre Besuche im Gesundheitszentrum gewaltsam unterbinden würde.

Ein anderer Klient, nennen wir ihn Sevad, hat eine ähnlich tragische Geschichte. Er wurde in der Türkei geboren, wo er die ersten sieben Jahre bei seiner Mutter aufwuchs. Sein Vater kam zunächst allein als Gastarbeiter nach Deutschland. Er holte die Familie einige Jahre später nach. Vater und Sohn waren sich lange Zeit sehr fremd, und der Vater zeigte sich nie liebevoll seinem Sohn gegenüber. Der Schulstart in Deutschland war wegen der fehlenden Sprache schwierig. Der Vater drängte seinen Sohn stets, das Abitur zu machen, weil er nicht wollte, dass sein Sohn ebenso hart arbeiten müsse wie er selbst. Tatächlich schaffte Sevad auch das Abitur, woraufhin er Soziale Arbeit studieren wollte. Der Vater aber bestand auf einem Ingenieurstudium, weil er Ingenieure aus Arbeitszusammenhängen kannte und ihren Status schätzte. Unter Sozialer Arbeit konnte er sich nichts vorstellen.

Sevad gab dem Druck des Vaters erneut nach, wählte den gewünschten Studiengang und wurde Ingenieur. Nach Ende des Studiums suchten seine Eltern eine Frau für ihn, und er stimmte der Wahl zu. In der Beratung berichtet er, dass er dem Druck seines Vaters immer in der Hoffnung nachgegeben habe, dass dieser irgendwann mal zufrieden sei und die erreichten Leistungen anerkennen würde. Diese Situation ist jedoch bis heute nicht eingetreten.

Der Kummer darüber, sich immer nur nach dem Willen des Vaters zu richten und die eigenen Herzenswünsche stets zurückzustellen, wurde mit den Jahren immer größer. Sevad hatte sich so tief in ein falsches Leben hineinbegeben, dass es ihm immer schwerer fiel, Entscheidungen zu treffen, weshalb er immer öfter nach der Meinung des Vaters fragte. Das wiederum brachte seine Frau regelmäßig auf die Palme.

Schließlich fing er an zu spielen. Am Spielautomaten hat er Zeit für sich, niemand redet ihm rein. Hier ist er in der Position des Handelnden. Der finanzielle Schaden allerdings ist inzwischen immens. Alle Rücklagen der Familie sind verspielt. Mit seiner Frau kommt es deshalb zu massiven Konflikten.

In der Beratung kristallisierte sich schließlich der Wunsch heraus, eine Aussprache mit dem Vater zu suchen. Dieser reagierte mit großem Unverständnis und warf seinem Sohn vor, undankbar zu sein. Diese Reaktion warf Sevad in seinen Bemühungen, sein Leben zu ändern und die Spielsucht in den Griff zu bekommen, deutlich zurück. Wieder musste er die Erfahrung machen, vom Vater mit seinen Bedürfnissen nicht ernst genommen zu werden. Eine Klärung oder zumindest ein Gespräch mit dem Vater war danach nicht mehr möglich.

In der türkisch-islamischen Kultur hat der Respekt gegenüber den Eltern einen sehr hohen Stellenwert. Kritik wird von den Eltern häufig als Verstoß gegen dieses Respektgebot gedeutet und nicht geduldet. Die Angst der oft schon erwachsenen Kinder liegt darin begründet, dass das Recht der Eltern auf die Güte und den Gehorsam der Kinder, besonders in Bezug auf die Mutter und das Leben im Jenseits, sehr groß ist. Es heißt: »Das Paradies liegt unter den Füßen der Mutter.« Der Islam schreibt den Eltern eine sehr machtvolle Position zu. Wenn sie ihre religiöse Pflicht getan haben, dann müssen auch die Kinder ihre religiöse Pflicht den Eltern gegenüber erfüllen. Die Eltern haben die Pflicht, die Kinder gut zu versorgen, ihnen den Glauben beizubringen und sie zu verheiraten. Ist dies alles geschehen, sind die Eltern aus ihrer Pflicht entlassen und haben ihrerseits nun das Recht, die religiös bedingten Pflichten der Kinder einzufordern. Diese müssen den Eltern respektvoll gegenübertreten, ihre Wünsche und Anliegen erfüllen und sie im Alter pflegen.

Diese religiöse Verpflichtung ist inzwischen eine kulturelle Norm geworden und führt selbst in Familien, in denen der Glaube nicht mehr im Vordergrund steht, oft zu den geschilderten Situationen. Die Lösung von Problemen, und damit die Heilung, erschwert dies oft massiv. Der den Eltern gegenüber gebotene Respekt verhindert die Aufarbeitung der Biographie der Kofferkinder. Es besteht ein großer traditioneller und gesellschaftlicher Druck, den Eltern gegenüber nicht aufzubegehren oder ihnen Fehlverhalten vorzuwerfen. Sich Vater und Mutter zu widersetzen, gilt als große Sünde.

Es ist daher meist nahezu unmöglich, die traumatischen Erlebnisse der eigenen Kindheit mit den Eltern zu besprechen. Die Religion verbietet keineswegs das klärende Gespräch. Es ist den meisten Betroffenen allerdings nicht möglich, das Thema ohne heftige Emotionen und Anklagen anzusprechen. Ich erlebe viele meiner Klienten, die die Erlebnisse ihrer Kindheit so weit in ihr Unterbewusstsein zurückgedrängt haben, dass sie sich oftmals über eine lange Zeit des Beratungsprozesses gar nicht daran erinnern können. Aber leider bedeutet dies nicht, dass diese traumatischen Erlebnisse sich nicht auf das Leben der Menschen auswirken würden. Suchterkrankungen, Beziehungsunfähigkeit oder das ständige Scheitern im Leben sind oft das Resultat eines nicht verarbeiteten Traumas. Wenn die Klienten mit ihren Problemen Hilfe suchen, ist oft schon sehr viel Zeit des stillen Leidens vergangen. Viele von ihnen finden nie den Mut, ein klärendes Gespräch mit den Eltern zu führen und so einer Heilung eventuell ein kleines Stück näher zu kommen. Was bleibt, ist eine unbändige Wut gegenüber den Eltern und oft auch den Geschwistern, die das ersehnte Familienleben leben durften, während das Kofferkind in der Türkei war.

Die Aufgaben, die eine Migration mit sich bringt, nämlich gesellschaftlich Fuß zu fassen, sich die Sprache anzueignen und in die Kultur des aufnehmenden Landes reinzufinden, waren erstmals für die zweite Generation entscheidend. Während ihre Eltern noch an der baldigen Rückkehr in die Heimat festhielten und darum wenig Energie auf eben diese Themen verwendeten, war für die zweite Generation spätestens in der Jugend klar, dass sie ihr Leben hier in Deutschland gestalten würden. Sie besuchten die Schule und machten ihre Berufsausbildung, alles immer klar darauf ausgelegt, hier beruflich Fuß zu fassen und eine eigene Familie zu gründen. Von einer Rückkehr in die Türkei war nie die Rede, auch weil man sich in Deutschland inzwischen zu Hause fühlte, selbst wenn einem oft gesellschaftliche Ablehnung ins Gesicht schlug.

Aufgrund der bereits beschriebenen Lebensumstände bedeutete es jedoch für diese Generation eine enorme Anstrengung, die gleichen Anforderungen zu erfüllen, wie sie an Mitmenschen ohne Migrationshintergrund gestellt werden. Angefangen bei der Schule, die meist ohne nennenswerte Sprach- und Kulturkenntnisse begonnen wurde, über das Bestehen in einem Bewerbungssystem, das Menschen nach Ethnien kategorisiert, bis hin zur ständigen Rechtfertigung der eigenen Herkunftskultur. Diese Erfahrungen, immer mehr tun zu müssen, um ans Ziel zu gelangen, sei es ein Schulabschluss, ein Ausbildungsvertrag oder auch nur ein Mietvertrag, sind eindrücklich und prägend. Sie haben sich im Selbstbild der Betroffenen manifestiert, und dieses läuft im Hintergrund immer mit. Die verinnerlichte Botschaft lautet: »Ich kann mich anstrengen, wie ich will, ich kann nicht so erfolgreich sein wie ein Mensch ohne Migrationshintergrund.«

Eigentlich wäre ein besonders stabiles Selbstwertgefühl nötig, um diese Kraftanstrengung zu stemmen und sich gegen diese scheinbaren Gewissheiten zu behaupten und allen

Widrigkeiten zum Trotz ein erfolgreiches Leben zu gestalten. Leider verfügen längst nicht alle Menschen mit Migrationshintergrund über ein solch gefestigtes Selbstbewusstsein. Im Falle der zweiten Generation der türkischstämmigen Einwanderer kommt eine zusätzliche Schwächung sogar aus der eigenen Familie. Die Methode der Eltern, den eigenen Kindern immer die viel folgsameren, klügeren und besseren Kinder der Nachbarn vorzuhalten, sorgt nicht nur für den oft lebenslangen Kampf um Anerkennung, sondern sie schwächt die eigenen Nachkommen, indem sie sich negativ auf das Selbstwertempfinden der Kinder auswirkt.

Der stete Kampf um Anerkennung ist auch mein Lebensthema. Von meinen Eltern erhielt ich immer die Botschaft, dass die Kinder der Bekannten viel schlauer und leistungsfähiger seien. Auch sie wollten mir damit natürlich nicht schaden, sondern kannten diese Argumentation als gängige Methode, die eigenen Kinder zu motivieren und sie zu folgsamen Menschen zu erziehen. Meine Schullaufbahn wurde durch ihre Entscheidung, mich nicht auf einem Gymnasium anzumelden, sondern auf der nächstgelegenen Realschule, stark beeinflusst. Für mein Berufsleben rieten sie mir, eine Ausbildung zu machen, weil es das war, was sie aus dem eigenen Leben kannten. Sie wussten nicht, wie ich als Jugendlicher meine Zeit verbrachte, wie es mir in der Schule ging und was meine Träume waren. Sie lebten in ihrer kleinen Welt und hatten zu tun mit den Anforderungen des Lebens in der Fremde. Gefangen in der verinnerlichten Annahme, zu mehr nicht zu taugen, machte ich nach meinem Schulabschluss eine Ausbildung. Erst viele Jahre später traute ich mich, noch einmal die Schulbank zu drücken und mein Abitur zu machen. Der Auslöser dieser Entscheidung war ein Streitgespräch mit einem Kollegen. Dieser warf mir vor, dass ich aus meiner Chance, in Deutschland geboren worden zu sein, nichts gemacht habe. Er selbst war zu dem Zeitpunkt erst wenige Jahre in Deutschland und hatte sich bereits eine Position über mir erarbeitet. Seine Kritik traf einen wunden Punkt bei mir, und ich fasste an diesem Tag den Entschluss, mein Abitur nachzumachen. Der Weg war steinig, da ich bis dato nur über eine Hauptschulbildung verfügte und mein Wissen große Lücken aufwies. Ich kämpfte mich durch, lernte neben meiner vollen Stelle als Industriemechaniker, nutzte jede Sekunde, um Lernstoff nachzuholen.

Ich wollte mir und meiner Familie beweisen, dass ich es schaffen konnte. Es war ein Kampf gegen die Zeit, da mein Vater bereits schwer von einer Krankheit gezeichnet war. Er erlebte mein Abitur, aber den Start meines Studiums bekam er nicht mehr mit, genauso wenig wie die Geburt meines zweiten Kindes.

Auch meine Studienzeit unterschied sich von der meiner Kommilitonen. Da ich aus einem sogenannten bildungsfernen Haushalt stammte, verfügte ich nicht über die Ressourcen, die für ein Hochschulstudium nützlich sind. Alleine die selbstverständliche Haltung, Student zu sein, fehlte mir. Ich saß die ersten Wochen in den Vorlesungen und konnte es selbst kaum fassen. Ich verstand wenig von dem, was gesprochen wurde, und kämpfte mit der Angst, dass ich vielleicht nicht klug sei und nicht hierhergehörte. Die Studieninhalte erarbeitete ich mir in mühsamer Kleinarbeit.

Meine Mutter hat nie verstanden, warum ich meinen Job aufgegeben hatte, um Tag für Tag am Schreibtisch zu sitzen und zu lernen. Die Kinder waren klein und das Lernen zu Hause eine tägliche Herausforderung. Gleichzeitig waren meine Kinder mir jedoch auch mein größter Ansporn. Auch für sie wollte ich mein Ziel erreichen und der Erste in meiner Familie mit einem Uniabschluss sein. Ich beendete mein Studium in der Regelstudienzeit und schloss als einer der Besten in meinem Jahrgang ab. Allmählich verstummten die inneren

Stimmen, die mir weismachen wollten, dass es reiner Zufall war, dass ich all dies geschafft hatte. Bei der Erziehung meiner Kinder achte ich stets darauf, ihnen die Botschaft mitzugeben, dass ich fest an sie glaube und dass sie ihren Weg machen werden, egal wie er aussehen mag. Dass ich dabei nicht in die Erziehungsfallen der zweiten Generation tappe, darauf achtet meine deutsche Frau.

Heute ist meine Mutter stolz auf das, was ich erreicht habe. Sie ist nur von Zeit zu Zeit überrascht, dass ich manchmal so erschöpft von der Arbeit komme, obwohl ich doch den ganzen Tag sitze und nur mit anderen Menschen rede. Mit anstrengender Arbeit verbindet sie nach wie vor die harte körperliche Arbeit ihrer Generation. Auch heute wäre es mein größter Wunsch, meinem Vater erzählen zu können, dass es mir gelungen ist, die eingefahrenen Bahnen zu verlassen und meinem Leben eine andere Wendung zu geben.

Die zweite Generation hat es also mit einer Doppelbelastung zu tun, einerseits durch gesellschaftliche Aspekte und andererseits durch familiäre Dynamiken. Unter dieser Belastung bilden sich nicht selten die schon fast typischen Erkrankungen der zweiten Generation heraus, etwa die Suchtproblematiken. Dabei geht es nicht nur um Substanzabhängigkeiten, sondern auch um abhängige Beziehungsgestaltungen. Ich erlebe sehr viele Klienten, die in einer Beziehungssituation verharren, die ungesund bis toxisch ist, und die es dennoch nicht schaffen, sich zu lösen. Erwachsene Kinder können sich nicht von dem übergriffigen Einfluss ihrer Eltern lösen, Frauen werden regelmäßig geschlagen und schaffen es nicht, ihren Mann zu verlassen, und umgekehrt erlebe ich nicht selten die Situation, dass auch Männer es nicht schaffen, eine Beziehung zu beenden, obwohl ihre Frau etwa ständig fremdgeht und keinen Hehl daraus macht.

Eine Klientin, die in die Beratung kommt, um ihre Familiengeschichte aufzuarbeiten, berichtet Folgendes: »Meine Eltern hatten immer große Angst, dass ich als muslimisches Mädchen hier in Deutschland einen falschen Weg einschlagen könnte. Mein Vater war immer sehr streng mit mir, und ich habe auch viel Gewalt durch ihn erlebt. Sie haben mir nie zugetraut, dass ich das Leben einfach meistern werde. Sie haben immer alles für mich bestimmt. Sie haben mir einen Mann ausgesucht und gaben mir die Schuld, als die Ehe scheiterte. Ich kann Begegnungen oder Gespräche mit meinen Eltern nur ganz schwer ertragen. Ich schaffe es aber auch nicht, mich ganz von ihnen abzuwenden. Um es mir ein bisschen leichter zu machen, trinke ich einige Gläser Wein, bevor ich mit ihnen telefoniere. So kann ich besser weghören, wenn sie wieder mit ihren Vorwürfen beginnen.«

Die große Gefahr bei Suchterkrankungen – auch bei Beziehungssucht – ist die Suchtverlagerung. Gelingt es einem Menschen, sich doch irgendwann aus einer toxischen Beziehung zu lösen, ist die Gefahr sehr groß, dass sich das Suchtverhalten einfach verlagert. Im Falle dieser Klientin sehen wir eine Verlagerung hin zu einer Substanz – dem Alkohol. Die Erleichterung, sich aus einer solchen krank machenden Beziehung gelöst zu haben, wird zerstört von der Tatsache, nun ein anders geartetes Suchtproblem zu haben.

Da Alkohol in der türkisch-muslimischen Kultur nicht gern gesehen wird, begegnen mir oft andere Süchte, wie etwa die Spielsucht oder die Abhängigkeit vom »natürlichen« Haschisch. Gerade die Spielsucht wird von den Familien oft jahrelang gedeckt und finanziert. Ich höre in Beratungen so oft, dass das gesamte Familienvermögen für Spielschulden verwendet werden musste. Selbst Geschwister mit eigenen Familien geraten in eine Co-Abhängigkeit und helfen finanziell immer wieder aus, wenn das Bankkonto bereits am Monatsanfang leer geräumt ist. Die Sucht zerstört oft ganze Familien. Am Ende sitzen alle mittellos da oder müssen Kredite aufnehmen, um Spielschulden zu begleichen. Bemerkenswert ist hier der Familienzusammenhalt, der sowohl im Guten als auch im Schlechten meist länger funktioniert als bei Familien ohne Migrationshintergrund.

Eine weitere Belastung für diese Generation ist der traditionelle Erziehungsstil der ersten Generation. Die Jungen wurden im elterlichen Haushalt rundum versorgt und mussten meist keinen Finger im Haushalt rühren. Für sie wurde alles erledigt. Über ungehöriges Verhalten wurde oft hinweggesehen, weil es ja schließlich Jungen waren. Verhaltenskorrekturen wurden selten vorgenommen. Traditionsgemäß wohnten die Kinder bis zur eigenen Hochzeit im elterlichen Haushalt, wurden von diesen jedoch nie an Pflichten herangeführt, die ein eigenständiges Leben mit sich bringt. Jungen im gleichen Alter in der Türkei wurden zwar ebenfalls recht mütterlich versorgt, mussten aber auch oft im Familienbetrieb oder in der Landwirtschaft mithelfen und wurden auf diese Weise langsam an die Eigenständigkeit herangeführt. Da die Väter in Deutschland in großen Betrieben arbeiteten, war diese Lerngelegenheit nicht möglich. Viele junge türkische Männer der zweiten Generation hatten große Angst vor der Verantwortung, die eine Heirat mit sich bringt, weil sie keinen blassen Schimmer hatten, wie ein selbstständiges Leben funktioniert. Sie wurden in Bezug auf nötige Hilfestellungen, etwa bei Übersetzungen, zwar stets in die Verantwortung genommen, aber dennoch gleichzeitig auch in einer Abhängigkeit gehalten, was die eigenständige Lebensführung anging. Im schlechtesten Falle absolvierten die so erzogenen jungen Männer keine Berufsausbildung und gründeten keine Familie.

Die Mädchen dagegen wurden frühzeitig in die Pflichten des Haushaltes einbezogen und mussten der Mutter zur Hand gehen. Ungebührliches Verhalten wurde sofort gemaßregelt, aber sie wurden zur Selbstständigkeit erzogen. Unbewusst wurden den Mädchen dadurch wichtige Kompetenzen vermittelt: Eigenverantwortung und Durchhaltevermögen. Deshalb sind sie mit dem eigenständigen Leben nach der Hochzeit weniger überfordert als die jungen Männer. Auch haben sie oft bessere Schulabschlüsse und studierten häufiger als die Jungen in ihrer Generation.

Junge Männer der zweiten Generation suchten sich bewusst oder unbewusst Ehefrauen aus, die wie ihre Mütter die Verantwortung für den Haushalt übernahmen. In einer Ehe trafen also häufig unsichere junge Männer auf dominante und selbstständige Frauen. Die Männer waren froh, die Verantwortung abgeben zu können, ahnten aber nicht, zu welchem Preis sie dies taten. In meinen Beratungen sehe ich oft eben diese Männer, die ihrer dominanten Ehefrau nicht gewachsen sind. Diese Beziehungen werden nicht auf Augenhöhe geführt, sondern lassen ein Machtgefüge erkennen, innerhalb dessen ein Partner – in diesem Falle der Mann – der Verlierer ist. Da diese Phänomene im geschützten Rahmen der Kernfamilie ablaufen, sind sie für die Gesellschaft nicht wahrnehmbar. Sie machen jedoch deutlich, dass das Bild der unterdrückten, klein gehaltenen Frau oft so nicht zutrifft. Türkische Frauen haben innerhalb der Familie meist eine sehr machtvolle Position. Sie fällen die meisten Entscheidungen. Dies betrifft allerdings in erster Linie Frauen der zweiten Generation, die hier geboren und aufgewachsen sind.

Ein Klient, nennen wir ihn Safer, kommt nach einem Klinikaufenthalt regelmäßig zur Beratung. Seine Geschichte gleicht dem oben Beschriebenen: Sofort nach der Ausbildung heiratete er auf Wunsch der Eltern die von ihnen ausgesuchte junge Frau. Safer war glücklich mit der Wahl seiner Eltern. Seine Frau umsorgte ihn wie seine Mutter und führte den

Haushalt. Er konzentrierte sich auf die Arbeit und brachte das Familieneinkommen nach Hause. Das Paar bekam zwei Kinder. Auch die Erziehung oblag ihr. Die Familie kaufte ein Haus. Doch dann wurde Safers Frau unzufriedener und begann, ihren Mann zu kritisieren. Es gab viele Bemerkungen wie »Schau dich doch mal an, du bist doch kein Mann, sondern ein Trottel«. Safer hatte den Worten seiner Frau nichts entgegenzusetzen. Diese Herabwürdigungen ließ er jahrelang über sich ergehen. Irgendwann sah er seine Frau mit einem anderen Mann. Er fragte sie danach, und sie sagte ihm, dass sie schon lange eine Affäre mit diesem habe und auch nicht gedenke, das zu beenden. Safer schaffte es auch in dieser Situation nicht, sich gegen seine Frau zur Wehr zu setzen und die Ehe zu beenden. Es war schließlich seine Frau, die den Haushalt verließ, um zu einem anderen Mann zu ziehen. Safer blieb allein zurück und fiel in eine tiefe Depression, die schließlich zu dem Klinikaufenthalt führte.

Diese Geschichte beschreibt gut die anerzogene Unselbstständigkeit, die im Falle dieses Klienten zu einer Beziehungsabhängigkeit führte. Eine weitere Belastung entsteht durch die Verdrängung von Gefühlen wie Ärger oder Erlebnissen der Ablehnung. Die Kinder der ersten Generation rebellieren nicht. Nicht gegen ihre Eltern, weil sie den Respekt vor den Eltern mit der Muttermilch aufgesogen haben. Aber sie rebellieren auch nicht gegen gesellschaftliche Ungerechtigkeiten. Zum Beispiel gab es keine öffentliche Unmutsbekundung nach dem Attentat von Hanau. Die meisten Menschen mit Migrationshintergrund würden sich nie über das Verhalten von ihren deutschen Mitmenschen beschweren, auch wenn es absolut gerechtfertigt wäre.

Vor kurzem noch beobachtete meine Frau folgende Situation: Sie stand in der Schlange vor einem kleinen Kaffeeladen und wartete auf Einlass. Aufgrund der Coronabestimmungen durfte sich immer nur ein Kunde in dem kleinen Laden aufhalten. Hinter ihr stand ein Vater mit seinem Sohn. Die beiden unterhielten sich in einem Mischmasch aus Deutsch und Türkisch (der Sohn fragte seinen Vater auf Deutsch und dieser antwortete auf Türkisch). Da kam eine ältere deutsche Dame, ging an den beiden vorbei und fügte sich hinter meiner Frau in die Warteschlange ein. Der türkische Vater nahm die Situation wahr, sagte aber nichts. Meine Frau machte die Dame darauf aufmerksam, dass der Mann mit seinem Sohn auch in der Schlange wartete und sie vor ihr da gewesen seien. Der Mann schien in diesem Moment fast peinlich berührt. Solche Situationen lassen sich häufig beobachten. Menschen mit Migrationshintergrund nehmen die Situation so hin, wie sie ist, beharren nicht auf ihrem Recht, schlucken ihren Ärger runter und schweigen. Aber warum?

Dieses Verhalten lässt sich meines Erachtens dadurch erklären, dass die erste Generation diffuse Ängste aus den generell an Migranten gestellten Erwartungen entwickelt hat. Genauer betrachtet geht es sogar um die eigenen Erwartungen bezüglich der Erwartungen. Die erste Generation der Arbeitsmigranten baute sich ein Gerüst aus Annahmen auf, wie man sich zu verhalten habe und was von einem erwartet werde. So hielt sich etwa hartnäckig das Gerücht, dass das Jugendamt einem die Kinder wegnehmen würde, wenn man sich in der Schule beschwerte und aufbegehrte. Auch kursierten Geschichten darüber, dass man abgeschoben würde, wenn man sich nicht strikt an die Regeln hielte. Dies wurde natürlich auch den Kindern – also der zweiten Generation – mit auf den Weg gegeben.

Ich erinnere mich noch gut an Sätze meiner Eltern wie die folgenden: »Vorsichtig, mein Sohn, hier ist Deutschland! Fall bloß nicht auf«, oder »wir beschweren uns lieber nicht, wer weiß, was dann passiert«, und »egal, wir verhalten uns lieber ruhig«. Wir lernten bereits als Kinder, unsere Wut runterzuschlucken und Ungerechtigkeiten hinzunehmen. Aus dieser sorgfältig gelernten Haltung heraus ergeben sich eben solche Situationen wie vor dem Kaffeeladen. Mittel- und langfristig hinterlässt eine solche Handlungsstrategie jedoch ein ungutes Gefühl und eine Menge unterdrückten Ärger.

Eine weitere Botschaft, die die erste Generation ihren Kindern stets vermittelte, war folgende: »Wir sind hier Gäste, und als Gäste haben wir uns gut zu benehmen und dürfen nicht auffallen.« Sie sahen sich eben deshalb als Gast, weil sie von ihrer baldigen Rückkehr in die Türkei ausgingen. Dies wurde auch den Kindern so vermittelt. Anstatt sich also von Anfang an auf ein Leben in Deutschland einzustellen, fuhr auch die zweite Generation sozusagen mit angezogener Handbremse. Dies nahm Einfluss auf ihre Einstellung zu Deutschland und auf die Art und Weise, sich auf das Leben hier einzulassen. Heute kann man von der zweiten Generation den Vorwurf an die erste Generation hören, mit einer Lebenslüge groß geworden zu sein. Viele Jahre der Entbehrungen wurden stets damit entschuldigt, nur vorübergehend in Deutschland zu sein. Viele Menschen der zweiten Generation fragen sich, wie ihr Leben verlaufen wäre, wenn es von vornherein klar gewesen wäre, dass sie für immer hier bleiben würden.

Die zweite Generation übernahm im Grunde die zurückhaltende Haltung ihrer Eltern. Sie rebellieren nicht, sie weisen nicht auf Ungerechtigkeiten hin. Ihre vielleicht einzige Rebellion ist Erdoğan. Viele der hier lebenden Menschen mit türkischem Migrationshintergrund haben ihn gewählt, weil er eine starke Persönlichkeit ist, der seinen Kritikern die Stirn bietet. Mag man von ihm halten, was man will. Er symbolisiert den Aufstand, den die zweite Generation nie wagte.

Meine Generation und ich, wir tragen schwer an den Folgen der Migration unserer Eltern. Unsere Kindheit in Deutschland verlief gänzlich anders als die der Kinder ohne Migrationshintergrund. Wir hatten schwierige Startbedingungen in der Schule, bekamen Verantwortungen übergeben, die uns massiv überforderten. Wir waren die Opfer der Lebenslüge unserer Eltern und deren Unfähigkeit, sich von den Verwandten in der Türkei abzugrenzen. Alles, was wir heute besitzen und erreicht haben, verdanken wir zum großen Teil uns selbst. Unterstützung von unseren Eltern bekamen wir nicht, weder finanzieller noch mentaler Art. Die zweite Generation war und ist in jede Richtung verantwortlich: ihren Eltern gegenüber wie auch dem Leben ihrer eigenen Kinder gegenüber.

Die Migrationsbelastungen zeigen sich in dieser Generation vor allem in Schwierigkeiten der Beziehungsgestaltung. Ein weiteres Lebensthema ist die unterdrückte Wut, die sie in sich tragen und die sich oft in Form von psychosomatischen Erkrankungen zeigt. Die Belastungen und Schwierigkeiten in ihrer Biographie geben sie direkt oder indirekt wieder an ihre Kinder, die dritte Generation, weiter.

Während die erste Generation für sich nicht die Aufgabe sah, sich gesellschaftlich zu integrieren, war dies eine wesentliche Aufgabe für die zweite Generation. Ihre Integrationsleistungen wurden anfänglich torpediert von dem Umstand, dass die deutsche Regierung die Gastarbeiter lange Zeit nicht als Einwanderer akzeptieren wollte und folglich wenig Strategien entwickelte, die Startbedingungen dieser Menschen für ein Leben in Deutschland zu verbessern. Statt darüber nachzudenken, wie man die Kinder in ihrem Bemühen, die deutsche Sprache zu erlernen, unterstützen könnte, wurde anfänglich ja sogar in die entgegengesetzte Richtung gearbeitet. Dennoch gingen diese Menschen ihren Weg, auch wenn sie nach wie vor Benachteiligungen in Kauf nehmen mussten.

Viele Jahre wurde die Integration als Leistung gesehen, die von den Einwanderern erbracht werden muss. Erfahrungen der Ausgrenzung, Anschläge mit rechtsradikalem Hintergrund und die Abwesenheit von Chancengleichheit waren jedoch große Stolpersteine auf dem Weg, in die Gesellschaft hineinzufinden. Dass es sich bei der Integration mehr um ein Zusammenwachsen der unterschiedlichen Gruppen der Gesellschaft handelt, ist eher eine neuere Auffassung.

Zumindest den Spracherwerb betreffend gibt es inzwischen Vorbereitungsklassen an den Schulen, in denen neu eingewanderte Kinder und Jugendliche zunächst mal intensiv Deutsch lernen. Dennoch ist die finanzielle und personelle Ausstattung oft provisorisch und ungenügend. Ein Konzept oder feste hohe Standards fehlen.

Migrationsbelastungen ohne Migration – die Generation zwischen allen Stühlen

Man sollte meinen, dass die dritte Generation, die zum überwältigenden Teil hier geboren ist, nicht mehr unter den Migrationsbelastungen zu leiden hat. Tatsächlich sind es auch nicht mehr die ganz unmittelbaren sich aus der Migration ergebenden Phänomene, die diese Generation beschäftigen, es ist vielmehr das Erbe ihrer Eltern und Großeltern, das ihr Leben beeinflusst und ihnen Steine in den Weg legt. Wenn wir heute rebellierende Kinder und Jugendliche der dritten Generation sehen, dann hat dies meist nicht nur mit der eigenen Biographie, sondern auch mit der der vergangenen Generationen zu tun. Ihre Erfahrungen und Probleme haben sich gewissermaßen weitervererbt.

Die dritte Generation ist in Deutschland geboren. Ein Teil von ihnen hat die Kindergärten besucht, alle haben ihre Schullaufbahn hier begonnen und abgeschlossen. Sie sprechen die deutsche Sprache und kennen sich mit der hiesigen Gesellschaft deutlich besser aus als mit der türkischen. Deutschland ist ihre Heimat. Die Sozialisation, die sie genossen haben, ist das Ergebnis dieser Gesellschaft und ihrer Lebensumstände, sie gehören hierher. Sie ist eng verwoben mit der Biographie ihrer Eltern, deren Strategien auf ihr Leben

Einfluss nehmen. Dieser gegenseitige Bezug der Generationen aufeinander scheint mir im Falle der Menschen mit türkischem Migrationshintergrund besonders intensiv zu sein. Dabei geht es um Verantwortung füreinander, aber auch um das Aufeinander-angewiesen-Sein. Es lassen sich verschiedenste Abhängigkeiten erkennen, die es so in Familien ohne Migrationshintergrund nicht gibt.

Die erste Generation war und ist abhängig von ihren Kindern, die sie stets dabei unterstützen mussten, sich im Dschungel der deutschen Bürokratie zurechtzufinden und in den unterschiedlichsten Zusammenhängen zu übersetzen. Oft waren die Kinder auch gezwungen, in diesen Situationen Entscheidungen für ihre Eltern treffen zu müssen. Besonders bei Arztbesuchen war dieser Umstand im Nachhinein betrachtet haarsträubend: Kinder im jugendlichen Alter mussten über Behandlungsschritte der Eltern entscheiden, da ihre Übersetzungskompetenz für eine detaillierte Beschreibung der Optionen zwar nicht ausreichte, aber eine Entscheidung hermusste.

Erstaunlicherweise entstand dennoch die Einschätzung, dass die zweite Generation nicht in der Lage sei, die richtigen Entscheidungen für ihr eigenes Leben zu treffen, weshalb die erste Generation darauf deutlichen Einfluss nahm, sei es bei der Partner- oder bei der Berufswahl. Auch bei der Kindererziehung wirkten sie noch als Großeltern mit. Hier geht es wieder vornehmlich darum, den eigenen Kindern zu vermitteln, dass sie nicht in der Lage sind, ihre Kinder zu erziehen. Jede Krankheit, jedes Fehlverhalten wird zum Anlass genommen, an der Erziehungsarbeit der zweiten Generation zu zweifeln. Auch hier wird wieder gerne auf andere junge Eltern in der Nachbarschaft verwiesen, die alles viel besser hinbekommen würden. Die zweite Generation schaffte es meist nicht, sich ihren Eltern gegenüber abzugrenzen, und ließen diese Fremdbestimmung zu, die einen erheblichen und nicht immer positiven Einfluss auf ihr Leben nahm. Mit diesem Hintergrund wirkten sie auf ihre Kinder, die dritte Generation. Im Grunde wiederholt sich das Szenario der Einmischung erneut, da sie mit ihrer Übergriffigkeit und ihrem Erziehungsverhalten Menschen hervorbringen, die es kaum schaffen, auf eigenen Beinen zu stehen und die Verantwortung für ihr eigenes Leben zu übernehmen. Trotz ihrer eigenen negativen Erfahrung mischen auch sie sich in das weitere Leben ihrer Kinder ein.

Schauen wir uns Nesrins Geschichte an: Nesrin ist zwanzig Jahre alt und gehört der dritten Generation an. Sie ist das einzige Kind ihrer Eltern. In die Beratung kommt sie, weil sie sich so weit runtergehungert hat, dass sie kurz vor einer Klinikeinweisung steht. Die Familie, die ursprünglich aus Samsun am Schwarzen Meer stammt, ist religiös-konservativ. Nesrin war immer ein recht zierliches Kind gewesen, und ihre Eltern hatten stets Sorge, dass sie zu zart für die Anforderungen des Lebens sein könnte. Sie hielten ihre Tochter an, sich viel zu Hause aufzuhalten, weil das Leben in einer mehrheitlich nichtmuslimischen Gesellschaft aus ihrer Sicht viele Gefahren für ein junges muslimisches Mädchen bereithält. Nesrin wurde großzügig ausgestattet, kein Wunsch blieb offen. Nur die Aufmerksamkeit der Eltern fehlte. Der Vater, selber ein Kofferkind, hatte große Schwierigkeiten, seiner Tochter Zuneigung zu zeigen. Die Eltern arbeiteten beide viel, um ihrer Tochter einen guten Lebensstandard bieten zu können, und verloren sie darüber aus den Augen. Nesrin hatte ihren eigenen Fernseher im Zimmer und einen Laptop. Ihre freie Zeit verbrachte sie zu Hause, surfte im Internet und sah fern. Freunde hatte sie nur wenige und traf sie nur selten. Schon immer hatte sie Schwierigkeiten, Freundschaften zu schließen und diese über längere Zeit aufrechtzuerhalten. Sie schaute Sendungen wie *Germany's Next Topmodel* und begann, die eigene Figur im Auge zu behalten. Sie vereinsamte zu Hause, ging kaum noch vor die Tür und hatte schließlich ein stark unterdurchschnittliches Gewicht. Erst da bemerkten die Eltern, dass ihre Tochter unglücklich war und eine Essstörung entwickelt hatte. Sie waren entsetzt darüber, hatten sie doch vermeintlich alles für ihre Tochter getan.

Materiell gesehen konnte sich die junge Frau nicht beschweren, es fehlte ihr jedoch an elterlicher Aufmerksamkeit und Fürsorge, die sie erst erhielt, als sie krank wurde. Bedingende Aspekte für die Essstörung waren einerseits die Bindungsunsicherheiten in der Beziehung zum Vater, der – verursacht durch seine eigene Biographie als Kofferkind – auf der Gefühlsebene nicht zum Ausdruck bringen konnte, was ihm seine Tochter bedeutet, und andererseits die überprotektive und ängstliche Mutter, die durch ihre Anforderungen an die Tochter für deren Isolation und Vereinsamung mitverantwortlich war. Nesrin konnte sich erst durch ihre Erkrankung Gehör und Aufmerksamkeit der Eltern verschaffen.

Wenn der Vater alleine zur Beratung kam, brach er regelmäßig in Tränen aus. Zu Hause konnte er diese weiche verletzliche Seite nicht zeigen, dort war er der Versorger der Familie. In unseren Gesprächen wurde ihm jedoch bewusst, dass er seiner Tochter deshalb keine Liebe zeigen konnte, weil er sie selbst nie erlebt hatte. Er wusste schlicht nicht, was zu tun war, und benötigte klare Handlungsanweisungen, die wir in kleinen Schritten erarbeiteten.

Meist folgt auf die ersten Gespräche ein sehr langer Beratungsprozess, der den Betroffenen hilft, ihre eigenen Strategien und die Gründe für ihr Handeln selbst zu verstehen. Oft bleibt eine Verhaltensänderung dennoch schwierig, weil die eigenen Erfahrungen mit verinnerlichten Botschaften verknüpft sind, die sich nicht so einfach beiseiteschieben lassen. Im Falle dieser Klientin war es die Botschaft der Mutter: »Das

Leben in Deutschland ist schwierig und birgt Gefahren«, die bei Nesrin zu der Überzeugung geführt hatte, selbst nicht liebenswert und zu zerbrechlich für diese Welt zu sein.

Das Erkennen und Verändern solcher inneren Überzeugungen ist nicht selten eine Lebensaufgabe, die von manchen nie bewältigt werden kann. Im Falle von Nesrin richtete sich die Rebellion in Form einer Essstörung gegen sich selbst. In anderen Fällen kommt es vielleicht zu sozial auffälligem Verhalten, das mitverursacht wird durch einen problematischen Erziehungsstil der Eltern, den sie aufgrund ihrer eigenen Geschichte entwickelt haben. Die Schwierigkeiten in den Biographien der Eltern sind auch den Kindern nicht klar. Natürlich kennen sie die Geschichten, dass ein Elternteil oder auch beide erst später von ihren Eltern nach Deutschland geholt wurden. Sie ahnen jedoch genauso wenig wie ihre Eltern selbst, dass dysfunktionale Lebensstrategien aus dieser Biographie heraus entstehen. Die Kinder kennen es nicht anders und denken, dass dies die Normalität ist.

Ein weiteres Phänomen, das uns häufig in der dritten Generation begegnet, ist ein sehr schwach ausgebildetes Selbstwertgefühl, das vor allem in zwischenmenschlichen Beziehungen zu Problemen führen kann, aber auch die eigene Biographie entscheidend mitbestimmt. Ich höre täglich Sätze wie »Dafür bin ich zu doof«, »Das Leben schaffe ich nicht allein« oder »Das traue ich mir nicht zu«. Aus diesen festen Überzeugungen heraus verharren viele meiner Klienten in Situationen, die ihnen nicht guttun. Es werden Paarbeziehungen aufrechterhalten, innerhalb derer ein Partner Gewalt ausübt oder die Rechte des anderen stark beschneidet. Arbeitsverhältnisse mit geringen Löhnen und wenig Wertschätzung für das Geleistete werden hingenommen, viele Menschen der dritten Generation wehren sich nicht gegen ihre übergriffigen und dominanten Eltern. Die Idee, etwas an den

Gegebenheiten, unter denen sie so leiden, zu verändern, bereitet großes Unbehagen und löst Ängste aus. Diese Ängste sorgen dafür, dass letztlich alles beim Alten bleibt.

Woher kommt nun aber dieses Phänomen des verminderten Selbstwertes? Ich erlebe den Einfluss der Eltern mit ihrem Erziehungsverhalten als einen wesentlichen Aspekt dieser Thematik. Erinnern wir uns an das Erziehungsverhalten der zweiten Generation: Wie beschrieben, neigt diese Generation im Rahmen der Kindererziehung dazu, überprotektiv zu agieren und ihren Kindern auch das kleinste Hindernis aus dem Weg zu räumen. Den Kindern, die eine solche Erziehung genießen, fehlt es dadurch jedoch an Lernmöglichkeiten für die Entwicklung von Kompetenzen der Problemlösung. Solange die Eltern zur Stelle sind, um Probleme zu lösen, bereiten diese fehlenden Kompetenzen keine Schwierigkeiten. Je selbstständiger die Kinder jedoch werden und sie sich zwangsläufig aus dem »Dunstkreis« der Eltern entfernen, umso häufiger treffen diese Kinder auf Situationen, in denen die Eltern eben nicht für eine sofortige Beseitigung von Problemen zur Verfügung stehen. Im schlimmsten Falle kommt es zu einem Konflikt, den die Kinder nicht bewältigen können. Sie scheitern und nehmen diese Erfahrung mit in ihren »Selbstwertrucksack«. Auch das Handeln der Eltern vermittelt die unterschwelligen Botschaften »Du schaffst das nicht alleine«, »Wir regeln das für dich«. Die Intention der Eltern ist natürlich nicht die Schädigung des Selbstwertgefühls des eigenen Kindes, aber leider ist dies oft das Resultat eines solchen Erziehungsverhaltens.

Und die Eltern regeln wirklich alles. Sie telefonieren herum, um Schul-, Praktikums- oder Ausbildungsplätze zu ergattern. Im Falle eines Studiums in einer anderen Stadt übernehmen sie die Wohnungssuche und den Umzug. Ist der Nachwuchs dann weggezogen, so kommen sie, ungeachtet jeder Distanz, mehrfach pro Woche vorbei, um dem Kind Essen zu bringen und die Wohnung zu reinigen. Natürlich wird ein gutes monatliches Budget bereitgestellt, damit das Kind sich sein Studium nicht mit Studentenjobs finanzieren muss.

Leider scheitern eben diese Kinder überdurchschnittlich oft bei der Bewältigung ihrer Studienziele, weil sie nie gelernt haben, geduldig auf ein Ziel hinzuarbeiten und kurzfristige Interessen, etwa feiern gehen und ausschlafen, eine Weile hintan zu stellen. Das Studium überfordert sie, weil es einen hohen Anspruch an die Selbstorganisation stellt, die sie nie gelernt haben. Die Eltern haben auf diese Weise einen indirekten Anteil am Scheitern ihrer Kinder. Auch andere qualifizierte Bildungsabschlüsse werden auf diese Weise vereitelt. Mit der Heirat werden diese nur ungenügend auf das Leben vorbereiteten Menschen plötzlich in eine Verantwortung entlassen, der sie aufgrund ihrer Erziehungserfahrungen gar nicht gewachsen sind. Darüber hinaus stehen auch dann die omnipräsenten Eltern mit Rat und Tat zur Seite und torpedieren dadurch die junge Ehe.

Ein gutes Beispiel für die Einflussnahme der Eltern auf die Kinder bietet folgende Geschichte: Seit etwa eineinhalb Jahren kommt eine Mutter mit ihrer Tochter in die Beratung. Diese Familie vereint sämtliche Migrationsphänomene. Der Vater der jungen Frau kam selbst als Kofferkind im Alter von zehn Jahren nach Deutschland. Er machte seinen Hauptschulabschluss und trieb sich viel herum, trank Alkohol und traf sich mit vielen Frauen. Da seine Eltern verhindern wollten, dass er einen falschen Weg einschlägt, arrangierten sie eine Frau aus der Türkei und verheirateten ihren Sohn. Das junge Paar lebte neun Jahre bei seinen Eltern. Die Frau musste für die Schwiegereltern den Haushalt führen und die Gäste bedienen. Sie kontaktierte ihre Eltern und klagte ihr Leid, bekam jedoch zu hören, dass sie sich fügen müsse und sie nicht nach Hause zurückkommen könne, da dies dem

Ansehen der Familie Schaden zufügen würde. Ihr Mann betrügt sie bis heute, zum Familieneinkommen trug er nie etwas bei.

Das Paar bekam zwei Töchter. Die ältere Tochter heiratete früh und zog aus. Sie entzog sich auf diese Weise der konfliktgeladenen und lieblosen Familiensituation. Die jüngere Tochter – die Klientin, die nun mit ihrer Mutter zu mir kommt – wollte die Mutter nicht mit dem verhassten Vater allein lassen. Eigene Bedürfnisse stellte sie stets zurück und richtete sich immer nach den Wünschen der Eltern. Den Frust fraß die Klientin immer in sich rein. In einem Türkeiurlaub lernte sie einen jungen Mann kennen und verliebte sich. Sie traf das erste Mal in ihrem Leben eine Entscheidung und heiratete den jungen Mann. Ihre Eltern waren einverstanden und mieteten gleich im Haus nebenan eine Wohnung für das junge Paar.

Der junge Mann kam nach der Hochzeit als Heiratsmigrant nach Deutschland. Er sprach die Sprache nicht und fand keine Arbeit. Die Klientin hatte sich als Einzelhandelskauffrau zur Filialleiterin hochgearbeitet. Ihr Mann saß den ganzen Tag zu Hause. Die Eltern fingen an, den Mann ihrer Tochter schlechtzumachen. Erstaunlicherweise sahen sie nicht die Parallelen zu ihrem Leben, in dem die Frau und Mutter stets allein für das Familieneinkommen gesorgt hatte. Selbstredend, dass der gebotene Respekt gegenüber den Eltern verbietet, diese Parallele anzusprechen. Die Eltern bemängelten, dass er kein richtiger Mann sei, er verdiene kein Geld und führe seine Frau nie aus. Der andere Schwiegersohn sei viel besser. Zu jeder Gelegenheit bekam die Tochter zu hören, dass sie sich einen schlechten Mann ausgesucht habe.

Irgendwann kam es zum großen Streit, und der Mann der Klientin zog aus. Die Eltern waren glücklich, den Schwiegersohn los zu sein. »Siehst du«, sagten sie »da hast du mal eine

Entscheidung alleine getroffen, und sie war falsch. Überlass die Entscheidungen uns.«

Die Klientin liebt ihren Mann jedoch und möchte eigentlich gerne wieder mit ihm zusammen sein. Ihre Eltern fingen daraufhin an, sie zu kontrollieren. Sie nahmen sich ihr Handy, um zu schauen, ob sie noch Kontakt zu ihm hatte. Das Paar trifft sich heimlich. Zu diesem Zweck muss die Tochter eine gute Ausrede parat haben, da die Eltern immer genau beobachten, wann ihr Auto vor der Tür steht. Sie kommen auch in den Supermarkt, in dem ihre Tochter arbeitet, um zu schauen, ob sie dort ist. Der Vater droht ihr, dass sie kein Elternhaus mehr hat, sollte sie wieder zu ihrem Mann gehen. In den Beratungsgesprächen sammelte sie den Mut, sich dem Wunsch der Eltern zu widersetzen. Das Paar sprach sich aus. Er sagte ihr, dass er den Druck der Eltern nicht mehr ertragen habe und dass er nur zu ihr zurückkehren würde, wenn sie eine neue Wohnung suchten. Dies wird nun die nächste große Aufgabe im verspäteten Abnabelungsprozess von den Eltern werden.

Diese Mehrgenerationengeschichte zeigt zum einen, dass sich unter dem Eindruck kultureller Gegebenheiten Strategien unbewusst immer wiederholen, und zum anderen ist sie ein Paradebeispiel dafür, wie stark die Verflechtungen zwischen den Generationen und die Verpflichtung der Kinder den Eltern gegenüber sind. Die Tochter steckt im Loyalitätskonflikt und ist praktisch unfähig, zu benennen, was ihre eigenen Bedürfnisse sind, geschweige denn, diese dann auch durchzusetzen. Die Mutter behandelt ihre Tochter genauso, wie sie damals von ihren Eltern behandelt wurde. Auch sie bekam damals zu hören, dass sie sich fügen müsse, sonst habe sie keine Eltern mehr. Die Tochter konnte unter diesen Umständen kein adäquates Selbstvertrauen aufbauen, erhielt sie doch immer die Botschaft: »Du bist nicht in der Lage, Entscheidungen für dein Leben zu treffen.« Äußerlich sah es so aus, als würden die Eltern mit dieser Einschätzung recht behalten, da der Schwiegersohn das Weite suchte. Dabei waren die Eltern mit ihren subtilen Strategien wesentlich daran beteiligt, dass die Ehe der Tochter zu scheitern drohte. Durch die Beratung im Gesundheitszentrum hat die Klientin den Mut gefasst, den Kontakt zu ihrem Mann zu halten und sich den Wünschen der Eltern entgegenzustellen. Ohne diese Unterstützung hätte die Ehe vermutlich keinen weiteren Bestand gehabt.

Es gibt jedoch noch einen weiteren Aspekt, der sich ungünstig auf das Selbstwertgefühl auswirkt. Die Rede ist von der Erfahrung, aufgrund seiner Herkunft benachteiligt zu werden. Auch in meinem Leben gibt es viele solcher Erlebnisse. Angefangen mit der Behandlung durch meine Grundschullehrerin über unfaire Benotungen bis hin zu Schwierigkeiten bei der Wohnungssuche. In der dritten Generation haben sich diese Erfahrungen nicht geändert. Es spielt keine Rolle, ob man in Deutschland geboren ist, den deutschen Pass besitzt und besser deutsch als türkisch sprechen kann. Es kommt immer wieder zu Situationen, in denen man aufgrund seiner Herkunft, das heißt eigentlich aufgrund der Herkunft seiner Eltern, gesellschaftliche Benachteiligungen erfährt. Ich habe einige Klienten, die sich mit dem Kauf eines eigenen Hauses hoch verschuldet haben, weil sie einfach keine adäquate Wohnung bekommen haben. Es gibt immer noch Wohngegenden mit einer sehr geringen Anzahl von Migranten, weil diese dort keine Chance bei der Bewerbung um eine Wohnung haben, obwohl sie finanziell in der Lage wären, diese zu bezahlen.

Auch routinemäßige Polizeikontrollen werden deutlich häufiger bei Menschen mit Migrationshintergrund durchgeführt als bei offensichtlich Deutschen. Ich habe etliche Kontrollen in unterschiedlichen Zusammenhängen hinter mir, während meine deutsche Frau noch nie in ihrem Leben irgendwo von der Polizei kontrolliert wurde. Wenn man qua Geburt anders behandelt wird als andere Menschen und deshalb Nachteile erfährt, sammeln sich diese im eigenen »Selbstwertrucksack« an.

Ich sehe zwei Möglichkeiten, auf diese Benachteiligung zu reagieren. Der weitaus größere Teil der Menschen nimmt die Situation hin, wie sie ist, und spricht höchstens im stillen Kämmerlein über die erlebten Ungerechtigkeiten. Es passiert so oft, dass man sich leider an sie gewöhnt. Eine andere Möglichkeit, darauf zu reagieren, ist die Rebellion. Diese begegnet uns zum Beispiel dann, wenn Jugendliche mit Migrationshintergrund in größeren Gruppen unterwegs sind und sich dann kriminell oder aufsässig verhalten. Beiden Strategien liegt eine Ohnmacht zugrunde, gegen die erlebte Ungerechtigkeit nicht ankommen zu können. Die Opferrolle, die man in diesen Momenten einnimmt, verhindert die Selbstreflexion des eigenen Verhaltens sowie die Erkenntnis, dass sich solche Begegnungen immer aus Aktion und Reaktion ergeben und auch sie selbst ihren Anteil daran haben, wie sie dann behandelt werden.

Dass es mit dem Selbstwert der dritten Generation nicht weit her ist, lässt sich meines Erachtens auch daran festmachen, dass die türkischen Jugendlichen sehr großen Wert auf ihr Äußeres legen. Während die jungen Männer mindestens einmal in der Woche zur Rasur gehen und einen enormen Aufwand betreiben, damit jedes Barthärchen genau da sitzt, wo es sitzen soll, und zudem keine Kosten scheuen, um das passende Auto zu kaufen oder zu leasen, erfreuen sich unter den jungen Frauen mit Migrationshintergrund Schönheitseingriffe immer größerer Beliebtheit. Sie investieren enorme Summen, um sich an allen erdenklichen Stellen etwas hin- oder wegspritzen zu lassen, und verwenden sehr viel Zeit darauf, stets wie aus dem

Ei gepellt auszusehen. Dabei orientiert man sich an dem Bildmaterial von anderen in den sozialen Medien. Überhaupt wird jedes Erlebnis mit dem Smartphone festgehalten und binnen Sekunden auf den entsprechenden Plattformen hochgeladen.

Aus meiner Beratungspraxis heraus habe ich den Eindruck, dass die dritte Generation besonders »anfällig« für diese Art der Außendarstellung ist. Im öffentlichen Leben lassen sich insbesondere Jugendliche mit Migrationshintergrund beobachten, die ständig mit ihrem Handy beschäftigt sind und selbstverständlich sämtliche soziale Medien für die Selbstinszenierung nutzen. Ich habe junge Frauen bei mir in der Beratung, die mir gestehen, dass sie regelrecht süchtig sind und morgens nach dem Aufwachen zuallererst schauen, wie viele Likes ihre am Abend vorher hochgeladenen Bilder bekommen haben. Selbstredend ist der Tag im Eimer, wenn es nicht die erwartete Anzahl von Klicks gegeben hat.

Unter den Jugendlichen mit Migrationshintergrund scheint es ungeachtet des Bildungshintergrundes eine Art Wettrüsten zu geben. Jede junge Frau möchte die Schönste sein, und jeder junge Mann möchte das tollste Auto fahren und am coolsten wirken. Außenwirkung ist alles. Dieses Phänomen lässt sich unter deutschen Jugendlichen in dieser Extremform nicht beobachten. Zum einen mag bei den jungen Migranten die Absicht dahinterstecken, es allen zu beweisen, dass man es hier in Deutschland geschafft hat, und zum anderen lässt sich der angeschlagene Selbstwert steigern, wenn man dem momentan angesagten Schönheitsideal möglichst nahekommt. Allerdings steht und fällt das Selbstvertrauen mit der Resonanz in den sozialen Medien. Diese Art der Selbstwertsteigerung ist somit ein recht fragiles Konstrukt, das wenig mit einem gesunden Selbstwertgefühl zu tun hat.

Eine junge Klientin, nennen wir sie Dilara, kam hoch verschuldet in die Beratung. Ihr Freund hatte sie verlassen, und sie war einsam, weil ihre Freunde und ihre Eltern sich von ihr abgewendet hatten. Dilara hatte mehrere Schönheitsoperationen hinter sich, für die sie sich verschulden musste. Sie lief immer einem Schönheitsideal hinterher, dem sie möglichst nahekommen wollte. So wollte sie die Aufmerksamkeit der jungen Männer gewinnen und sich ihren Mann fürs Leben angeln. Im Nachhinein kann sie zugeben, dass sie oft sehr eingebildet gewirkt haben muss. So war sie etwa sehr wählerisch bei der Zusammenstellung ihres Freundeskreises. Diese Verhaltensweisen sorgten jedoch dafür, dass sich Männer, die sich für sie interessiert hatten, und auch Freundinnen von Dilara abwandten. Ihre Eltern hießen diesen Lebensstil ebenfalls nicht gut, das Verhältnis zu ihnen kühlte sich stark ab. Dilara arbeitet als ungelernte Kraft in einem Schnellrestaurant und hat keine realistische Möglichkeit, den Schuldenberg von mehreren zehntausend Euro abzubauen.

Der Fall dieser Klientin deckt gleich mehrere ungünstige Strategien und Probleme der dritten Generation auf: Da ist zunächst ein geringes Selbstwertgefühl, das zu der Unzufriedenheit über das eigene Aussehen führte. Befeuert von dem Zwang, sich in den sozialen Medien mit Anderen zu vergleichen, plante sie trotz ihrer dürftigen Einkommenslage mehrere kostspielige Eingriffe. Dies führt uns gleich zum nächsten Problem. Wünsche müssen sofort erfüllt werden, da man dies in seiner Kindheit nicht anders gelernt hat. Einen Belohnungsaufschub auszuhalten, bis man etwa ausreichend Geld gespart hat, um den Eingriff selbst bezahlen zu können, wird nicht in Erwägung gezogen.

Leider ist es heutzutage gar kein Problem mehr, alle Arten von Anschaffungen und Vorhaben mit einem Kredit oder Ratenkauf zu finanzieren. Ich erlebe eine große Zahl von Jugendlichen mit Migrationshintergrund, die ein Leben auf Pump führen und alles, womit sie sich umgeben, mit Kleinstkrediten finanzieren. Leider ist das Einkommensverhältnis in den wenigsten Fällen ausreichend, um all diese Zahlungsverpflichtungen zu bedienen. In diesen Fällen springen meistens die Eltern ein.

Das großspurige Auftreten der dritten Generation trifft nicht nur hier in Deutschland auf Verblüffung und Ablehnung. In der Türkei sind die Deutschtürken der dritten Generation mit ihrem Verhalten keine gern gesehenen Gäste. Sie kommen zur Urlaubszeit in die Türkei und verhalten sich dort oft angeberisch und behandeln die lokale Bevölkerung von oben herab.

Auf einer Istanbulreise kam ich mit einer Hotelangestellten ins Gespräch, die mir erzählte: »In Deutschland sortieren diese Menschen [es war von der dritten Generation die Rede] Supermarktregale ein oder erledigen Putzjobs. Hier feiern sie wie die Könige, als gäbe es kein Morgen, dabei können sie sich das alles nur erlauben, weil der Euro gut steht. *Görgüsüz*, sie haben keine Manieren!«

In der Türkei hat sich längst rumgesprochen, dass ihre Landsleute in Deutschland den gesellschaftlichen Aufstieg zum großen Teil nicht geschafft haben. Sie werden dort ähnlich wahrgenommen wie hier. Dabei ist die Maßlosigkeit, wie sie im Türkeiurlaub an den Tag gelegt wird, womöglich die Antwort auf das hier erlebte Underdog-Dasein.

Ein weiterer Aspekt ist die Rebellion gegen die übergriffigen Eltern. Diese hatten, im Falle der oben erwähnten Klientin, ihrer Tochter ans Herz gelegt, sich einen vernünftigen Mann zu suchen und zu heiraten. Mit den Schönheitsoperationen ihrer Tochter waren sie nicht einverstanden. Dilara zog von zu Hause aus und reduzierte den Kontakt zu den Eltern. Sie lebte mit der Hoffnung, dass sie alle ihr erstrebenswert erscheinenden Dinge im Leben durch eine Veränderung ihres Aussehens würde erreichen können, musste aber letztlich die harte Erfahrung machen, dass Lebensglück und gute Freundschaften nichts mit dem Aussehen zu tun haben. Sie scheiterte also mit ihrer Strategie und sitzt überdies nun mit Schulden und ohne echte Freunde da. Auf diesem Nährboden entwickelte sich schließlich die depressive Symptomatik, wegen der sie in die Beratung kommt.

Ein gutes Selbstwertgefühl steht in Zusammenhang mit psychischer Gesundheit. Dies bedeutet im Umkehrschluss, dass ein geringes Selbstwertgefühl eine der Wurzeln vieler psychischer Erkrankungen ist und die Vulnerabilität eines Menschen stark erhöht. Ein geringer Selbstwert kann im Falle der Menschen mit Migrationshintergrund als Migrationsbelastung betrachtet werden, da er ursächlich mit der Migration der Großeltern und den daraus resultierenden Lebensbedingungen der zweiten Generation zusammenhängt, deren Erziehungsverhalten dann wiederum für die Ausbildung des geringen Selbstwertgefühls bei ihren Kindern mitverantwortlich gemacht werden muss.

An den vermehrt auftretenden Generationenkonflikten zwischen der zweiten und dritten Generation lässt sich erkennen, dass sich ein kultureller Wandel vollzieht. Während die zweite Generation von ihren Eltern noch recht traditionell erzogen wurde, erlebt die dritte Generation viel mehr Freiheiten. Sie werden »westlich« erzogen, türkische Traditionen verwässern zusehends und spielen nur noch eine untergeordnete Rolle. Die dritte Generation befreit sich allmählich von den kulturellen Zwängen, ist nicht mehr bereit, den Älteren um jeden Preis Respekt entgegenzubringen, nur weil sich das so gehört. Sie grenzen sich deutlicher ab und klagen auch mal an.

Ich bin in Köln schon häufig von Jugendlichen »angemacht« worden. Ich hörte einmal eine kleine Gruppe von Jugendlichen im Alter von etwa fünfzehn oder sechzehn Jahren hinter mir, die sich über meine Jacke unterhielten und die Idee entwickelten, dass sie sie mir doch abnehmen könnten. Ich drehte mich zu ihnen um und sagte auf Türkisch zu ihnen, dass sie sehr respektlos seien und dabei noch grün hinter den Ohren. Dies alles drückte ich in der allerfeinsten Gossensprache, die mir aus meiner Vergangenheit glücklicherweise noch zur Verfügung stand, aus. Die Jugendlichen waren sichtlich erstaunt darüber, dass sie nicht die erwartete Reaktion – Angst – bei mir auslösten und zudem offenbar an einen Menschen geraten waren, der Türkisch sprach. Sie redeten sich mit coolen Sprüchen raus und verdrückten sich sehr schnell.

Viele andere hätten wahrscheinlich in einer solchen Situation mit Furcht reagiert und versucht, der Situation so schnell wie möglich zu entkommen. Diese Reaktion hätte bei den Jugendlichen ein Gefühl der Überlegenheit ausgelöst, das vermutlich auch die entscheidende Triebfeder für dieses Verhalten ist. Gerade solche Jugendliche haben oft keine andere Gelegenheit, sich überlegen zu fühlen.

Laut einer Untersuchung der Konrad-Adenauer-Stiftung werden 57 Prozent der türkischen Jugendlichen einem Milieu zugeordnet, das sich am untersten Rand der Gesellschaft ansiedelt.[14] Sie überzeugen nicht mit schulischen Leistungen und haben keine besonders günstige Zukunftsperspektive, weshalb sie dann wenigstens mit ihrem respektlosen Verhalten auffallen wollen.

Auch die Muttersprache verliert in der dritten Generation zunehmend an Bedeutung. Nach wie vor ist die Türkei zwar immer noch Lieblingsreiseland Nummer 1, aber längst schon ist es keine Option mehr, dort zu leben. Man würde sich auch gar nicht mehr zurechtfinden. Zum einen aufgrund der sprachlichen Schwierigkeiten, zum anderen, weil die Türken in der Türkei eine gänzlich andere Entwicklung genommen haben. Die »Deutschtürken« in Deutschland haben nur noch wenig mit ihren Landsleuten in der Türkei gemeinsam.

Würde diese »Entfremdung« von der Heimat nun im Umkehrschluss bedeuten, dass die gesellschaftliche Integration in Deutschland gelungen ist, könnten wir hier aufhören, weiter darüber nachzudenken. Leider stellt sich jedoch weder aufseiten der Menschen mit Migrationshintergrund noch aufseiten der deutschen Bürger das Gefühl ein, von einem gelungenen Zusammenwachsen aller Bevölkerungsgruppen reden zu können. Dies ist insgesamt eine äußerst prekäre Situation. Was aber bedeutet das für die Menschen mit Migrationshintergrund? Was hat es für Auswirkungen, sich nirgendwo so richtig zu Hause und gesellschaftlich akzeptiert zu fühlen? Dies sind Probleme, die nicht von den Menschen mit Migrationshintergrund alleine gelöst werden können.

Anerkennung, Wertschätzung und Chancengleichheit – die Integrationsdebatte und ihre Auswirkungen

Wann sie kommt, weiß man nie genau; dass sie regelmäßig neu angestoßen wird, darf aber als sicher gelten: Wenn Politik oder auch Teile der Bevölkerung der Meinung sind, dass die Integration der hier lebenden Menschen mit Migrationshintergrund noch nicht ausreichend gelungen ist, dann wird sie wieder eröffnet – die »Integrationsdebatte«. Dabei wird oft gar nicht konkret benannt, was denn genau vom Einzelnen verlangt wird, um als integriert gelten zu dürfen. Es geht eigentlich immer darum, wie es nicht sein soll. So möchte man beispielsweise nicht, dass sich Parallelgesellschaften bilden, dass das Wertesystem einer anderen Kultur deutsche Normen ersetzt, dass Menschen hier leben, die die deutsche Sprache nicht sprechen oder dass sich Menschen mehr für ihr Herkunftsland interessieren als für Deutschland. Weiterhin wird regelmäßig gefordert, dass man Deutschland als alleinige Heimat ansehen sollte, wenn man denn hier lebt.

Letzteres ist für viele Menschen mit türkischem Migrationshintergrund, und vermutlich auch für andere, eine sehr schwierige Forderung. Dabei stellen sich Menschen mit

Migrationshintergrund die Frage nach der Heimat selbst gar nicht. Dieses Thema wird immer von außen an sie herangetragen. Die meisten der jüngeren Menschen sehen Deutschland als ihre Heimat an. Warum auch nicht? Sie haben ihren Lebensmittelpunkt in Deutschland, arbeiten hier, schicken ihre Kinder hier zur Schule und fühlen sich hier zu Hause. Sie möchten auch weiterhin in Deutschland leben, keine Frage. Das heißt jedoch nicht, dass sie sich nicht auch stark zur Türkei hingezogen fühlen. Sie lieben die türkischen Speisen, das schöne Wetter und den türkischen Humor. Es wird von ihnen als Reichtum begriffen, sich sowohl in der einen als auch in der anderen Kultur zurechtfinden zu können. Es gibt vieles, das ich aufgrund meiner Sozialisation in Deutschland gut kann. In Arbeitsbezügen handle und denke ich deutsch. Viele emotionale Dinge kann ich jedoch besser auf Türkisch ausdrücken, weil mir die türkische Sprache dafür mehr Ausdrucksmöglichkeiten bietet. Meine Erziehungsarbeit in Bezug auf meine Kinder ist, abgestimmt mit meiner Frau, eher pragmatisch-diszipliniert – also deutsch, während meine emotionale Bindung zu ihnen typisch türkisch ist. Ich profitiere davon, auf zwei Kulturen zurückgreifen zu können.

Die Diskussion um die doppelte Staatsbürgerschaft geht in die gleiche Richtung. Auch hier liegt die Idee zugrunde, dass man sich für einen Staat, für eine Heimat, entscheiden müsse. Die große Koalition einigte sich 2014 auf die doppelte Staatsbürgerschaft für alle ab dem Jahr 2000 in Deutschland geborenen Menschen, die mindestens ein Elternteil mit türkischer Staatsbürgerschaft haben. Alle, die davor geboren wurden, mussten sich für einen Pass entscheiden. Dieser Umstand war besonders für die zweite Generation schwierig. Teilweise wurden sie ja in der Türkei geboren und stehen der Türkei oft noch sehr nahe. Der Gedanke, den türkischen Pass abgeben zu müssen, verursachte einen emotionalen Zustand, den man am ehesten mit dem Wort Entwurzelung umschreiben kann. Viele der Menschen mit türkischem Migrationshintergrund möchten ihren türkischen Pass nicht abgeben, weil sie das Gefühl haben, damit auch einen Teil ihrer Identität abzugeben. Um dies zu verhindern, nehmen sie sogar in Kauf, die Annehmlichkeiten, die ein deutscher Pass bietet, etwa beim Reisen, nicht in Anspruch nehmen zu können. Viele würden gerne den deutschen Pass beantragen, als Zeichen der Loyalität gegenüber Deutschland, aber auch, weil sie Deutschland als ihre Heimat ansehen. Von meinen Klienten und aus meinem Freundeskreis weiß ich, dass sich eine große Zahl der Menschen, die den türkischen Pass haben, sofort für den deutschen Pass entscheiden würden, wenn sie daneben ihren türkischen behalten dürften. Allerdings bekommt man den Eindruck, dass die Staatsbürgerangelegenheiten als politisches Druckmittel eingesetzt werden. Denn die Diskussion um die Pässe kommt immer dann erneut auf, wenn die politische Beziehung zur Türkei mal wieder weniger gut läuft oder wenn große Zustimmung der in Deutschland lebenden Menschen mit türkischem Migrationshintergrund zu der Politik Erdoğans publik wird.

Ich denke, die Menschen würden sich viel mehr für die deutsche Politik interessieren, wenn man ihnen die Möglichkeit zur Mitbestimmung gäbe. Und warum müssen wir uns überhaupt für eine Heimat entscheiden? Was steckt hinter dieser Forderung? Vielleicht ist es die Befürchtung, wir könnten Deutschland gegenüber nicht loyal sein oder uns hier schlechter integrieren, nur weil unser Herz auch für die Türkei schlägt. Meines Erachtens hängt Loyalität nicht davon ab, ob ich neben dem deutschen auch noch einen anderen Pass besitze. Dabei erlebe ich in meinen Beratungen, dass es vielmehr die ewigen Vorwürfe innerhalb der Integrationsdebatte sind, die dazu führen, dass sich die hier lebenden Menschen mit Migrationshintergrund nicht zugehörig fühlen. Oft höre ich Sätze wie: »Wir können doch machen, was wir wollen, sie werden nie zufrieden sein.« Der Streit um Mesut Özil etwa sorgte für große Enttäuschung und bestärkte die Annahme, dass man sich anstrengen könne, wie man wolle, dennoch werde nur zu gern jedes Verhalten eines Einzelnen zum Anlass genommen, die Menschen als Gruppe abzustrafen.

Die ständig eingeforderte Rechtfertigung ist ein weiterer, sehr ermüdender Punkt. Sage ich: »Ich bin Türke«, bekomme ich zu hören: »Du bist doch deutsch, du bist doch hier geboren!« Sage ich aber: »Ich bin ein Kölner Jung«, dann wird nach meinem kulturellen Hintergrund gefragt. Trinke ich Alkohol, werde ich darauf hingewiesen, dass das meine Religion doch verbietet. Trinke ich keinen, passe ich mich den hiesigen Gepflogenheiten nicht an. Ich könnte noch etliche dieser paradoxen Beispiele nennen.

Wir können den deutschen Pass haben und uns deutsch benehmen. Der Name aber bleibt und wird uns immer an unsere Herkunft erinnern und alle anderen auch. Eko Fresh rappt in seinem Song »Quotentürke«: »Ganz egal, wie sehr ich mich änder', ich bleib' immer nur der Scheißausländer« – und spricht damit insbesondere der jüngeren Generation aus der Seele.

Gerade die Wahl des Vornamens ist ein Zeichen der Verbundenheit mit den eigenen kulturellen Wurzeln. Während sich heutzutage junge Eltern bei der Namenssuche für den Nachwuchs oft kosmopolitisch orientieren, bekommen Kinder von Menschen mit türkischem Migrationshintergrund sehr oft noch (traditionelle) türkisch-arabische Namen. Dies ist dem Umstand geschuldet, dass es als eine grundlegende religiöse Pflicht gilt, dem Kind einen bedeutungsvollen Namen aus dem Koran zu geben. Dies schließt im Grunde alle Namen ohne muslimischen Hintergrund aus. Darüber hinaus ist es üblich, dem Kind den Namen des Großvaters oder der Großmutter zu geben. Die Namensgebung ist identitätsstiftend und auf diese Weise auch eine Möglichkeit, sich zu positionieren. Jemand, der nicht ständig mit seiner Identität ringt, kann sein Kind auch getrost Smilla oder Jesper nennen, selbst wenn diese Namen nur mit einer gewissen Urlaubsromantik verbunden sind.

In der »Integrationsdebatte« ist es auch völlig egal, wie integriert oder angepasst wir sind – wir sollen Stellung beziehen. Wir sollen uns positionieren zu islamischem Terror, zur Politik Erdoğans oder auch zum Thema Ehrenmorde. Es werden stets die Negativbeispiele herangezogen, um sie uns unter die Nase zu reiben und unsere »wahre« Position herauszufinden. Dabei wird leider meist nicht sehr differenziert vorgegangen. Es werden Stereotypen entworfen, in die wir aber gar nicht reinpassen. Menschen mit türkischem Migrationshintergrund sind innerhalb ihrer Gruppe so divers wie unsere ganze Bevölkerung. Manche sind gläubig, andere nicht, die einen trinken Alkohol, während sich andere dagegen entscheiden. Die einen finden Erdoğans Politik gut, die anderen würden ihn sicher nicht wählen. Es gibt eben nicht den einen Menschen mit türkischem Migrationshintergrund. Das ständige Hinterfragen von Kultur und Religion vermittelt ein Gefühl der Ablehnung und Ausgrenzung. Und genau dies kann als Integrationshindernis angesehen werden. Auf diese Weise schließt sich ein Teufelskreis. Man vermutet, dass Menschen sich nicht integrieren wollen, hinterfragt daraufhin ihre Position und fördert damit ihre Desintegration.

Migrationsforscher haben herausgefunden, dass Menschen mit Migrationsgeschichte, die es schaffen, eine bikulturelle Identität auszubilden, den größten Bildungserfolg verzeichnen können. Das heißt, es kann nicht darum gehen, die Herkunftskultur zu vernachlässigen oder zu unterdrücken. Um unseren Kindern einen guten Start zu ermöglichen, müssen wir sie zur Offenheit gegenüber den Kulturen erziehen. Idealerweise fühlen sich die Menschen in beiden Kulturen zu Hause und beherrschen beide Sprachen gut. Bildungserfolg erhöht die Wahrscheinlichkeit gesellschaftlicher Teilhabe und trägt auf diese Weise zur Integration bei.

Integration ist eine Aufgabe, die von allen Seiten geleistet werden muss. Die Menschen, die von einer Gesellschaft aufgenommen werden möchten, haben ihren Teil beizutragen. Aber auch die aufnehmende Gesellschaft hat ihre Aufgaben bei der Integration zugewanderter Menschen zu leisten. Die Integration ist der Prozess des Zusammenwachsens mit dem Ziel, dass sich alle zugehörig fühlen. Das Wort »Zusammenwachsen« impliziert, dass es sich um einen Prozess handelt, der Zeit braucht. Meines Erachtens ist dies ein ganz elementarer Aspekt, den wir uns alle bewusst machen müssen. Als Gesellschaft zusammenzuwachsen braucht Zeit und Geduld. Insbesondere mit Blick auf die Menschen, die noch nicht so lange in Deutschland sind, ist dieser Aspekt zu beachten. Etwas übereinander zu erfahren braucht Zeit. Eine Sprache zu lernen braucht Zeit. Sitten und Bräuche kennenzulernen braucht Zeit. Und auch Geduld zu üben ist wichtig. Es geht nicht immer alles so schnell, wie wir uns das wünschen. Ich höre von meinen Klienten so oft, dass ihnen in unterschiedlichen Zusammenhängen mit Ungeduld begegnet wird, insbesondere, wenn es um sprachliche Schwierigkeiten geht.

Wenden wir uns den Integrationsleistungen zu, die wir uns voneinander wünschen und die wir erwarten. Natürlich muss vonseiten der einwandernden Menschen die Bereitschaft und die Anstrengung da sein, die deutsche Sprache zu lernen. Kann kein Bemühen darum festgestellt werden, dann muss man zu Recht am Willen dieses Menschen zweifeln, zum Zusammenwachsen beizutragen. Eine Ausnahme bilden hier die Angehörigen der ersten Einwanderergeneration, deren Situation detailliert dargelegt wurde.

Ebenfalls unumgänglich ist die Akzeptanz der Wertegrundlage. Das gemeinsame Leben benötigt ein Wertesystem, innerhalb dessen wir uns alle bewegen. Alle Mitglieder einer Gesellschaft müssen sich darauf verlassen können, dass innerhalb dieses Wertesystems agiert wird. Unser Grundgesetz gewährleistet dies für uns alle.

Vonseiten der aufnehmenden Gesellschaft ist die Bereitschaft nötig, mit zugewanderten Menschen zukünftig eine Gesellschaft zu bilden. Dies erfordert Offenheit und Flexibilität von beiden Seiten.

Das Zusammenwachsen gelingt dann besonders gut, wenn wir uns gegenseitig Freiheiten lassen und unsere Andersartigkeit akzeptieren können. Dies gilt für uns alle.

Integration, also das Zusammenwachsen, lässt sich nicht reduzieren auf Gesetze oder die Festlegung von Mindestanforderungen, an denen man eine erfolgreiche Integration festmachen könnte. Für die Menschen ist es vielmehr eine Gefühlssache. Es sind mehr die kleinen Signale, die Akzeptanz, Offenheit und Wertschätzung signalisieren und zu dem Gefühl beitragen, angekommen zu sein. Das kann im Alltag von einem Nachbarn genauso kommen wie an der Supermarktkasse, in einer Behörde oder als Bemerkung in einer Rede des Bundeskanzlers.

Wenn ich die Migrationsgeschichte der Menschen mit türkischem Migrationshintergrund betrachte, dann bemerke ich, dass ein ganz großer Teil von ihnen bereits bestens integriert und mit dem Rest der Gesellschaft verwachsen ist. Fokussieren wir die Dinge, die gut laufen! Beispielsweise engagieren sich so viele dieser Menschen in einem Ehrenamt und tragen damit zum Gemeinwohl bei. Sie sind oft selbstständig und als solche Arbeitgeber. Sie arbeiten inzwischen in unterschiedlichsten Zusammenhängen, bauen Autos oder erfinden Impfstoffe. Dies alles tun sie für uns alle, als Teil dieser Gesellschaft.

Es gibt jedoch noch andere Faktoren, die sich auf das Leben von Menschen auswirken, die nach Deutschland eingewandert sind oder die in der zweiten, dritten oder vierten Generation ursprünglich eingewanderter Menschen hier leben. Diese Faktoren sind eher gesellschaftspolitischer Natur und liegen im System begründet. Hierbei geht es um den Umgang mit eingewanderten Menschen, um gesellschaftliche Offenheit gegenüber anderen Kulturen und um Chancengleichheit.

Die ersten Arbeitsmigranten kamen vor gut sechzig Jahren nach Deutschland. Die allermeisten sind inzwischen in Rente und schauen auf ein langes Leben in Deutschland zurück. Die Gastarbeiter haben maßgeblich die deutsche Wirtschaft beeinflusst und trugen zum wirtschaftlichen Aufschwung bei. Die Verfügbarkeit von Arbeitskräften senkte das Lohnniveau und steigerte auf diese Weise die Gewinne der Betriebe. Auch bis dato unrentable Betriebe konnten auf diese Weise weiterbestehen. Die eingewanderten Arbeiter waren bei den Betrieben auch deshalb so beliebt, weil sie klaglos auch die gefährlichsten und anstrengendsten Arbeiten erledigten. Sie galten als äußerst zuverlässig, fielen selten krankheitsbedingt aus und erledigten gerne auch zusätzliche Schichten. Mein Vater war in seiner ganzen beruflichen Laufbahn hier in Deutschland insgesamt nicht mehr als eine Woche krank, obwohl er als Diabetiker mit einer chronischen Erkrankung belastet war.

Die Menschen waren sehr dankbar für ihre Anstellung und den guten Lohn, den sie erhielten, was zu einer hohen Loyalität den Betrieben gegenüber führte. Die Löhne der meist un- oder angelernten Arbeiter lagen aber auch mit der Vergütung von Überstunden immer noch unterhalb der Löhne von deutschen Arbeitern. In Krisen waren es ihre Arbeitsplätze, die zuerst wegfielen, sodass sie überdurchschnittlich häufig von Arbeitslosigkeit betroffen waren. Die niedrigen Grundlöhne machen sich heute in Form von kleinen Renten bemerkbar, sodass auch die Gefahr von Altersarmut unter den heute pensionierten Gastarbeitern besonders hoch ist. Oft hat das sogar zur Folge, dass die Menschen nach ihrem Renteneintritt ihre Mieten nicht mehr zahlen können.

Die Einstellung von Gastarbeitern hatte noch einen weiteren Effekt: Viele deutsche Arbeiter profitierten von ihnen, weil sie so in höhere Positionen aufstiegen oder bessere Arbeitsbedingungen erhielten. Alle besseren Positionen in Betrieben mit Gastarbeitern wurden von deutschen Arbeitern besetzt. »Unten« arbeiteten die Migranten. Mein Vater hat während seines Arbeitslebens mehrfach versucht, innerhalb des Unternehmens eine andere, bessere Arbeitsposition zu bekommen und scheiterte mit seinem Anliegen immer wieder. Er arbeitete sein ganzes Leben am Band. Auch war unter den emigrierten Arbeitern eine organisierte Form der betrieblichen Mitbestimmung und die Vertretung ihrer Rechte gegenüber dem Betrieb lange Zeit unbekannt. Sie erledigten die ihnen zugeteilte Arbeit, ohne die Bedingungen zu hinterfragen. Viele von ihnen sind heute mit chronischen Krankheiten belastet, die auf die Arbeitsbedingungen zurückzuführen sind.

Ein weiterer Vorteil der Arbeitsmigration bestand darin, dass die Sozialabgaben der Arbeitsmigranten die leeren Kassen der Sozialversicherungen wieder füllten. Diese Beiträge wurden übrigens von Beginn an erhoben, obwohl ja zunächst die Rotation der Arbeitskräfte nach zwei Jahren angedacht war. Die Migranten hätten also ihre eingezahlten Beiträge nie in Form einer Rente oder Arbeitslosenhilfe zurückerhalten.

Die Wohnungen, in denen die Arbeitsmigranten nach dem Familienzuzug untergebracht wurden, lagen meist deutlich unter dem durchschnittlichen Wohnstandard in Deutschland. Sie waren viel zu klein für die wachsenden Familien, sanitäre Einrichtungen mussten mit der Nachbarschaft geteilt werden, oft gab es Schädlingsbefall, und der Wohnraum befand sich in unrenoviertem und unsaniertem Zustand. Die Vermieter nahmen keinerlei Investitionen vor, sondern kassierten lediglich die Miete und hatten überdies Mieter, die das alles klaglos hinnahmen, da die Sprachkenntnisse nicht ausreichten, den Mietvertrag zu lesen und seine Rechte gegenüber dem Vermieter durchzusetzen. Mein Vater baute mit eigenen finanziellen Mitteln eine kleine Duschecke in unser Schlafzimmer, nachdem wir jahrelang in der großen Waschwanne gebadet hatten. Wir heizten bis Anfang der neunziger Jahre mit einem kleinen Kohleofen. Türen und Zargen waren teilweise kaputt oder stark beschädigt.

Die Menschen nahmen diese Bedingungen hin, weil sie dafür natürlich auch nur wenig Miete zahlen mussten. Von der Pflicht des Vermieters, einen einfachen, aber angemessenen Wohnstandard zu erfüllen und gegebenenfalls dafür auch etwas zu reparieren oder zu investieren, wussten meine Eltern nichts. Noch heute leben viele Familien mit Migrationshintergrund in zu kleinen Wohnungen in Stadtteilen, die von jedem verlassen werden, der es sich leisten kann. Dies geschieht nicht nur aus finanzieller Not heraus, sondern auch weil viele dieser Familien in besser angesehenen Stadtteilen keine Wohnung finden. Die erste Generation der Arbeitsmigranten gehört nicht nur aufgrund ihrer Arbeitsbiographie zur Unterschicht, sondern auch aufgrund der Wohnverhältnisse und der kleinen Renten. Ein gesellschaftlicher Aufstieg ist innerhalb der ersten Generation praktisch nie gelungen.

Trotz all der Vorteile für die deutsche Gesellschaft und der klaglosen Hinnahme aller Nachteile vonseiten der Gastarbeiter wurde in den vergangenen Jahrzehnten während jeder

Rezession verlässlich der Ruf nach Rückführung der Arbeitsmigranten laut. Auch von staatlicher Seite gab es immer wieder Maßnahmen, die den Eindruck erweckten, dass die Migration ein Problem darstellt, das man gern rückgängig machen würde.

Der Anwerbestopp 1973, der einen weiteren Anstieg des Anteils an Migranten in der Bevölkerung verhindern sollte, zeigte nicht die erhoffte Wirkung, da durch den Familienzuzug die Anzahl der Frauen, Kinder und Jugendlichen weiterhin zunahm. Im Sommer 1983 wurde schließlich sogar ein Gesetz beschlossen, das eine Auszahlung einer Prämie für rückkehrbereite Arbeitsmigranten vorsah. Einige nahmen dies an und kehrten in die Heimat zurück.

In dem Heimatdorf meiner Familie in Zentralanatolien treffen sich die Männer, die einige Jahre in Deutschland waren, noch heute, um sich gemeinsam an die Zeit zu erinnern. Der Aufenthalt in Deutschland ist Teil ihrer Biographie und prägt diese Menschen. Unser Dorfnachbar Kazim war einer dieser Männer. Er sagte immer: »Als ich in Deutschland war, sehnte ich mich nach der Türkei, nun, wo ich wieder hier bin, sehne ich mich nach Deutschland.«

Der Aufforderung, wieder in die Heimat zurückzukehren, folgten jedoch alles in allem verhältnismäßig wenig Menschen, da sie zu dieser Zeit schon lange Jahre in Deutschland lebten und ihre Kinder hier zur Schule gingen. Überdies hätten sie sich in der Türkei, wo die Arbeitslosenzahlen weit höher waren als hier in Deutschland, beruflich und gesellschaftlich völlig neu positionieren müssen, was eine erneute Anpassungsleistung bedeutet hätte. Insgesamt remigrierten etwa 240 000 Türken, allerdings stieg die Zahl der türkischen Migranten in den Jahren nach der Prämienzahlung in Deutschland weiter an.[15] Ein Grund dafür war, dass viele Menschen in der Türkei das Gefühl hatten, sich sofort entscheiden zu müssen. In

Zukunft würde Deutschland Migration und Familiennachzug vielleicht völlig verbieten, fürchteten sie.

Die Entscheidung hierzubleiben, trotz der zunehmend ausländerfeindlichen Stimmung in der Bevölkerung in Deutschland sowie des Drucks vonseiten der Politik, fiel vielen nicht leicht. Insbesondere den hier geborenen Kindern war Deutschland jedoch zur Heimat geworden. In jenen Jahren herrschte unter den Migranten große Angst, abgeschoben zu werden. Ständig wurde offen diskutiert, wie man »das Problem« am besten lösen könne. Rechtsgerichtete Parteien griffen dieses Thema immer wieder auf und richteten ihren Wahlkampf mitunter gezielt darauf aus. Insbesondere in den Wohnvierteln, in denen viele Familien mit Migrationshintergrund lebten, gab es umfangreiche Wahlkampagnen einschlägiger Parteien mit herabwürdigenden Wahlplakaten. Das bekannte NPD-Plakat mit einem Foto türkischer, kopftuchtragender Frauen mit Plastiktüten in den Händen und dem Titel »Gute Heimreise«, das um 2009 auftauchte, ist nur ein Beispiel von vielen.

Auch im Vorfeld der Bundestagswahl 2021 hingen wieder einschlägige Wahlplakate in den Vierteln, in denen besonders viele Menschen mit Migrationshintergrund wohnen. Dies wirkt natürlich äußerst provokativ auf jene, die sich eh schon am Rand wähnen. Wenn man sich nun einmal in die Lage der Menschen versetzt, die damals von Deutschland angeworben wurden, um mit ihrer Arbeitskraft die Unternehmen und Betriebe zu unterstützen, kann man sich vorstellen, dass diese Kampagnen Ängste und Ärger auslösten.

Mein Vater war sein Leben lang traurig darüber, dass seine Leistungen in und für Deutschland nie wertgeschätzt wurden. Dieses Thema kommt oft in den Beratungsgesprächen auf. Menschen der ersten Generation fühlen sich in Deutschland mit ihrer Arbeitsleistung nicht anerkannt und leiden unter der ablehnenden Haltung der Mehrheitsgesellschaft. Dennoch sind innerhalb der ersten Generation keine Tendenzen bemerkbar, sich gegen die erlebten Ungerechtigkeiten aufzulehnen. Das Gebot der türkischen Regierung zu Beginn ihrer Einwanderungsgeschichte, sich in der Fremde gut zu verhalten, haben sie so stark verinnerlicht, dass ein Aufbegehren gegen die deutsche Gesellschaft für sie außer Frage steht.

Dabei hätten sie gute Gründe dafür. Bundesinnenminister Friedrich Zimmermann äußerte sich in einer Rede im Bundestag 1983 folgendermaßen: »Ein konfliktfreies Zusammenleben wird nur möglich sein, wenn die Zahl der Ausländer bei uns begrenzt und langfristig vermindert wird, was vor allem die großen Volksgruppen betrifft.« In einem Geheimprotokoll eines Gesprächs zwischen Helmut Kohl und Margaret Thatcher äußerte Kohl, dass er die Zahl der in Deutschland lebenden Türken halbieren wolle, da sie sich in ihrer gegenwärtigen Anzahl nicht assimilieren ließen.[16]

Zusammenfassend muss man festhalten, dass die Haltung der Bundesrepublik gegenüber den Arbeitsmigranten wenig wertschätzend war. Statt über Maßnahmen zur Integration nachzudenken, gingen alle Lösungsansätze in Richtung Reduktion und Vermeidung von Migration per se und einer möglichst hohen Zahl von Rückführungen. Viele Maßnahmen, die wichtig und nötig gewesen wären, wurden nicht ergriffen. So hätte man spätestens mit der Erlaubnis der Familienzusammenführung Konzepte für eine gesellschaftliche Eingliederung der Menschen erarbeiten müssen. Neben Sprachkursen für Erwachsene wäre ein Förderkonzept für Schüler mit Migrationshintergrund sinnvoll gewesen, um zumindest den nachfolgenden Generationen durch bessere Bildungschancen zu einer erfolgreichen (Arbeits-)Biographie zu verhelfen. In der Rückschau muss man sagen, dass politische Versäumnisse wesentlich dazu beigetragen haben, dass die Etablierung und

Integration der Arbeitsmigranten und ihrer Nachkommen nur unzureichend gelungen ist.

Neben diesen Versäumnissen waren und sind die zunehmenden Übergriffe mit fremdenfeindlichem Hintergrund ein weiterer Faktor, der die Menschen mit Migrationshintergrund in Deutschland sehr beschäftigt und verstört. Vor allem seit den neunziger Jahren häufen sich solche Anschläge. Bilder und Berichte aus Eberswalde, Rostock, Mölln, Solingen, München, Halle und Hanau sind uns allen sehr präsent. 2011 wurde aufgedeckt, dass zehn Morde, die zwischen 2000 und 2007 begangen wurden, dem rechtsextremistischen NSU anzulasten sind. Bei der Aufklärung dieser Fälle wurde jahrelang in die falsche Richtung ermittelt, Angehörige der Opfer wurden verdächtigt und Akten und Beweise vernichtet. Dieses Vorgehen sorgte für großes Misstrauen in der Bevölkerungsgruppe mit Zuwanderungsgeschichte.

Hinzu kamen Fälle von fremdenfeindlichen Aktivitäten und Äußerungen in Polizeikreisen und in der Bundeswehr. Das Ausmaß der Verbreitung dieses Gedankenguts war so erschreckend groß, dass in Frankfurt das gesamte SEK aufgelöst und neu strukturiert werden musste. Unser damaliger Innenminister war trotz der erdrückenden Beweislast dennoch der Meinung, dass diese und andere Vorkommnisse nicht mit Hilfe eines Untersuchungsausschusses verfolgt werden müssten. Er vertraute der Staatsmacht uneingeschränkt. Bei Menschen mit Migrationshintergrund hinterlassen diese Ereignisse jedoch große Verunsicherung. Wie sicher kann man sich als Migrant in einem Staat fühlen, dessen Gesetzesvertreter teilweise ein solches Gedankengut pflegen?

Untersuchungen zufolge müssen Menschen, die ihrem Aussehen nach einen Migrationshintergrund haben könnten, deutlich häufiger mit Routinekontrollen durch die Polizei rechnen als Menschen, die nicht so aussehen.[17] Ob es die Polizisten bei ihrer Arbeit beeinflusst, wenn sie eine Person mit Migrationshintergrund vor sich haben, darüber gibt es keine Untersuchungen. Ich möchte keineswegs einen ganzen Berufsstand verdächtigen, ich bin mir sogar sicher, dass die meisten Polizisten sich von rechtsradikalem Gedankengut deutlich distanzieren. Da man aber nicht wissen kann, wen man im Falle eines Zusammentreffens vor sich hat, sorgen die öffentlich gewordenen Fälle für ein ungutes Gefühl. Leider muss an dieser Stelle auch gesagt werden, dass Menschen mit Migrationshintergrund ein feines Gefühl dafür entwickelt haben, wann man ihnen mit Ressentiments entgegentritt, die in Verbindung mit ihrer Herkunft stehen. Dafür haben wir alle solche Situationen zu oft erlebt.

2010 veröffentlichte Thilo Sarrazin das Buch *Deutschland schafft sich ab*, das in der Folge monatelang auf Platz 1 der Spiegel-Bestsellerliste stand und zu einem der meistverkauften Bücher in der Bundesrepublik wurde. Er erreichte durch Einladungen in fast alle wichtigen Talkshows der Republik eine breite Öffentlichkeit mit seinen haltlosen und schlecht recherchierten Thesen. Viel zu oft bekam er die Gelegenheit, den Islam als unterdrückerische und rückständige Religion zu bezeichnen, die Integrationsbereitschaft der Menschen mit Migrationshintergrund anzuzweifeln und die Überlastung unseres Sozialsystems durch eben jene anzuprangern. Muslimische Jugendliche seien aufgrund von falschen Rollenbildern, ausbleibendem Bildungserfolg sowie sexueller Frustration erhöht gewaltbereit. Dabei halten seine Thesen einer Überprüfung nicht stand, wie ein Dossier des Mediendienstes Integration zeigte.[18]

Die SPD benötigte ganze zehn Jahre, um Sarrazin aufgrund der Aussagen in seinem Buch aus der Partei auszuschließen. Ich war damals sprach- und fassungslos, dass ein Mensch des öffentlichen Lebens, der seinerzeit wichtige Ämter innehatte, mit so unhaltbaren Aussagen so populär werden konnte. Und Herr Sarrazin schreibt weiter Bücher über »Ausländer«, die nicht willens sind, sich der deutschen Leitkultur unterzuordnen. Zum Glück hat keines seiner anderen Bücher mehr so eine Beachtung erhalten wie sein erstes Buch.

Der damalige Bundespräsident Christian Wulff sprach mit Blick auf Sarrazins Buch im Jahr des Erscheinens davon, dass der Islam genauso wie das Christentum und das Judentum inzwischen zu Deutschland gehöre. Dies war Balsam auf die Seelen der Migranten. Ich weiß aus meinem Freundes- und Verwandtenkreis und auch aus den Beratungsgesprächen, dass diese Aussage für die meisten Menschen mit Migrationshintergrund eine ganz wichtige und wohltuende Botschaft war. 2011 wurde diese Zuversicht allerdings durch den Umgang mit den NSU-Morden wieder zunichte gemacht. 2018 äußerte der damalige Innenminister Horst Seehofer dann sogar, dass der Islam sicher nicht zu Deutschland gehöre. Diese Aussage wurde zwar von unserer inzwischen ehemaligen Bundeskanzlerin Angela Merkel korrigiert. Aber es bleibt hängen, dass auch auf höchster Ebene keine Einigkeit über dieses Thema herrscht. Immer noch nicht. Und die Menschen sehen sich einer Wechseldusche ausgesetzt.

Manchmal sind es wirklich alltägliche Kleinigkeiten, die Großes bewirken können. Ich erinnere mich noch gut an eine Situation, die mich nachhaltig glücklich gemacht hat. Ich kam von einer USA-Reise zurück und landete am Flughafen Köln / Bonn. Nach der Passkontrolle gab mir der Polizeibeamte meinen Pass wieder, schaute mich freundlich an und sagte: »Willkommen zu Hause.« Hätte er nicht in seinem gut gesicherten Häuschen gesessen, wäre ich ihm vermutlich um den Hals gefallen. Ich wünsche mir sehr, dass es mehr solcher kleinen Ereignisse gäbe, die einem das Gefühl vermitteln, gewünscht zu sein.

Betrachtet man die Integrationsdebatte, wie sie in Deutschland verlässlich von Zeit zu Zeit immer wieder geführt wird, fällt auf, dass es immer um spezielle Gruppen geht. Häufig hat es den Anschein, dass es in erster Linie Probleme mit der Integration von Menschen aus den muslimischen Kulturkreisen gibt. Eher selten hören wir, dass Menschen, deren Vorfahren aus Ländern wie Italien, Griechenland oder Russland stammen, besser integriert werden oder selbst mehr Integrationsbemühungen zeigen müssten. Dies erweckt den Eindruck, dass gesellschaftliche Unzufriedenheit insbesondere über die Integration von Menschen mit muslimischem Hintergrund herrscht. Der praktizierte muslimische Glaube sorgt jedenfalls für viel Diskussionsstoff. Häufig sollen sich Muslime für ihre religiösen Praktiken rechtfertigen. Alljährlich im Fastenmonat werden immer und immer wieder ungläubige Fragen über den Verzicht auf das Trinken und Essen gestellt, gerne verbunden mit der Aussage, dass Allah es mit den Muslimen ja nicht gut meinen kann, wenn er solche religiösen Pflichten einfordert. Obwohl niemand außerhalb der islamischen Gemeinde dazu angehalten wird, sich einzuschränken oder in irgendeiner Weise Rücksicht zu nehmen, wird viel diskutiert. Oft werden auch Forderungen nach einer Reformierung des Islam laut. Religiöse Gebote werden mit dem Argument infrage gestellt, dass sie doch nicht mehr zeitgemäß seien. Auch der Bau der großen Moschee in Köln-Ehrenfeld wurde sehr kontrovers diskutiert. Es gab mehrere Versuche der Anwohner, die Planung und das Bauvorhaben zu stoppen. Und das, obwohl gerade in diesem Stadtteil Menschen unterschiedlichster Ethnien schon seit Jahrzehnten friedlich zusammenleben. Auch die Erlaubnis, die Gebetsrufe erklingen zu lassen, stößt auf gesellschaftliche Ablehnung.

All diese öffentlichen Diskussionen und Meinungsäußerungen, ob die eingewanderten Menschen mit ihrer kulturellen Herkunft zu Deutschland gehören oder nicht, bewirken natürlich auch eine Reaktion bei diesen Menschen. Wir leben inzwischen in der dritten, teilweise schon vierten Generation in Deutschland. Wir bringen unsere Arbeitskraft ein, wir zahlen unsere Steuern, und da viele Menschen mit Migrationshintergrund selbstständig arbeiten, schaffen wir auch Arbeitsplätze. Wir sind jedoch nicht nur Arbeiter, Steuerzahlerinnen oder Arbeitgeber, sondern wir sind auch Menschen mit einem kulturellen Hintergrund, und der unterscheidet sich nun mal von dem der Menschen ohne Migrationshintergrund. Der gehört aber zu uns, und es gibt uns nicht ohne ihn. Wenn ständig darüber diskutiert wird, ob wir mit unserer Religion und Kultur dazugehören, dann regt sich Widerstand in uns. Wir sind keine Avatare, die man nach eigenem Wunsch gestalten kann, nach dem Motto: »Von dem gerne noch ein bisschen mehr, jenes lassen wir dafür weg ...«

Manchmal frage ich mich schon, wozu ich mich tagtäglich mühe, meinen Beitrag zum gesellschaftlichen und wirtschaftlichen Leben zu leisten und mich zu integrieren, wenn am Ende doch immer Ressentiments im Raum stehen bleiben. Letztlich ist es eine natürliche Reaktion, eine Abwehrhaltung einzunehmen. Dies sehen wir gegenwärtig schwerpunktmäßig bei den jüngeren Menschen mit Migrationshintergrund, die die angepasste Haltung ihrer Eltern und Großeltern nicht übernommen haben. Gleichzeitig machen die Menschen die Erfahrung, dass sich der türkische Staatschef Erdoğan immer auch an die im Ausland lebenden türkischstämmigen Menschen richtet. Er begibt sich vor den nationalen Wahlen auf »Europatournee«, um Wahlkampf zu betreiben und Stimmen zu gewinnen, und inzwischen gibt es sogar einen deutschsprachigen Ableger des türkischen Staatssenders TRT. Er hat es möglich gemacht, auch aus dem Ausland an den türkischen Wahlen teilzunehmen und Türken, die ihre Staatsbürgerschaft zugunsten einer anderen Staatsbürgerschaft abgegeben haben, erhalten dennoch eine Art Ausweis, der ihnen mehr Rechte in der Türkei einräumt als anderen Ausländern. Die Botschaft ist klar: Ihr gehört zu uns, auch wenn ihr nicht in der Türkei lebt. Wir vergessen euch nicht. Dies ist für die in Deutschland lebenden Türken schmeichelhaft, auch wenn sie mit der Türkei selbst nicht mehr so viel verbindet.

Allerdings scheint in Deutschland die Meinung zu herrschen, dass man Herrn Erdoğan und seine Politik auf keinen Fall gutheißen darf, oder man wird sofort als konservativ-muslimisch und rückständig abgestempelt, wenn man nicht kritisch über den türkischen Staatschef spricht. Insbesondere unter Akademikern wird praktisch vorausgesetzt, dass man Erdoğan und seine Politik ablehnt. Als in Deutschland lebender Mensch mit türkischen Wurzeln wird man – unabhängig von der eigenen Staatsbürgerschaft – stets dazu genötigt, sich zur türkischen Politik zu positionieren.

Aktuell geht es auch den Menschen mit russischem Migrationshintergrund so: Sie werden für Putins Vorgehen im Krieg mit der Ukraine angefeindet und zur Rechenschaft gezogen.

Für meinen Fall kann ich jedoch sagen, dass ich hier in Deutschland geboren und aufgewachsen bin und dass ich mich deutlich mehr für das politische Geschehen in Deutschland interessiere, da es mich unmittelbar betrifft. Ich möchte mich nicht ständig für die Politik Erdoğans rechtfertigen müssen, selbst wenn ich dazu eine Meinung habe. Egal, was man sagt, man begibt sich ohnehin auf äußerst dünnes Eis. Es gilt, keinesfalls etwas eventuell Verfängliches zu sagen, um sein Gegenüber nicht zu verärgern und dann in einer bestimmten politischen Schublade zu verschwinden, aus der man nicht wieder herauskommt. Dabei ist das Wissen der deutschen Gesprächspartner über türkische Innenpolitik selbstredend sehr gering. Im Grunde kann man also nur verlieren, und viele meiner Landsleute versuchen daher, dieses Thema möglichst zu vermeiden.

Mit Unverständnis wurde dann auch das Ergebnis der letzten Wahlen in der Türkei hierzulande betrachtet, das offenlegte, dass die in Deutschland ansässigen wahlberechtigten Türken mehrheitlich die AKP, also die Partei Erdoğans, gewählt hatten. Dazu muss man sagen, dass das Ergebnis zum einen aus dem geschickten Vorgehen Erdoğans resultiert, der die im Ausland lebenden Türken angesprochen und umworben hat. Andererseits erlebe ich es täglich in den Beratungen, dass eine erfahrene Ablehnung im Alltag dazu führt, dass man sich auf seine Wurzeln besinnt und sich eher türkisch als deutsch fühlt, selbst wenn man hier geboren und aufgewachsen ist und nie in der Türkei gelebt hat. Da kommt ein nationalistischer Kurs gut an.

Ich habe es bereits erwähnt: Werden wir Menschen mit offensichtlichem Migrationshintergrund nach unserer Herkunft gefragt, ergibt sich immer wieder die gleiche, fast schon komische Situation. Antwortet man, dass man aus Deutschland komme und hier geboren sei, dann erfolgt meist eine weitere Frage nach dem kulturellen Hintergrund. Antwortet man etwa, dass man Türke sei, dann erfolgt meist die freundlich-entrüstete Entgegnung, dass man aber hier geboren und folglich doch Deutscher sei. Egal, was man sagt, es ist offenbar unmöglich, diese Frage »richtig« zu beantworten. Diese typischen Reaktionen sind sicher keineswegs diskriminierend gemeint, zeigen aber die Unsicherheit auch aufseiten der deutschen Mitbürger. Vermutlich liegt dies darin begründet, dass sich auch die Menschen ohne Migrationshintergrund ein klares Bekenntnis zu Deutschland wünschen und dies vielleicht nicht oft genug hören.

Ein weiterer Aspekt, den man mit Blick auf die Frage nach einer erfolgreichen Integration beachten muss, ist die Bildung, oder sind vielmehr die Bildungschancen. Sowohl der »Bildungsbericht 2020« als auch die neuste PISA-Studie zeigen, dass Menschen mit Migrationshintergrund in Deutschland nicht die gleichen Bildungserfolge erzielen wie Menschen ohne Migrationshintergrund. Wenn in solchen Studien die Rede von Menschen mit Migrationshintergrund ist, lohnt es allerdings, etwas genauer hinzuschauen. Meist sind hier nämlich die Menschen gemeint, die entweder selbst eingewandert sind oder von denen mindestens ein Elternteil eingewandert ist. Dies trifft aber auf einen großen Teil der Menschen, von denen in diesem Buch die Rede ist, gar nicht zu. Die Kinder und Jugendlichen mit türkischem Migrationshintergrund, die aktuell eine Bildungseinrichtung besuchen, sind meist Angehörige der dritten oder sogar schon vierten Generation. Sie sind also nicht selbst eingewandert, und auch ihre Eltern sind meist in Deutschland geboren. Sofern beide Elternteile den deutschen Pass besitzen, werden sie also in den Studien nicht als »Menschen mit Migrationshintergrund« erfasst. Es kann jedoch nicht davon ausgegangen werden, dass die geschilderten Probleme von Menschen mit Migrationshintergrund auf sie nicht zutreffen. Vielmehr müssen wir davon ausgehen, dass sie mit ähnlichen Widrigkeiten zu kämpfen haben, wenn auch in etwas abgeschwächter Form.

Wenn die Menschen der dritten Generation nicht mehr dazugezählt werden, geht man vermutlich davon aus, dass die Integration in der dritten Generation erfolgt und Migrationsbelastungen nicht mehr als Ursache von Nachteilen im Bildungsbereich gesehen werden können. Dies entspricht jedoch nicht den Tatsachen. Nachteile bauen sich nur sehr langsam ab. Sie entstehen meines Erachtens auch erst dadurch, dass unser Bildungssystem nicht ausreichend auf unsere multikulturelle Gesellschaft eingestellt ist. Auf diese Weise sind vorhandene Nachteile eine indirekte Folge der Migration. Nehmen wir das Beispiel des Kulturkapitals. Unser Schulsystem ist in erster Linie auf deutsches Kulturgut ausgelegt, wenn es zum Beispiel um Dramen oder lyrische Texte geht. Bestenfalls ist ein Kind ohne Migrationshintergrund mit diesem Kulturschatz im Laufe seiner Kindheit vielleicht in Form von Liedern oder Theaterbesuchen schon einmal in Berührung gekommen und bringt ein gewisses Vorwissen mit. In westdeutschen Ballungsräumen und Großstädten haben wir aber inzwischen einen Anteil von 50 bis 60 Prozent Kinder mit einem Migrationshintergrund. Sie alle bringen ein unterschiedliches Kulturkapital mit. Ich bin ein großer Fan deutscher Gedichte und möchte auf keinen Fall die Meinung vertreten, dass diese Inhalte aus dem Curriculum gestrichen werden sollten. Jedoch möchte ich zu bedenken geben, dass kulturgebundenes Vorwissen nicht mehr vorausgesetzt werden kann und dass dieser Aspekt bei der Aufbereitung des Lernstoffes Beachtung finden muss. Ein Mensch, der Deutsch als Zweitsprache spricht, wird mehr Hilfestellung benötigen, einen Gedichttext aus dem vergangenen Jahrhundert zu verstehen als ein Muttersprachler. Darüber hinaus wäre es wünschenswert, wenn auch das Kulturgut anderer Kulturen Eingang ins Curriculum deutscher Schulen nähme. So ist zum Beispiel annähernd jedes Kind mit türkischen oder arabischen Wurzeln mit den lehrreichen Geschichten und Anekdoten von Nasreddin Hodscha groß geworden. Würden auch kulturelle Schätze anderer Kulturen in den Lehrstoff mit einbezogen werden, würden wir mehr übereinander erfahren und auf diese Weise eine tolerante Grundhaltung fördern.

Im Bildungsbericht werden drei Risikolagen skizziert, durch die Nachteile im Bildungsbereich entstehen können. Die erste Risikolage ist die formal gering qualifizierter Eltern. Die zweite ist die soziale Risikolage, die daran festgemacht wird, dass kein Elternteil erwerbstätig ist. Die dritte Risikolage bezieht sich auf das zur Verfügung stehende Haushaltseinkommen, das im Falle der finanziellen Risikolage unter der Armutsgefährdungsgrenze liegt. Von dieser Risikolage sind vor allem Familien mit vielen Kindern und alleinerziehende Elternteile betroffen. Laut Bevölkerungsstatistik bekommen Frauen nichtdeutscher Herkunft durchschnittlich mehr Kinder als Frauen ohne Migrationshintergrund. Die erste Risikolage trifft auch auf einen großen Teil der dritten und vierten Generation zu, da noch viele Angehörige der zweiten Generation eine gering qualifizierte Berufsbildung aufweisen. Darüber hinaus haben viele Kinder aufgrund der Heiratsmigration einen Elternteil, der nicht in Deutschland geboren ist, und gehören somit noch zu der in den Studien so definierten Gruppe der Menschen mit Migrationshintergrund. Familien mit Migrationshintergrund sind häufiger von den genannten Risikolagen betroffen, sodass ihre Nachkommen Gefahr laufen, Nachteile in ihren Bildungsbiographien zu erfahren.

Während unserer Schulzeit war der Nachteil der Kinder der zweiten Generation deutlich zu spüren. Viele von uns sprachen bis zum Schuleintritt praktisch kein Wort Deutsch, weil unsere Eltern kein Deutsch sprachen und weil wir keinen Kindergarten besucht hatten. Wir starteten also bereits mit ganz anderen Voraussetzungen als unsere Mitschüler ohne Migrationshintergrund. Für meine Bildungsbiographie bedeutete dies, dass ich bereits zum Beginn meiner Schullaufbahn ein Jahr verlor und in die Vorschule geschickt wurde. Auch über das kulturelle Kapital, das unsere Mitschüler ohne Migrationshintergrund mitbrachten und das im Schulsystem praktisch vorausgesetzt wird, verfügten wir nicht. Mein Start an der Realschule schilderte ich ja bereits. An einen türkischstämmigen Freund, der das Gymnasium besucht hätte, kann ich mich gar nicht erinnern. Fast alle besuchten die nahe gelegene Hauptschule. Nur wenige von uns schafften den Abschluss mit Qualifikation. Ich erinnere mich noch gut daran, dass insbesondere die türkischen Mädchen in meiner Klasse von unserer Lehrerin aufgefordert wurden, dem Hauswirtschaftsunterricht besonders aufmerksam zu folgen, da das für ihre spätere Rolle als Hausfrau und Mutter wichtig sein würde. Die Jungen wurden unterdessen auf eine handwerkliche Ausbildung vorbereitet.

Die Fitteren unter uns bekamen nach dem Schulabschluss einen Ausbildungsplatz. Aber auch dort scheiterten einige und brachen die Ausbildung ab. Andere schlossen sie ab, wurden dann aber nicht übernommen. So passierte es auch mir, obwohl man uns zu Beginn der Ausbildung versprochen hatte, dass die Besten einen Arbeitsvertrag bekommen würden. Ich schloss meine Ausbildung als einer der Besten ab. Was ich bekam, war ein schicker Kugelschreiber in einer Schmuckbox, aber keinen Arbeitsvertrag. Auf meine Nachfrage erklärte man mir, dass ich mit meiner guten Abschlussnote gute Chancen auf dem Arbeitsmarkt hätte und deshalb wolle die Firma diejenigen unterstützen, die aufgrund ihrer schlechteren Abschlüsse keine Chance hätten, eine andere Anstellung zu finden. Man muss dazu sagen, dass es sich bei dem Betrieb um den öffentlichen Dienst handelte. Keine Firma, die im Wettbewerb steht, hätte eine solche Entscheidung gefällt und den guten Mitarbeiter zugunsten des schlechteren gehen lassen.

Der fragmentierte Übergang in das Berufsleben, wie es im Bildungsbericht beschrieben wird, traf auf mich und auf viele meiner Freunde zu. Nach meiner Ausbildung zum Industriemechaniker bekam ich trotz meines guten Abschlusses keinen Job in meinem erlernten Beruf. Stattdessen begann ich eine Qualifizierungsmaßnahme, mit deren Hilfe ich am Flughafen als Ladehelfer eingestellt wurde. Erst viele Bewerbungen und Jahre später konnte ich in meinem ursprünglichen Beruf arbeiten. Mein Studium konnte ich erst beginnen, als bereits mein zweites Kind geboren war.

Auch heute ist es noch so, dass viele Jugendliche der dritten Generation den Übergang in die Berufswelt weniger erfolgreich schaffen als Gleichaltrige ohne Migrationshintergrund. Diesem Umstand liegen natürlich viele Ursachen zugrunde. Neben dem geringeren Bildungsgrad der Eltern und dem damit verbundenen geringeren sozioökonomischen Status der Familien sind auch die sprachlichen Kompetenzen entscheidend. Und hier muss man einfach benennen, dass der deutsche Staat viel zu spät reagiert hat. Wenn man bereits für die Kinder der zweiten Generation ein umfangreiches Sprachförderprogramm entwickelt hätte, dann hätten wir solche Probleme in der dritten Generation mit Sicherheit nicht mehr.

Mein Studium schloss ich mit einer Arbeit über die Bildungsungleichheit von Kindern mit Migrationshintergrund in Deutschland ab. Es gibt zahlreiche Studien, die belegen, dass Leistungen von Kindern mit einem Namen nichtdeutscher Herkunft im Durchschnitt mehr als eine ganze Note schlechter bewertet werden als ihre Mitschüler ohne Migrationshintergrund. Sie sind häufiger von Klassenwiederholungen betroffen und besuchen häufiger eine Förderschule als Kinder ohne Migrationshintergrund. Auf Hauptschulen sind Kinder mit Migrationshintergrund überrepräsentiert, während sie auf Gymnasien unterrepräsentiert sind. Auch bei gleichem sozioökonomischem Status besuchen Kinder mit Migrationshintergrund häufiger Bildungseinrichtungen, die geringer qualifizieren, als Kinder ohne Migrationshintergrund. Dabei sind Kinder mit Migrationshintergrund kognitiv genauso leistungsfähig wie Kinder ohne Migrationshintergrund, sodass die Ursachen für diese statistischen Größen weniger in individuellen Defiziten, als vielmehr im System zu suchen sind. In anderen europäischen Ländern mit einem hohen Migrationsanteil sind Kinder mit einem Migrationshintergrund übrigens deutlich besser im Schulsystem integriert und erfolgreicher bezüglich ihrer Leistungen und Abschlüsse als in Deutschland.

Auch bei der Suche nach einem Arbeitsplatz spielt der Migrationshintergrund eine Rolle. Insbesondere im öffentlichen Dienst findet man zwar in den Ausschreibungen häufig den freundlichen Hinweis, dass die Bewerbung von Menschen mit Migrationshintergrund ausdrücklich erwünscht ist. Leider bekommen diese Menschen den Job dann aber nicht. Betrachtet man zum Beispiel ein Organigramm eines beliebigen Amtes einer westdeutschen Großstadt, so fällt sofort auf, dass keine höhere Position mit Personen besetzt ist, die einen Migrationshintergrund aufweisen. Nehmen wir Köln: Die Einwohner Kölns sind zu fast 40 Prozent Menschen mit Migrationshintergrund. Es wäre also anzunehmen, dass sich ein ähnlicher Anteil auch bei der Besetzung von öffentlichen Stellen wiederfindet. Dies ist jedoch mitnichten der Fall. Selbst in einschlägigen Ämtern, die sich explizit mit den Angelegenheiten von Menschen mit Migrationshintergrund befassen, ist dies nicht annähernd so. Dies gilt insbesondere für leitende Positionen. Selbst wenn wir annehmen, dass Menschen mit Migrationshintergrund aufgrund der Nachteile im Bildungssystem, wie ich sie bereits beschrieben habe, schlechtere Bildungsabschlüsse erreichen, so sollte doch wenigstens ein Teil der Stellen von den Menschen mit Migrationshintergrund besetzt sein, die trotz aller Nachteile einen qualifizierten Abschluss absolviert haben.

Auch hierzu gibt es zahlreiche Studien, die belegen, dass Menschen mit Migrationshintergrund sich deutlich häufiger bewerben müssen, bis sie eine Anstellung finden, als Menschen ohne Migrationshintergrund. Oft nehmen sie Jobs an, die deutlich unter ihrer eigentlichen Qualifikation liegen.

Auch nach einem Studium arbeiten sie häufiger nicht in dem eigentlich angestrebten Beruf. Noch offensichtlicher wird die Benachteiligung, wenn der Mensch mit Migrationshintergrund eine Frau mit Kopftuch ist. Es gibt immer noch sehr viele Arbeitsbereiche, in denen man kaum eine einzige Frau mit Kopftuch antrifft. Dies ist insbesondere bei Positionen der Fall, bei denen Kundenkontakt eine Rolle spielt. In anderen Ländern ergibt sich ein differenzierteres Bild. In Großbritannien oder Neuseeland gibt es sogar Polizistinnen in Kopftuchuniform. In Deutschland darf das Kopftuch als religiöses Symbol zwar am Arbeitsplatz nicht verboten werden, aber dennoch trifft man in vielen Positionen nur selten auf gläubige Musliminnen, die ein Kopftuch tragen.

Auch auf dem Wohnungsmarkt erleben Menschen mit Migrationshintergrund häufig Benachteiligungen. Viele meiner Klienten suchen seit Jahren nach größeren Wohnungen, haben diverse Besichtigungstermine hinter sich und erhalten immer wieder Absagen. Insbesondere in Stadtteilen, die ein höheres Ansehen genießen, sind Menschen mit Migrationshintergrund oft chancenlos, selbst dann, wenn sie bereit und in der Lage wären, höhere Mieten zu tragen.

Auch ich habe wiederholt die Erfahrung machen müssen, beim ersten Telefonkontakt mit einem potenziellen Vermieter nach meiner Herkunft gefragt zu werden. Inzwischen erledigt meine Frau solche Telefonate, weil sie keinen Migrationshintergrund hat und man ihr deshalb ganz anders begegnet. Auf diese Weise konnten wir schließlich auch eine Wohnung in einer der begehrten Wohngegenden ergattern und zogen voller Enthusiasmus ein. Leider hatten wir die Rechnung ohne die Nachbarn gemacht. Die Atmosphäre war zurückhaltend bis ablehnend, meine Eltern wurden im Hausflur nicht gegrüßt und hatten ständig Zettel hinter der Windschutzscheibe, wenn ihr Auto nach Meinung der Nachbarn nicht adäquat geparkt war. Meine Frau erlebte in dieser Situation erstmals eine unmittelbare Benachteiligung, die ihr schwer zu schaffen machte, da ihr so etwas bis dato als Deutsche nie widerfahren war. Nach nur einem Jahr entschlossen wir uns, eine neue Wohnung zu suchen, da sich die Schikanen durch die Nachbarn häuften. Nun leben wir wieder in einem Stadtteil, der zwar nicht so privilegiert, aber dafür multikulturell ist.

Oft höre ich von Bekannten und Klienten auch, dass sie sich nach langer Wohnungssuche schließlich hoch verschulden und ein Eigenheim finanzieren, um der schwierigen Situation auf dem Wohnungsmarkt zu entkommen und auf diese Weise ihren Lebensstandard zu heben. Insbesondere in Ballungsräumen ist dies mit einer enormen finanziellen Belastung für die Familien verbunden. Wie fragil dieses Konstrukt oft ist, zeigt sich, wenn unvorhersehbare Situationen, wie zum Beispiel eine Erwerbsunfähigkeit, eine Scheidung oder Kurzarbeit eintreten. Die ohnehin sehr knappe Kalkulation geht dann schnell nicht mehr auf, und es folgt ein finanzielles Desaster.

All diese geschilderten Benachteiligungen sind direkte oder indirekte Folgen der Migration und wirken als solche auf das Leben und die Psyche der Menschen mit Migrationshintergrund. Alle haben die Gemeinsamkeit, dass die davon Betroffenen im Grunde keine wesentlichen Handlungsmöglichkeiten haben, sie zu verändern. Sie können lediglich reagieren. Sie können versuchen sich zu wehren, ihr Recht auf eine Einstellung einklagen oder Einspruch gegen eine ungerechte Benotung einlegen. Natürlich werden aber kein Vermieter und kein Arbeitgeber den Migrationshintergrund als Grund für die Absage des Jobs oder der Wohnung nennen. Und es kann natürlich durchaus sein, dass es in einzelnen Fällen auch andere Gründe für eine Absage gibt. Dennoch bleibt oft ein Gefühl der Hilflosigkeit. Die Wirkung solcher

Erlebnisse auf das Selbstwertgefühl ist fatal. Es werden Erwartungen und Erwartungserwartungen (also Erwartungen in Bezug auf die Erwartungen anderer) gebildet, die auf den Verlauf von Interaktionen Einfluss nehmen. Das hat zur Folge, dass man bei Interaktionen gar nicht mehr genau zuhört oder hinsieht und sich stattdessen in einer Opferrolle einrichtet. Einen möglichen eigenen Anteil an einem Problem sieht man so nicht mehr.

Dem System innewohnende Mechanismen tragen so zur Verhärtung der Fronten bei. Sie hinterlassen bei Menschen mit Migrationshintergrund den Eindruck, unerwünscht zu sein. Aus dieser Annahme heraus reagieren diese Menschen empfindlicher auf Ablehnungen und Benachteiligungen und neigen gegebenenfalls auch dazu, eine Reaktion zu schnell als diskriminierend einzuschätzen und als solche zu benennen. Dies ist eine bedauerliche Entwicklung, da die ungünstigen Strukturen, die zu einer statistisch messbaren Benachteiligung von Menschen mit Migrationshintergrund führen, nicht von einzelnen Menschen beeinflussbar sind. Vielmehr ist eine Veränderung der Strukturen des Systems erforderlich.

Ich bin überzeugt davon, dass die meisten in Deutschland lebenden Menschen sich ein friedliches Zusammenleben wünschen und die Zugewanderten als Bereicherung ansehen. Es sind leider immer die wenigen, lauten und negativen Stimmen, die die Bemühungen eines guten Zusammenwachsens torpedieren. Wir bräuchten mehr Situationen, in denen Meinungsträger der Gesellschaft wie Politiker sich klar dazu bekennen, dass wir alle in diesem Land willkommen sind. Eine klare Positionierung ist wünschenswert, ob öffentlich für viele oder auch im zwischenmenschlichen Kontakt, so wie bei der Einreise am Flughafen.

Ist Migration gleich Migration?

Betrachtet man die Belastungsfaktoren der Arbeitsmigranten und der folgenden Generationen, so stellt sich die Frage, ob sich diese Phänomene auch in anderen Migrationszusammenhängen finden. Ist beispielsweise ein in die USA eingewanderter Europäer, der gut ausgebildet und der englischen Sprache mächtig ist, ähnlich belastet durch die Migration? Wie steht es mit den geflüchteten Menschen?

Mehrere Faktoren sind zur Beantwortung dieser Frage zu beachten: Zunächst wäre das Motiv der Migration zu klären. Handelt es sich um einen gut ausgebildeten Menschen, der das Glück hatte, ein Arbeitsvisum zu ergattern, um seiner Arbeitsbiographie einige Jahre im Ausland hinzuzufügen? Eine solche Person gestaltet ihre Migration aktiv und kann unter Umständen weitgehend selbst entscheiden, für wie lange sie ihre Heimat verlässt, um ins Ausland zu gehen. Vermutlich hat dieser Mensch auch gute Perspektiven, wenn er sich entscheidet zurückzukehren. Diese Art der Migration kann wohl eher als Abenteuer und als Bereicherung für die Biographie angesehen werden, selbst wenn die besagte Person sich aus persönlichen Gründen dafür entscheidet, für immer in der Ferne zu bleiben.

Anders verhält es sich, wenn der Migrationswunsch durch eine Perspektivlosigkeit im Herkunftsland ausgelöst wird. Während im ersten Fall durchaus der Wunsch besteht, die Heimat für eine Zeit oder auch für immer zu verlassen, kann dies in diesem Fall nicht unbedingt angenommen werden. Hier ist eher die Hoffnung, woanders ein besseres Leben führen zu können, der Auslöser, weniger der Wunsch, die Heimat zu verlassen, um mal etwas Neues zu sehen.

Im Falle einer Flucht ist das Ziel zunächst weitestgehend unklar und auch kaum von Relevanz. Hier geht es erst mal darum, irgendwo einen Ort zu finden, an dem man ohne Gefahr für das eigene Leben und das Leben der Familie bleiben kann. In einer solchen Situation wird man sich nicht zuvor über das aufnehmende Land informieren, zumal zu Beginn der Flucht nicht klar ist, wo die Reise endet.

Jemand, der freiwillig und geplant in die Fremde zieht, wird sich hingegen vermutlich überlegen, welcher Ort das Ziel sein soll, und sich zuvor mit der Kultur und den Gepflogenheiten des Landes auseinandersetzen. Auch wird er sich sprachlich so weit vorbereiten, dass er sich zumindest in alltäglichen Situationen zurechtfinden kann.

Im Falle der Arbeitsmigration aus der Türkei nach Deutschland handelte es sich ebenfalls um eine geplante Auswanderung, für die sich die Menschen damals aktiv entschieden. Allerdings handelte es sich um eine zeitlich klar begrenzte Migration, da ja die Rotation der Arbeitskräfte im Turnus von zwei Jahren geplant war. Die Langfristigkeit ergab sich erst mit den Jahren und der Wunsch, nach Hause zurückzukehren, blieb, zumindest in der ersten Generation der Einwanderer, über die Jahre bestehen. Es gibt keinen klar definierten Zeitpunkt, an dem eine aktive Entscheidung für den Verbleib in Deutschland gefallen wäre. Vielmehr war das »Hierbleiben« ein schleichender Prozess, an dessen Ende sich die Menschen schließlich eingestehen mussten, dass es keine Option mehr gab, in die türkische Heimat zurückzukehren.

Ein weiterer Aspekt, der sich durchaus sehr unterschiedlich gestalten kann, ist die Aufnahme im Zielland. Bleiben wir bei dem Beispiel des gutausgebildeten Europäers, der in die USA einwandert. Zu diesem Zeitpunkt verfügt er bereits über ein Arbeitsvisum und hat vermutlich auch schon einen Arbeitsvertrag in der Tasche. Da er der englischen Sprache mächtig ist, kann er ohne sprachliche Barrieren starten. Womöglich verfügt er auch über eine erkleckliche Summe Erspartes, mit der erste Ausgaben abgedeckt werden können, bis der erste Gehaltsscheck reinkommt.

Die Arbeitsperspektive war bei den Arbeitsmigranten damals hier in Deutschland ebenfalls geklärt, und auch für Unterkünfte war gesorgt. Sie kamen jedoch ohne Kenntnisse der deutschen Sprache, und der Fokus lag auch lange Zeit nicht auf ihrem Erwerb, da sich der Aufwand für den zeitlich begrenzten Aufenthalt nicht lohnte. Als die wirtschaftliche Situation sich in Deutschland durch die Ölkrise 1973 jedoch änderte und es weniger Arbeit gab, versuchte man die Arbeitsmigranten zur Rückkehr in die Heimat zu überreden. Sie wurden nun nicht mehr benötigt. Ab diesem Zeitpunkt wuchs auch die Kritik gegenüber den eingewanderten Menschen. Der Ruf nach mehr Integration wurde laut, und es herrschte großes Unverständnis, warum es noch immer Probleme gab, auf Deutsch miteinander zu kommunizieren.

Geflüchtete Menschen kommen von vorneherein als »Bittsteller« in das aufnehmende Land. Für Unterkunft und Verpflegung ist gesorgt, eine Arbeitsgenehmigung wird zunächst erst mal nicht erteilt, sodass die Menschen aktiv nichts zur Verbesserung ihrer Situation hier in Deutschland beitragen können. Da sie die Sprache in der Regel nicht beherrschen, ist ein Beschäftigungsverhältnis auch schwierig, wenn eine Arbeitserlaubnis irgendwann dann doch erteilt wird. Im Herkunftsland haben die geflüchteten Menschen oft ihr letztes Hab und Gut verkaufen müssen, vorhandene finanzielle Mittel sind meist während der Flucht aufgebraucht worden. Auch wenn das aufnehmende Land es als humanitäre Verpflichtung ansieht, geflüchteten Menschen zu helfen und eine Bleibe zu bieten, ist die Resonanz in Teilen der Bevölkerung doch eher verhalten. Diskussionen über den Verbleib der Menschen und die Finanzierung der Versorgung reißen nicht ab und hinterlassen nicht den Eindruck, hier willkommen zu sein. Um die Integrationsanstrengungen der Migranten zu erhöhen, wäre eine offene gesellschaftliche Haltung den Menschen gegenüber jedoch sehr hilfreich.

Die unvorbereitete Auswanderung in ein Land bedeutet, dass die Betroffenen die lokale Sprache nicht sprechen und die Landeskultur höchstens vom Hörensagen kennen. Zunächst ohne berufliche Perspektive und lediglich geduldet befindet man sich gleich zu Beginn am gesellschaftlichen Rand. Da der Bleibestatus meist nicht endgültig geklärt ist, muss man stets damit rechnen, abgeschoben zu werden. In solchen Fällen sind die Rahmenbedingungen rund um die Migration so unsicher, dass die Migrationsbelastung extrem hoch ist. Dieses Ereignis hinterlässt Spuren in der Biographie eines Menschen und wird auch seine Auswirkungen auf die folgenden Generationen haben. Darüber hinaus erlebten diese Menschen bereits vor ihrer Ausreise aus der Heimat viele traumatische Erlebnisse wie Verfolgung oder Krieg, die sich ebenfalls als psychische Belastung niederschlagen und noch zur Migrationsbelastung hinzukommen.

Zu mir in die Beratung kam ein Syrer, der aufgrund seines Zwischenaufenthalts in der Türkei einige türkische Sprachkenntnisse hatte. Der Mann, der da vor mir saß, war nur noch ein Schatten seiner selbst. Er hatte mit Frau und Kindern in Syrien gelebt. Dann kam der Krieg. Eines Tages begab er sich auf den Weg zum Markt, weil für die Essenszubereitung Zitronen fehlten. Auf dem Markt angekommen hörte er eine starke Detonation. Er machte sich sofort auf den Weg nach Hause. Als er um die Ecke bog, stand er vor den Trümmern seines Hauses, das in seiner Abwesenheit von einer Bombe getroffen worden war. Seine gesamte Familie war innerhalb weniger Sekunden ausgelöscht worden. Zwischen den Trümmern fand er die leblosen Körper seiner Familienmitglieder. Noch heute wacht er nachts manchmal schweißgebadet auf und hat die Bilder vor Augen.

Nun saß dieser Mann bei mir in der Beratung, von der psychiatrischen Klinik geschickt, da kein muttersprachlicher Therapeut zur Verfügung stand. Er lebt jetzt hier in Deutschland, froh, der Gefahr entronnen zu sein, aber schwerst traumatisiert. Ob er jemals in ein normales Leben zurückfinden wird, ist fraglich. Viele von uns können sich kaum ausmalen, wie es ist, eine solch traumatische Situation durchzumachen. Wir leben hier in Sicherheit und regen uns schon furchtbar darüber auf, wenn man uns das Fahrrad vor der Tür klaut oder jemand einen Lackschaden an unserem Auto verursacht. Der Klient wird versuchen, hier in der Gesellschaft einen Platz zu finden, eine Alternative gibt es für ihn nicht. Die Integrationsleistung wird angesichts der Traumatisierung eine große Aufgabe für ihn sein.

Die aktuelle Situation in der Ukraine zeigt uns deutlicher denn je, dass wir immer wieder mit Flüchtlingswellen aufgrund von Kriegen, politisch unsicheren Situationen und humanitären Notlagen rechnen müssen. Einmal mehr stehen wir vor der Herausforderung, eine große Zahl geflohener Menschen aufzunehmen und versorgen zu müssen, da ihre Heimat derzeit von russischen Truppen angegriffen und zerstört wird. Die Hilfsangebote aus der Bevölkerung sind groß, und es gibt einen gesellschaftlichen Konsens darüber, den geflohenen Menschen beizustehen. Anders als beim Flüchtlingsstrom 2015, als viele Syrer vor dem Krieg in ihrer Heimat flohen, gibt es heute viele unbürokratische Hilfestellungen auch von staatlicher Seite. Für die geflüchteten Menschen gibt es kaum Auflagen, etwa sich im Land der Erstankunft registrieren lassen zu müssen, und so ist es ihnen möglich, dort einzuwandern, wo sie vielleicht Bekannte und Verwandte haben. Dies erleichtert es den Menschen, sich schneller in dem aufnehmenden Land zurechtzufinden. Weiterhin müssen ukrainische Menschen keine Asylanträge stellen und einen unsicheren Bleibestatus ertragen. Sie erhalten eine sofortige Arbeitserlaubnis, und in manchen Regionen stehen sogar freie Wohnungen für sie zur Verfügung. Die Kinder bekommen Kita- und Schulplätze, der Familiennachzug ist erlaubt.

Bereits zum jetzigen Zeitpunkt wird davon ausgegangen, dass die Menschen bei uns bleiben, da es Jahre dauern wird, bis die Ukraine wieder aufgebaut sein wird, und es derzeit noch völlig unklar ist, unter welcher politischen Führung dies geschehen wird. Es wird davon ausgegangen, dass die Menschen, wenn sie einmal hier Fuß gefasst haben, hier bleiben werden. Die Kinder werden die Schule durchlaufen und eine Ausbildung beginnen, es werden Arbeitsverhältnisse eingegangen, die Menschen werden sich hier eine neue Existenz aufbauen.

Wie die Gastarbeiter in den sechziger Jahren werden sie vermutlich noch einige Zeit an dem Wunsch festhalten, irgendwann in die Heimat zurückzukehren. Die Erfahrungen zeigen uns jedoch, dass diese Rückkehr mit den hier verbrachten Jahren immer unwahrscheinlicher wird. Je schneller dies klar ist, umso besser kann die Integration gelingen, weil die Menschen sich dadurch eher auf das neue und langfristige Leben in Deutschland einlassen werden. Vonseiten des deutschen Staates werden klare Signale gesendet, dass die Menschen hierbleiben können. Es wird also bereits ganz viel richtig gemacht.

Um weitere Bedürfnisse der eingewanderten ukrainischen Menschen ermitteln zu können, müssen wir uns genauer anschauen, wer zu uns kommt. Da es ukrainischen Männern zwischen achtzehn und sechzig Jahren verboten ist, das Land zu verlassen, kommen in erster Linie Frauen und Kinder sowie ältere Menschen über sechzig. Sie alle haben Teile ihrer Familie zurücklassen müssen, und es ist ungewiss, ob sie sich jemals wiedersehen werden. Familien sind getrennt worden, Väter in der Kriegsregion zurückgeblieben. Auch ältere Menschen, die nicht transportfähig sind, sind in der Heimat geblieben.

Sie alle bringen die Eindrücke des Krieges mit, mussten zumindest in den Anfängen miterleben, wie ihre Heimat zerstört wird. Gerade die älteren Menschen, die sich im letzten Drittel ihres Lebens befinden, müssen ihre Entwurzelung hinnehmen und sich auf die neuen Umstände in einem anderen Land einlassen. Im Gegensatz zu den jüngeren geflüchteten Menschen werden sie die Sprache des aufnehmenden Landes nicht mehr ohne weiteres erlernen können. Und hieraus leitet sich gleich ein erster, wichtiger Bedarf ab: die gesundheitliche Versorgung und die Seelsorge für diese Menschen muss ihren sprachlichen Kompetenzen angepasst werden, und es müssen muttersprachliche Angebote geschaffen werden. Denn es ist fest damit zu rechnen, dass die Kriegserlebnisse und die damit verbundene Entwurzelung der Menschen als traumatisches Ereignis seelsorgerische und psychotherapeutische Unterstützung erfordert. Auch muss die Versorgung von kranken und pflegebedürftigen Menschen gewährleistet werden. Darüber hinaus steht außer Frage, dass spezielle Beratungsangebote nötig sein werden, um den Menschen die Ankunft zu erleichtern. Die Kinder werden Sprachkompetenzen in der Schule erwerben, wobei auch hier Förderangebote installiert werden müssen, um einen schnellen Spracherwerb zu unterstützen.

Für die Erwachsenen müssen schnellstmöglich Strukturen geschaffen werden, die auch ihnen den Spracherwerb ermöglichen und damit den Zugang zum Arbeitsmarkt erleichtern. Ich möchte an dieser Stelle noch einmal dringend auf die Notwendigkeit der interkulturellen Öffnung als institutionelle und gesellschaftliche Querschnittsaufgabe hinweisen. Sie ist unumgänglich, um die Herausforderungen der Zukunft meistern zu können.

Der staatliche und gesellschaftliche Fokus auf die Hilfestellung für die geflüchteten Menschen aus der Ukraine darf jedoch nicht den gesellschaftlichen Sprengstoff, den die Situation mit sich bringt, außer Acht lassen. Die drittgrößte Gruppe der Einwanderer in Deutschland sind Menschen mit russischem Migrationshintergrund. Aus Medienberichten, aber auch aus Beratungsgesprächen ist mir bekannt, dass die hier lebenden Menschen mit russischem Migrationshintergrund teilweise massiv angefeindet werden. Ihnen wird die nachbarschaftliche Freundschaft aufgekündigt, Ladenlokale und Restaurants werden beschädigt und gemieden. Sie werden aufgefordert, sich für Putins Politik zu rechtfertigen, auch wenn sie schon lange nicht mehr in Russland leben und ihn gar nicht gewählt haben. Auch hier wird – wie bei den hier lebenden Menschen mit türkischem Migrationshintergrund – wieder der Fehler gemacht, die Menschen in »Sippenhaft« zu nehmen und sie sozusagen stellvertretend für den russischen Staatschef abzumahnen. Dies sorgt für einen unnötigen Disput zwischen den Bevölkerungsgruppen, die hier fortan friedlich miteinander leben sollen.

Ein weiterer Aspekt ist der unterschiedliche Umgang mit den geflüchteten Menschen in Deutschland. Es ist vorbildlich, wie mit den geflüchteten Menschen aus der Ukraine umgegangen wird. Allerdings begegnen mir täglich Menschen, die ebenfalls geflüchtet sind, nur eben aus anderen Regionen dieser Welt. Sie leben häufig noch immer in mehr oder weniger provisorischen Flüchtlingsunterkünften und warten seit Jahren auf ihre Arbeitserlaubnis und eine ausreichend große Wohnung. Sie sind weiterhin nur geduldet und bekommen ihren Aufenthalt quartalsweise verlängert. Eben diese Menschen bekommen nun mit, dass mit den Menschen aus der Ukraine anders verfahren wird als mit ihnen. Dies wirft Fragen auf und sorgt für Verärgerung und Unverständnis aufseiten der geflüchteten Menschen, die ab 2015 zu uns kamen. Auch dies birgt Potenzial für gesellschaftliche Konflikte, dessen wir uns bewusst sein sollten. Es sollte schnellstmöglich eine einheitliche Umgangsweise mit den Belangen geflüchteter Menschen gefunden werden, um allen betroffenen Menschen gleichermaßen das Gefühl zu vermitteln, teilhaben zu dürfen.

Ein weiterer Aspekt, der im Hinblick auf Migrationsbelastungen entscheidend ist, ist die Andersartigkeit der aufnehmenden Kultur. Je größer der Unterschied zwischen der ursprünglichen Heimatkultur und der Kultur des aufnehmenden Landes, umso flexibler muss der Mensch sein, um sich anpassen zu können. Natürlich ist es immer eine Leistung, sich in einem anderen Land zurechtzufinden. Aber der Europäer, der in die USA auswandert, findet dort eine Kultur vor, die der seines Heimatlandes in vielen Aspekten ähnelt. Wandert derselbe Europäer nach Asien aus, so ist die Anpassungsleistung eine weitaus größere, weil die Lebensumstände sich in großen Teilen von denen des Heimatlandes unterscheiden. Dies umfasst alltägliche Dinge wie das Essen und zwischenmenschliche Umgangsformen, aber auch so umfassende Aspekte wie zum Beispiel die Religion.

Im Falle der türkischen Arbeitsmigranten haben wir es vor allem mit den eklatanten kulturellen Unterschieden zu tun. Die Türkei ist ein muslimisch geprägtes Land. In den sechziger

Jahren, also zur Zeit der Arbeitsmigration, gab es im christlich geprägten Deutschland praktisch keine Moscheen. Auch die türkische Küche unterscheidet sich stark von der deutschen. Zu Beginn ihrer Einwanderergeschichte war es für Arbeitsmigranten sehr schwer, Zutaten für ihre Gerichte zu bekommen. Die deutsche Küche hingegen kam aufgrund des religiösen Gebots, kein Schweinefleisch zu essen, oft nicht infrage. Noch heute erfreuen sich hier bei uns die Nahrungsmittel aus der Türkei großer Beliebtheit. Allein der Gedanke, dass Gewürze oder Gemüse unter der gleißenden Sonne im Heimatdorf getrocknet wurden, verleiht ihnen einen besonderen Geschmack.

Mit dem großen Flüchtlingsstrom 2015/16 kamen auch viele Menschen mit einem muslimischen Hintergrund nach Deutschland, die sich ebenfalls an eine ihnen völlig fremde Kultur anpassen müssen. Allerdings können sie die bereits entstandenen Strukturen nutzen, da die türkischen Einwanderer bereits auf muslimische Bedürfnisse zugeschnittene Infrastrukturen wie Moscheen und Lebensmittelgeschäfte geschaffen hatten.

Der Militärputsch in der Türkei 1980 führte zu einer weiteren Einwanderungswelle aus der Türkei. Da in der Türkei Verhaftungen und Hinrichtungen durch das Militärregime drohten, beantragten etwa 125 000 Menschen politisches Asyl in Deutschland.[19] Spätestens diese Flüchtlingsbewegung macht deutlich, dass Migrationsbelastungen und Chancen auf Etablierung im aufnehmenden Land auch im Zusammenhang mit dem Grad der Bildung stehen. Fast durchweg alle Menschen, die meist als politisch Verfolgte eher linksgerichtet einzuordnen sind, brachten einen guten Bildungsstand mit. Dies hatte zur Folge, dass sie die deutsche Sprache deutlich schneller erlernten und so leichter Zugang zum Arbeitsmarkt fanden. Dies wiederum förderte die Integration in die Gesellschaft. Die Migration war in diesen Fällen meist auch langfristig angedacht, da eine Rückkehr in die Heimat nicht möglich schien.

Meist ist es die ungebildete Unterschicht, die in einer Gesellschaft wenig Chancen hat, ein finanziell abgesichertes und gutes Leben zu führen. Wenn also eine Auswanderung aus ökonomischen Gründen in Erwägung gezogen wird, dann vermutlich vor allem von jenen, die in ihrem Herkunftsland keine Aufstiegschancen sehen. So geschah es im Übrigen auch in Deutschland, als nach der Revolution 1848 etwa fünf Millionen Bauern und Arbeiter die große Überfahrt nach Amerika wagten, weil sie hier keine Perspektive mehr sahen. Aber auch das aufnehmende Land hat meist nur begrenzten Bedarf an ungelernten Arbeitskräften, sodass auch dort der gesellschaftliche Aufstieg nicht immer gelingt.

Eine Migration stellt immer erhöhte Anforderungen an die Anpassungsfähigkeit eines Menschen. Selbst wenn eine gut situierte Person mit hohem Bildungsstand in ein Land einwandert, dessen Kultur seiner Herkunftskultur stark ähnelt, ist eine Anpassung zu leisten. Man verlässt seine gewohnte Umgebung und die vertrauten Menschen und muss sich immer auf die landestypischen Gepflogenheiten einstellen. Nicht selten sind es Nahrungsmittel und Speisen aus der Heimat, die vermisst werden. In den meisten Fällen läuft die Kommunikation fortan nicht mehr in der Muttersprache, und selbst wenn man die Sprache des aufnehmenden Landes gut beherrscht, gehen Informationen und Feinheiten zwischen den Zeilen verloren. Es wird also auch in diesem Falle vermutlich zu so manchem Missverständnis kommen.

Auch wenn man die Sprache des aufnehmenden Landes schon sehr gut sprechen kann, hat man als Migrant dennoch häufiger das Gefühl, nicht die richtigen Worte zu finden. Viele Klienten berichten mir davon, dass sie sich trotz ihrer Sprachkenntnisse dennoch nicht vollumfänglich ausdrücken können. Die türkische Sprache etwa ist eine sehr emotionale Sprache, in der viel über bildliche Beschreibungen vermittelt wird. Für viele Zustandsbeschreibungen und Gefühlsäußerungen steht kein Äquivalent in der deutschen Sprache bereit. Zum Beispiel bedeutet der Ausspruch *ciğerim yanıyor* wörtlich »meine Leber brennt«. Die Bedeutung ist aber eine ganz andere. Ein Mensch, der diesen Satz ausspricht, möchte damit sagen, dass er sich in einer depressiven Stimmungslage befindet. Dies ist nur eines von unzähligen Beispielen. Insbesondere Gemütszustände werden in der türkischen Sprache oft auf diese Weise umschrieben. Dieses Phänomen trifft sicherlich auch auf viele andere Sprachen zu. Auch deshalb sind muttersprachliche Angebote insbesondere im medizinisch-therapeutischen Bereich von so großer Wichtigkeit.

Jeder Mensch bevorzugt das Vertraute. Praktisch immer kann man beobachten, dass die neu eingewanderten Menschen sich im aufnehmenden Land um den Kontakt zu Menschen ähnlicher Kulturen bemühen. So suchen geflüchtete Menschen mit muslimischem Hintergrund in Deutschland schnell den Kontakt zu bereits länger im Land lebenden Muslimen, da sie deren schon bestehende Kontakte und Wissen nutzen können und nicht selten auch ihre Sprache sprechen. Dieses Klammern an Ähnlichkeiten ist anfangs oft der einzige Bezugspunkt, den diese Menschen haben.

Zu mir in die Beratung kam ein aus Aserbaidschan stammender Mann. Aufgrund der großen Ähnlichkeit zwischen Türkisch und Aserbaidschanisch gelang die Verständigung im Beratungsprozess ohne Hindernisse. In der Heimat hatte der Mann ein gutes Einkommen und Beamtenstatus. Seine Frau versorgte den Haushalt, und die beiden Kinder studierten. Es handelte sich folglich um eine etablierte und angesehene Familie. Allerdings machte der Mann einen Fehler: Er äußerte sich systemkritisch, woraufhin er seinen beruflichen Status sofort verlor und das Land verlassen musste, da er sonst inhaftiert worden wäre. Er erhielt in Deutschland politisches Asyl und konnte seine Familie nachholen. Hier aber darf der Mann, der sich bis dato immer um die Versorgung seiner Familie gekümmert hatte, nicht arbeiten und ist deshalb auf den Erhalt von Sozialleistungen angewiesen. Die Aufenthaltserlaubnis der Familie wird immer nur kurzfristig verlängert, auch dies sorgt für massive Unsicherheiten. Die Familie darf nur so lange in Deutschland bleiben, wie die politischen Unruhen und der Konflikt zwischen Aserbaidschan und Armenien andauern. Da der Mann aber auch danach seine Verfolgung in der Heimat befürchtet, wünscht er sich, dass die politischen Verhältnisse in Aserbaidschan anhalten, damit die Familie nicht zurückgeschickt werden kann. Diese »schlechten« Wünsche für die Heimat sorgen jedoch auch für Schuldgefühle, da er sich seinem Land eigentlich sehr verbunden fühlt. Inzwischen hat er eine depressive Symptomatik entwickelt, weil er seiner Rolle als Familienoberhaupt nicht mehr gerecht werden kann und das Ansehen in seiner Familie verloren hat. Aufgrund der unsicheren Situation hat er auch keine Motivation, die deutsche Sprache zu lernen. Dieser Fall ist ein gutes Beispiel dafür, dass auch kulturspezifische Erwartungen beim Grenzübertritt nicht einfach abgelegt werden, sondern ebenfalls zur mehr oder weniger guten Gesamtsituation beitragen.

Betrachtet man die Migration als einen komplexen Vorgang mit all den genannten Aspekten, so lässt sich Folgendes festhalten: Je höher die Unsicherheit bezüglich der Rahmenbedingungen einer Migration, desto höher ist die Migrationsbelastung. Darüber hinaus können wir annehmen, dass die eigene Integrationsleistung der eingewanderten Menschen umso größer ist, je weniger sie belastet sind.

Die Fähigkeit, sich eine fremde Sprache anzueignen und sich in einer fremden Gesellschaft zurechtzufinden, wird weniger belasteten und gut gebildeten Menschen leichter fallen als Menschen, die sich aufgrund einer hohen Migrationsbelastung ständig in erhöhter Alarmbereitschaft befinden. Wenn jeden Augenblick die Abschiebung in die Heimat droht, wird die Energie zunächst darauf verwendet werden müssen, aufkommende Ängste und Gefühle der Hoffnungslosigkeit niederzukämpfen.

Ebenso kann Perspektivlosigkeit als Integrationsbremse ausgemacht werden. Wenn ich keine Chance bekomme, etwa durch eine Arbeitserlaubnis in den Arbeitsmarkt und damit in die Gesellschaft hineinzufinden, dann wird meine Bemühung, die Sprache zu lernen, geringer ausfallen. In der Türkei sprechen viele der dort angekommenen Flüchtlinge die türkische Sprache. Die türkische Regierung verlangt von den geflüchteten Menschen, sich um ihren Lebensunterhalt selbst zu kümmern. Im Gegenzug haben die Menschen dort jedoch auch die Möglichkeit, zu arbeiten oder sich selbstständig zu machen, ohne notwendigerweise an bürokratischen Hürden oder Verboten zu scheitern.

Während meines jüngsten Istanbul-Aufenthalts kam ich an einem Seifenstand im Großen Bazar mit dem Verkäufer ins Gespräch. Es stellte sich heraus, dass er aus Syrien geflüchtet war und erst wenige Jahre in der Türkei lebte. Er hatte sich innerhalb kürzester Zeit die türkische Sprache angeeignet, eine kleine Existenz aufgebaut und verkaufte nun die Olivenölseife seiner syrischen Heimat an seinem Stand in Istanbul und konnte auf diese Weise sein und das Leben seiner Familie finanzieren. Das Erlernen der türkischen Sprache war in diesem Fall zwingend notwendig, weil der Mann andernfalls mittellos dagestanden hätte. Andererseits bot dieser Umstand ihm die Gelegenheit, aktiv zur Verbesserung seiner Situation beizutragen und sich in die türkische Gesellschaft zu integrieren. Da beide Länder, die Türkei und Syrien, muslimisch geprägte Kulturen sind, waren die Unterschiede überschaubar, sodass die Anpassungsleistung, trotz der Belastung durch die Migration und den Krieg in Syrien, zu bewältigen war.

Wir sehen, dass eine Migration und auch eine gelungene Integration von vielen verschiedenen Faktoren abhängen, die untereinander in Wechselwirkung stehen. Neben den den Umständen geschuldeten Ereignissen, die zu einer Migration führen wie Kriege, Hungersnöte, wirtschaftliche Krisen usw., sind Faktoren wie Sprache, Kultur und Bildungsgrad der einwandernden Menschen entscheidend. Auch Aspekte, die das aufnehmende Land betreffen wie die Rechtsprechung oder der Grad der Offenheit der Gesellschaft, spielen eine entscheidende Rolle. Dies alles wirkt sich auf die Migrationsbelastung aus und sollte mitgedacht werden, wenn es um Möglichkeiten der Hilfestellung für eingewanderte Menschen geht.

Migration und Pandemie – wie bieten wir ein sicheres Netz?

Die medizinische Regelversorgung in Deutschland gilt für alle hier lebenden Menschen gleichermaßen. Menschen mit Migrationshintergrund sind aufgrund ihrer Biographie oftmals besonders vulnerabel und deshalb auf eine vernünftige und an sie angepasste Versorgung angewiesen.

Im Laufe der Coronapandemie wurde klar, dass Menschen mit Migrationshintergrund häufiger von schweren Verläufen einer Coronainfektion betroffen waren als Menschen ohne Migrationshintergrund. Schnell standen Vermutungen im Raum, dass eben diese Menschen sich nicht an die Hygienemaßnahmen und Kontaktverbote halten würden und deshalb überdurchschnittlich häufig eine Coronainfektion durchmachten. Diese Vorurteile entbehrten bei genauerem Hinsehen jeder Grundlage. Natürlich gab es vereinzelte Medienberichte über die Auflösung von größeren Menschenansammlungen von hauptsächlich Menschen mit Migrationshintergrund, die sich zum Beispiel zu einer Hochzeit eingefunden hatten, die aber in ihrer Häufigkeit nicht die hohe Anzahl der stationären Patienten mit Migrationshintergrund erklären konnten. Es müssen also andere Faktoren sein, die das Infektionsgeschehen in diesen Bevölkerungsgruppen befeuern. Auch hier lassen sich nach meinen Erfahrungen wieder mehrere Faktoren ausmachen.

Eine Rolle in solchen Ausnahmesituationen spielen die Hürden bei der Informationsübermittlung: Zu Beginn der Pandemie und auch in den folgenden Monaten stieg der Beratungsbedarf zum Thema Corona bei uns im Gesundheitszentrum sprunghaft an. Insbesondere die erste Generation der Arbeitsmigranten hatte einen sehr hohen Informationsbedarf. Es stellte sich heraus, dass dies der Fall war, weil sie von den der Öffentlichkeit zugänglichen Informationskanälen nicht erreicht wurden. Die Kenntnisse der deutschen Sprache reichen in dieser Generation nicht aus, um sich aus deutschen Medien zu informieren. Die türkischen Fernsehsender, die von diesen Menschen geschaut werden, berichteten zwar auch über Corona und die entsprechenden Hygieneregeln, fokussierten aber natürlich die Situation in der Türkei.

Ein Mensch mit geringen Sprachkenntnissen wird vermutlich nicht über einen Flyer, der auf Deutsch über Coronamaßnahmen informiert, zu erreichen sein. So dauerte es einige Zeit, bis die Kommunen Flyer mit Coronainformationen in verschiedenen Sprachen herausbrachten, was jedoch im Falle der oben genannten Zielgruppe ebenfalls nicht die richtige Maßnahme war, da sie oft auch Türkisch nur schlecht lesen können. Diese Menschen blieben darauf angewiesen, die Informationen von den Landsleuten zu erhalten, die die Informationen auf Deutsch gut verstehen und für sie übersetzen konnten. Auch Menschen anderer Herkunft ging es ähnlich.

Insbesondere zu Beginn der Pandemie gelang es nicht, die Verunsicherung und das Misstrauen der Menschen durch zielgruppenspezifische Informationen abzubauen und zu zerstreuen. Sie verstanden die Sinnhaftigkeit der Regeln oft nicht. Auf dem Nährboden des vorhandenen Misstrauens gediehen platte Parolen von Coronaleugnern, die sich äußerst geschickt derer Kanäle bedienten, die die Menschen erreichten. So wurden über die bekannten sozialen Netzwerke kritische Videos und Botschaften mit Falschinformationen verschickt, die deutlich schneller den Weg zu den Menschen fanden als die offiziellen Informationen. Die Kommunen diskutierten währenddessen noch über datenschutzrechtliche Aspekte solcher Maßnahmen und verpassten den rechten Zeitpunkt zu handeln.

Ein weiterer Aspekt, der die Vulnerabilität der Bevölkerungsgruppe mit Migrationshintergrund in der Coronapandemie erhöhte, war der allgemeine Gesundheitszustand der Menschen. Alle Arbeitsmigranten der ersten Generation haben ihr Leben lang körperlich hart gearbeitet und waren oft dem Kontakt mit gefährlichen Stoffen ausgesetzt. Diese hohe Arbeitsbelastung über einen langen Zeitraum führte zu einer gesundheitlichen Situation, die von chronischen Erkrankungen über Abnutzungserscheinungen des Bewegungsapparates bis hin zu psychischen Erkrankungen reicht. Eingangs erwähnte ich bereits, dass viele der Arbeitsmigranten einige Jahre älter sind, als es in ihren Pässen steht. Dass dies eine Auswirkung auf das Renteneintrittsalter haben würde, darüber dachte damals niemand nach. Dieser Umstand und die harten Arbeitsbedingungen führen in dieser Bevölkerungsgruppe häufig zu einer vorzeitigen Erwerbsunfähigkeit. Darüber hinaus erhöht sich dadurch die Anfälligkeit für alle anderen Erkrankungen. Menschen mit Migrationshintergrund gehören fast ausnahmslos zu der Gruppe von Menschen mit Vorerkrankungen und sind deshalb eine Risikogruppe, wenn es um eine Coronainfektion geht.

Auch die Menschen der zweiten und dritten Generation arbeiten noch häufiger im produzierenden Gewerbe und sind durch Schichtarbeit und harte körperliche Arbeit belastet. Viele von ihnen arbeiten auch in den sogenannten systemrelevanten Berufen, also im Gesundheitswesen oder im Einzelhandel, sodass sie auch während der Pandemie seltener ins Homeoffice gehen konnten und viel Kontakt zu anderen Menschen hatten.

Nicht außer Acht gelassen werden darf die sozioökonomische Situation der Menschen. Es arbeiten immer noch überproportional viele Menschen mit Migrationshintergrund im Niedriglohnsektor. Ihr Einkommen findet sich nur allzu oft im unteren Drittel der Einkommensstruktur der Gesamtbevölkerung wieder. Oft arbeitet nur eine Person in der Familie Vollzeit, eine weitere erwachsene Person in Teilzeit oder in prekärer Anstellung. Daraus resultieren mehrere Folgen: Da das Geld für hohe Mieten fehlt, wohnen diese Menschen häufig in beengten Verhältnissen und in Wohngegenden, in denen auf eine verhältnismäßig geringe Fläche viele Einwohner kommen. Oft wird eine Wohnung auch von drei Generationen bewohnt, um Geld zu sparen. Eine Isolierung wie im Falle einer Coronainfektion ist bei solchen Wohnverhältnissen völlig unmöglich. Der Infektionsschutz lässt sich nur schwer durchhalten, wenn man mit mehreren Hundert anderen Personen ein Hochhaus bewohnt, in dem vielleicht noch zwei von drei Aufzügen ständig außer Betrieb sind. Man begegnet zwangsläufig einer großen Zahl anderer Menschen.

Die Schutzmaßnahmen, die man für sich selbst ergreifen, aber auch selbst bezahlen musste, waren besonders zu Beginn der Pandemie sehr kostspielig. Die Preise für Schutzmasken schossen in die Höhe und waren nicht nur für Menschen mit geringem Einkommen plötzlich eine Belastung im Haushaltsbudget. Wenn man allerdings eine sechs- oder siebenköpfige Familie zu finanzieren hat, dann ist die tägliche Ausstattung mit Masken, und seien es auch nur die günstigeren OP-Masken, eine zusätzliche Herausforderung. Auch hier gab es gute Lösungsansätze der Kommunen, die in großem Umfang Schutzmasken anschafften. Die Diskussion über die Logistik für die Verteilung dieser Masken verhinderte leider die direkte Ausgabe an die Menschen selber. Es wurde der Weg über soziale Institutionen gewählt, die zwar viele, aber nicht alle Menschen mit Bedarf erreichten.

Es gibt noch einen weiteren Punkt, der erwähnt werden muss. Bei diesem Einflussfaktor auf das Infektionsgeschehen unter Migranten handelt es sich weniger um äußere Umstände oder Lebensbedingungen, sondern um ein kulturell und religiös bedingtes Krankheitsverständnis der Menschen mit muslimischem Hintergrund. Und zwar geht es dabei um eine gewisse Schicksalsergebenheit. Krankheit wird von diesen Menschen oft als nur bedingt beeinflussbar wahrgenommen. Die Krankheit als solche wird akzeptiert als Teil des Lebensschicksals. Es wird nicht danach gefragt, welche Möglichkeiten man hat, einer Krankheit vorzubeugen, oder ob man im Krankheitsverlauf durch das eigene Zutun Einfluss auf die Entwicklung der Erkrankung nehmen kann. Was passiert, passiert. Auch diese grundsätzliche Einstellung gegenüber jeglicher Erkrankung wird eine Rolle bei der Entwicklung des Infektionsgeschehens unter Menschen aus dem muslimischen Kulturkreis gespielt haben.

Ein weiterer Aspekt, der erwähnenswert scheint, ist die kollektivistische Ausrichtung der Religionsgemeinschaft des Islam. Das Wohlergehen des Kollektivs hat Priorität gegenüber dem Individuum. Aus dieser Haltung heraus wird dem Erleben von Gemeinschaft eine besondere Rolle zugeschrieben. So ist es eine religiöse Pflicht, sich gegenseitig zu besuchen und zum Essen einzuladen. Der Zusammenhalt unter den einzelnen Ethnien ist in der Migrationssituation auch noch mal bedeutsamer. Man findet zusammen, um die Sitten und Bräuche der Herkunftskultur zu pflegen, Gerichte aus der Heimat zu kochen und die Muttersprache zu sprechen. Gastfreundschaft und Geselligkeit besitzen einen sehr hohen Stellenwert. Diese

Gewohnheiten sind so tief im Leben der Menschen verankert, dass sie auch von Familien, die ihre Religion gar nicht mehr so ausdrücklich leben, weitergeführt werden. War zu Beginn der Pandemie das Einverständnis mit den Coronaregeln und insbesondere mit den Kontaktverboten noch recht hoch, bröckelte die Bereitschaft, sich strikt an die Forderungen zu halten, mit der Zeit. Zu stark war das Bedürfnis, Gemeinschaft zu leben, und es verfestigte sich die irrationale Annahme, dass von Freunden und Bekannten doch keine Gefahr ausgehen könne.

Lediglich die erste Generation hielt sich strikt an die Regeln, was sich zum einen durch die bereits erwähnte hohe Angepasstheit und zum anderen durch die über die Jahre entwickelten Ängste erklären lässt. Da viele Menschen der ersten Generation mit Angsterkrankungen zu kämpfen haben, war die Pandemie auch deshalb sehr belastend für sie. Menschen mit einer bisher moderaten Symptomatik einer Angsterkrankung kämpften plötzlich mit einer Zunahme ihrer Ängste und vermieden jeglichen Kontakt. Dies führte wiederum zur Vereinsamung. Viele meiner Klienten gehen seit dem Beginn der Coronapandemie kaum noch vor die Tür und haben ihre sozialen Kontakte deutlich eingeschränkt. Dies wiederum begünstigt depressive Erkrankungen, die aufgrund der recht negativ ausfallenden Lebensbilanz und der anhaltenden Migrationsbelastungen der ersten Generation ohnehin auf dem Vormarsch sind.

Menschen mit Migrationshintergrund sind nicht nur stärker vom Infektionsgeschehen betroffen, sondern sie sind auch sowohl durch die Umstände als auch von den Folgen der Pandemie stärker beeinträchtigt als der Rest der Bevölkerung.

In der muslimischen Kultur ist die Ausrichtung einer angemessenen Hochzeitsfeier religiöse und gesellschaftliche Pflicht der Eltern des Bräutigams. Ohne ein solches Fest gilt die Ehe praktisch als nicht geschlossen, selbst wenn die standesamtliche Zeremonie bereits stattgefunden hat und auch das religiöse Oberhaupt der Gemeinde dem jungen Paar den Segen gegeben hat. Nun sind aufgrund der Coronapandemie seit März 2020 alle Gelegenheiten, eine pompöse Hochzeit zu feiern, weggefallen. Erst allmählich und mit zunehmender Immunität durch die Impfungen bessert sich diese Situation, wobei der Rahmen solcher Feierlichkeiten immer noch stark eingeschränkt ist. Je nach Familiengröße ist eine Gästezahl von mehreren Hundert Gästen jedoch keine Seltenheit bei einer Hochzeit, was unter Pandemie-Regelungen weiterhin nicht erlaubt ist. Für die jungen Paare bedeutet dies, sich in Geduld zu üben und auf den Zeitpunkt zu warten, zu dem ein großes Fest wieder möglich ein wird. Denn bis dahin darf das Paar traditionell nicht zusammen wohnen oder alleine miteinander verkehren. Im Moment höre ich in Beratungszusammenhängen immer wieder von jungen Paaren, die seit Monaten die Miete einer fertig eingerichteten Wohnung bezahlen, die sie aber nicht beziehen können, weil die Hochzeitsfeier noch nicht stattgefunden hat.

Während viele Paare ohne Migrationshintergrund zähneknirschend im kleinsten Kreise geheiratet haben und darauf hoffen, dass die Feier in naher Zukunft nachgeholt werden kann, müssen viele muslimische Paare weiter auf den Start ins Eheleben warten. Ein kleineres Fest kommt für sie nicht infrage, da auch die entferntere Familie eine Einladung erwartet und man mit einer Selektion der Gäste großen Unmut auslösen würde. Darüber hinaus sind reichliche Geld- und Goldgeschenke von einer möglichst großen Anzahl von Gästen eine wichtige finanzielle Grundlage für die junge Ehe. Überdies spielt auch die Außenwirkung der Familie eine erhebliche Rolle in diesem Geschehen. Man möchte sich als Familie nicht nachsagen lassen, dass man nicht in der Lage war, eine große

Hochzeit für die Kinder auszurichten. Eine türkische Hochzeit ist also tatsächlich viel mehr als nur ein Fest. Es ist ein Sehen und Gesehenwerden, es wird zur Kenntnis genommen, wer welches Geschenk macht, und man hält nach einem potenziellen Ehepartner für sich oder die Kinder Ausschau. Es handelt sich also vielmehr um ein gesellschaftliches Spektakel, über das Wochen vorher bereits gesprochen wird und das so manche Konsequenz nach sich zieht. Dieses Event hat einen nicht zu unterschätzenden Stellenwert im Leben von Menschen aus dem türkischen Kulturkreis. Kein Paar würde sich dazu bereit erklären, diese Feier einfach ausfallen zu lassen. Insbesondere für die jungen Frauen ist es das Event ihres Lebens.

Viele meiner Klienten waren und sind auch wirtschaftlich hart von der Pandemie getroffen. Als Arbeiter waren sie häufig von Kurzarbeit betroffen, und viele Selbstständige mussten ihre Geschäfte schließen. Inzwischen sind die finanziellen Reserven der Familien aufgebraucht, nun haben sie keinerlei Sicherheiten mehr. Für die Menschen, die beispielsweise aufgrund eines Hauskaufs hoch verschuldet sind, bedeutet dies, dass Kredite nicht mehr bedient werden können und die Existenz auf dem Spiel steht. Infolgedessen kamen deutlich mehr Beratungsanfragen, und die Kriseninterventionen bei depressiven Erkrankungen nahmen stark zu, da die ambulante psychotherapeutische Versorgung den großen Andrang nicht annähernd abdecken konnte.

Auch das Home-Schooling stellte eine besondere Belastung für Familien mit Migrationshintergrund dar. Sicherlich haben sich deutschlandweit alle Familien in dieser Zeit stark belastet gefühlt, und das Lernen zu Hause war auch für Eltern ohne Migrationshintergrund eine Riesenherausforderung. Dennoch machten Sprachbarrieren, ein niedriger Bildungsstand der Eltern, beengter Wohnraum und ein niedriger sozioökonomischer Status das Home-Schooling für manche Familien mit Migrationshintergrund nahezu unmöglich. In der türkisch-muslimischen Kultur wird der lehrenden Person ein hoher Stellenwert eingeräumt. Es ist nicht üblich, sich als Elternteil an der Wissensvermittlung zu beteiligen oder gar den durch die Schule erteilten Unterricht zu kritisieren.

Die Eltern sahen sich also plötzlich mit der Situation konfrontiert, insbesondere für ihre Grundschulkinder selbst für die Beschulung zuständig zu sein. Viele Informationen wurden per E-Mail und in Form von langen, komplizierten Elternbriefen weitergegeben, die die Eltern mit geringen Sprachkenntnissen völlig überforderten. Auch der Umgang mit der Technik war für viele ein Problem. Plötzlich musste man die Kinder auf Online-Lernplattformen anmelden und sich auf Schul-Clouds zurechtfinden. Dieses Phänomen trifft tatsächlich weniger auf die Migranten mit türkischen Wurzeln zu als vielmehr auf die Menschen, die mit der Flüchtlingsbewegung der letzten Jahre nach Deutschland kamen. Wobei durch die Heiratsmigration auch manche türkischstämmige Mutter die deutsche Sprache kaum beherrscht. Schulische Unterstützung ist jedoch nur möglich, wenn das helfende Elternteil die Aufgaben versteht.

Bei vielen Familien haperte es auch an der technischen Ausstattung. Familien mit vielen Kindern sahen sich plötzlich der Situation ausgesetzt, für jedes der Kinder ein Endgerät bereithalten zu müssen. Diese Not konnte etwas durch die Leihgeräte der Schulen abgemildert werden, die im Laufe der Pandemie zur Verfügung gestellt werden konnten. Aber bei vielen Familien fehlte es darüber hinaus an einer stabilen Internetverbindung und anderen Ressourcen wie einem Drucker. Viele Familien konnten ihre Kinder deshalb nur abwechselnd am Online-Unterricht teilnehmen lassen. Die Pandemie offenbarte, dass viele Haushalte von Menschen mit Migrationshintergrund nur unzureichend mit technischen Geräten ausgestattet sind. Das oft aus der Not geborene Home-Schooling über einen kleinen Handybildschirm gestaltete sich oftmals schwierig.

Die räumliche Enge war ein weiteres Thema. Viele Familien mit Migrationshintergrund leben mit bis zu sieben oder acht Familienmitgliedern auf engstem Raum, sodass keines der Kinder die nötige Ruhe zum Lernen hat. Auch gleichzeitig stattfindender Online-Unterricht wurde mit mehreren Kindern in einer Zweizimmerwohnung zu einer echten Herausforderung. Überdies fiel die zusätzliche Förderung, die in Präsenzzeiten in den Schulen angeboten wird, ersatzlos weg. Zum Wiederbeginn des Präsenzunterrichts offenbarten sich große Lernrückstände, die kaum aufzuholen waren, da auch der aktuelle Stoff zeitlich untergebracht werden musste und es oft an qualifiziertem Personal fehlte, um zusätzliche Förderangebote zu machen.

Während die Situation der Kinder während der Pandemie immer wieder öffentlich thematisiert wurde, sprach zunächst kaum jemand über die Jugendlichen. Ihre Betreuungssituation war nicht so prekär, und den Online-Unterricht konnten sie weitestgehend eigenständig regeln. Was jedoch niemand im Blick hatte, waren die Kontaktbedürfnisse zu Gleichaltrigen. Diese konnten über eine lange Zeit nur online gepflegt werden. Besonders für ältere Jugendliche und junge Erwachsene war diese Situation schwierig, da sie häufig den schulischen Zusammenhängen bereits entwachsen waren und somit nicht mehr auf diese Strukturen zurückgreifen konnten. Gleichzeitig schlossen Diskotheken, Bars und Cafés im Lockdown ihre Türen, sodass auch diese Orte für Zusammenkünfte nicht mehr zur Verfügung standen. Treffen mit Freunden verlagerten sich nach Hause oder fanden gar nicht mehr statt.

Im Kapitel über die dritte Generation erwähnte ich bereits kurz die schwierige Situation der Jugendlichen und jungen Erwachsenen mit Migrationshintergrund. Wie wir alle wurden auch sie praktisch von einem Tag auf den anderen vor die Tatsache gestellt, dass bis auf den Lebensmittelhandel alle Geschäfte und Einrichtungen zumachten. Neben den kommerziellen Angeboten schlossen auch die Jugendzentren. Die Pflege von Freundschaften aber findet unter Jugendlichen mit Migrationshintergrund im öffentlichen Raum statt und nicht zu Hause. Dies hat mehrere Gründe: Zum einen lassen es die Wohnverhältnisse der Familien nicht anders zu. Die Jugendlichen haben oft kein eigenes Zimmer, und der Rest der Wohnung wird von der gesamten Familie genutzt. Eine eigene Wohnung kommt ebenfalls nicht infrage, selbst wenn man in der Lage wäre, eine zu finanzieren, da es nicht üblich ist, den elterlichen Haushalt vor der Hochzeit zu verlassen. Dies wäre eine Schande für die Familie und den Nachbarn und Bekannten nur schwer zu erklären.

Weiterhin gleicht sich der Lebensstil von Jugendlichen mit Migrationshintergrund immer mehr an den von Jugendlichen ohne Migrationshintergrund an. Inzwischen ist es auch unter ihnen üblich, zu rauchen und Alkohol zu trinken, eine Freundin oder einen Freund zu haben, und auch vorehelicher Sex ist kein Tabu mehr. Dies alles wird von Jugendlichen mit Migrationshintergrund gelebt. Aber eben nicht zu Hause und unter den Augen der Eltern. Bestenfalls gibt es eine stille Übereinkunft darüber, dass der Nachwuchs all diese Freiheiten leben darf, die Eltern jedoch keine Kenntnis davon haben möchten. Diese Jugendlichen sind also mehr als vergleichbare Jugendliche ohne Migrationshintergrund darauf angewiesen, öffentliche Orte für ihre Bedürfniserfüllung zu nutzen. Und hier schließt sich nun der Kreis. Eben diese Orte standen lange Zeit nicht zur Verfügung, sodass auf vieles verzichtet werden musste. Auch die heftigen Krawalle in Stuttgart im Sommer 2020 lassen sich womöglich – wenn es auch keine Entschuldigung sein kann – dadurch erklären. Es war für die Jugendlichen, aus unterschiedlichen Herkunftsländern, schlicht nicht mehr zu ertragen, mit den ständigen Einschränkungen und Verboten zu leben. Die angestaute Wut und die Hilflosigkeit bahnte sich in dieser Nacht ihren Weg und führte zu den schrecklichen Krawallen. An dieser Stelle möchte ich betonen, dass sich die meisten Menschen mit Migrationshintergrund nicht an Protesten gegen die Coronamaßnahmen beteiligten. Vielmehr waren die meisten Menschen über die gute medizinische Versorgung und die hohen Standards der Hygienemaßnahmen froh, da sie vielfach andere Bilder und Informationen aus ihren Herkunftsländern erhielten.

Auch nachdem die ersten Infektionswellen abgeebbt waren, blieben die Menschen mit Migrationshintergrund im öffentlichen Fokus, da man in dieser Gruppe besonders viele Impfskeptiker auszumachen schien. Teilweise entsprach das auch der Wahrheit. Auch hier spielen meines Erachtens mehrere Faktoren eine Rolle. Zunächst sind auch hier wieder die fehlende detaillierte Information in Muttersprache sowie die Verbreitung von Äußerungen durch Impfgegner über die sozialen Medien zu nennen. In den türkischen Medien wurde die Impfung darüber hinaus viel kontroverser diskutiert als hier in Deutschland. Viele meiner Klienten sind verunsichert und fühlen sich nicht gut informiert und medizinisch aufgeklärt. Übrigens höre ich im Gesundheitszentrum die gleichen Argumente, die Menschen ohne Migrationshintergrund ebenfalls gegen die Impfung zur Diskussion stellen. Sie haben Angst davor, einen Impfstoff gespritzt zu bekommen, der erst vor kurzer Zeit und unter Hochdruck entwickelt wurde. Außerdem kursieren nach wie vor Argumente von Verschwörungstheoretikern, die die Menschen über leicht zugängliche Kanäle erreichen. Zusammen mit der fehlenden Fachinformation führt dies zu großer Verunsicherung und zu der Entscheidung, zunächst mit dem Impfen zu warten.

Köln war eine der ersten Städte, in denen mobile Impfteams in Stadtteile fuhren, in denen sich die Einwohner aufgrund der Wohnsituation schlechter gegen eine Infektion schützen konnten. Gleichzeitig sorgten Mitarbeiter für die Aufklärung in verschiedenen Muttersprachen. Diese Aktionen kamen in den Stadtteilen sehr gut an, und es konnte eine große Zahl von Menschen damit erreicht werden. Es ging dabei nicht nur darum, die Sinnhaftigkeit der Impfung verständlich gemacht zu bekommen, sondern es ging um das öffentliche Interesse und Verständnis für die Situation der Menschen und dass da jemand war, der sich kümmerte und sorgte. Außerdem war dieses Impfangebot so niedrigschwellig, dass jeder Impfwillige es ohne bürokratische Hürden wahrnehmen konnte. Die Anmeldung beim Impfzentrum hingegen war höchst kompliziert: Sie ließ sich nur online erledigen, und der ganze Vorgang war so schwer verständlich, dass er selbst für Muttersprachler eine Herausforderung darstellte. Davon mal abgesehen, dass man über einen Computer und einen Drucker verfügen musste, um die entsprechenden Unterlagen auszudrucken. Viele Menschen mit Migrationshintergrund leben jedoch in Haushalten, in denen es nicht mal einen Festnetzanschluss gibt.

Das Angebot, Menschen mit Migrationshintergrund mit dem Impfstoff von Johnson & Johnson zu impfen, wurde hingegen als unfreundlicher Akt empfunden. Wusste man doch zu diesem Zeitpunkt bereits, dass der Impfstoff nicht die gleiche Impfwirkung hat wie die anderen Präparate und daher längst zum Ladenhüter geworden war. Auch im Gesundheitszentrum wurde deutliche Kritik an dieser Praxis geübt. Dennoch wurde er bei Impfangeboten in Stadtteilen mit hohen Inzidenzen eingesetzt, da die Tatsache, dass nur eine Impfung nötig war, die Prozedur deutlich vereinfachte und kein zweiter Termin gemacht werden musste.

Auch das Argument der gesellschaftlichen Solidarität traf einen wunden Punkt bei Menschen mit Migrationshintergrund. Einer Gesellschaft gegenüber Solidarität zu zeigen, von der man sich selbst oft abgelehnt und benachteiligt fühlt, fällt schwer. Da wird etwas eingefordert, was ihnen selbst in vielen Zusammenhängen verwehrt blieb. Man kann fast sagen, dass sich bei manchen Menschen so etwas wie eine Antihaltung herausgebildet hat. Diese Haltung findet sich vor allem bei der jüngeren Generation, die eher gegen die erlebte Ablehnung aufbegehrt als die vorhergehenden Generationen.

Meines Erachtens lässt sich für die fehlende gesellschaftliche Solidarität auch noch ein ganz anderer gesellschaftlicher Aspekt heranziehen. Dieser lässt die unterschiedlichen Ethnien unwichtig erscheinen. Wir leben grundsätzlich in einer Gesellschaft, in der jeder zunächst mal an sich denkt. Die Bedürfnisse des Individuums werden über die des Kollektivs gestellt. Dies ist eine Tendenz, die sich in unserer Gesellschaft zunehmend wahrnehmen lässt. Kaum jemand ist bereit, sich persönlich einzuschränken, um so etwas Gutes für die Gemeinschaft zu leisten. Diese Tendenz lässt sich in vielen Lebensbereichen erkennen und spielt sicherlich auch bei den Impfungen eine Rolle.

Für die Gruppe der geflüchteten Menschen lassen sich noch weitere Argumente ins Feld führen. In den Herkunftsländern dieser Menschen ist die medizinische Vorsorge, zu der auch Impfungen zählen, in erster Linie der reichen und privilegierten Bevölkerungsschicht vorbehalten. Da diese Menschen nicht nur hier in Deutschland, sondern auch in ihren Herkunftsländern als Randgruppe in der Gesellschaft leben, wurde dem Umstand, dass sie nun bevorzugt in den Genuss einer präventiven Gesundheitsmaßnahme kommen sollten (für vulnerable Gruppen, zu denen auch geflüchtete Menschen zählten, wurde die Impfreihenfolge aufgehoben), mit Misstrauen begegnet.

Ein weiteres Argument für die Impfskepsis erläuterte mir ein Mann irakischer Abstammung in der Beratung. Er berichtete: »Ich habe viele Jahre unter dem Regime Saddam Husseins gelebt. Wir leben seit Kindheitstagen mit einem großen Misstrauen gegenüber der Staatsmacht. Im Irak wurden die Interessen des Staates immer rücksichtslos durchgesetzt. Wir waren froh, diesem System entkommen zu sein. Nun erleben wir staatliches Durchgreifen im Rahmen der Pandemie bis hin zur Diskussion über eine Impfpflicht. Individuelle Rechte müssen zugunsten der Gesellschaft zurückgestellt werden, und man fühlt sich bevormundet. Wenn man dies alles in der eigenen Vergangenheit auf sehr drastische Weise erlebt hat, macht das ein ungutes Gefühl.«

Zusammen mit den ganzen Verschwörungstheorien, die natürlich auch unter den geflüchteten Menschen verbreitet wurden, führten diese Annahmen zu einer hohen Skepsis der Impfung gegenüber.

Die ganzen genannten Belastungen durch die Coronapandemie trafen die geflüchteten Menschen noch einmal deutlich härter als alle anderen. Viele der geflüchteten Familien leben noch immer in Heimen, in denen sehr wenig Platz für die teilweise großen Familien ist. Sofern die Menschen im Besitz einer Arbeitserlaubnis sind, so waren sie fast immer unter den ersten, die während der Pandemie ihre Jobs verloren. Der Stress, dem die Familien ausgesetzt waren, führte häufig zu häuslicher Gewalt und wirkte sich verstärkend auf psychische Erkrankungen aus. Gleichzeitig wurden in dieser Zeit die Hilfeangebote etwa von Beratungsstellen pandemiebedingt runtergefahren, sodass die Familien sich keine Hilfe holen konnten.

Ich gab in dieser Zeit viele Interviews zu dem Thema und berichtete von meinen Erkenntnissen und Eindrücken. Als Pandemietreiber unter Menschen mit Migrationshintergrund konnten vor allem der im Vergleich zur Gesamtbevölkerung niedrige sozioökonomische Status sowie die Lebensbelastungen, verursacht durch die Migration, aber auch durch schwierige Arbeitsbedingungen, ausgemacht werden. Grober Ungehorsam oder kulturspezifische Bräuche konnten indes nicht als Ursache benannt werden. Menschen mit Migrationshintergrund sind folglich aufgrund von Benachteiligungen in den unterschiedlichsten Lebenszusammenhängen besonders gefährdet.

Diese Ursachen klar zu benennen, halte ich für immens wichtig, da wir nur so funktionierende Lösungsansätze finden können. Die Einsicht, dass Menschen in Stadtteilen mit einer hohen Einwohnerdichte und niedrigem sozioökonomischen Status gefährdeter waren, an Corona zu erkranken, machte den Weg frei für niedrigschwellige Hilfsangebote wie zum Beispiel die Impfbusse. Diese Ursachen zu verschweigen, um eine mögliche Stigmatisierung zu verhindern, ist hingegen geradezu fahrlässig gewesen. Dies anzusprechen erfordert Mut und setzt Veränderungswillen voraus. Womöglich wurde diese Sachlage auch deshalb nicht thematisiert, um sich dieser Debatte nicht stellen zu müssen.

Die Pandemie hat uns alle vor große Herausforderungen gestellt. Für Menschen mit Migrationshintergrund war sie allerdings besonders belastend. Zum einen waren sie durch Vorerkrankungen, eine hohe Arbeitsbelastung sowie durch Arbeitsplätze besonders von Infektionen betroffen, und zum anderen trafen sie Begleiterscheinungen und Auswirkungen der Pandemie besonders hart. Gesellschaftliche Nachteile, die ohnehin immer da waren, verstärkten sich noch einmal. Die Pandemie wirkte hier wie ein Brennglas und offenbarte, wie schnell Menschen mit Migrationshintergrund in prekäre Situationen gelangen, sei es in Schul- und Arbeitszusammenhängen oder auch in der medizinischen Versorgung.

Gewinn statt Verlust der eigenen Identität – die interkulturelle Öffnung

Zu Beginn des Jahres 2021 saß unsere ganze Familie vor dem Fernseher, um die Abendnachrichten zu schauen. Als der Wetterbericht kam, ereignete sich etwas Ungewöhnliches. Die Meteorologin erläuterte die Großwetterlage und sprach über einflussnehmende Tiefdruckgebiete. Neben anderen war das Tief »Ahmet« für das Wetter der kommenden Tage ausschlaggebend. Wir waren alle ganz aus dem Häuschen und freuten uns, dass endlich mal ein Name, der einen Migrationshintergrund vermuten lässt, in den deutschen Wetternachrichten auftauchte. Auch in den folgenden Tagen waren in den Wetterberichten immer wieder Namen wie Goran, Dragica und Cemal zu hören.

Ungläubig und neugierig geworden recherchierte ich das Phänomen im Internet und stieß auf die Kampagne »Wir kapern das Wetter 2021«. Die Vereinigung der Neuen Deutschen Medienmacher hatte die Patenschaft für vierzehn Hoch- und Tiefdruckgebiete übernommen und damit auch die Erlaubnis, sie zu benennen. Um auf die Diversität unserer Gesellschaft aufmerksam zu machen, hatten die Hoch- und Tiefdruckgebiete allesamt Namen bekommen, die auf einen Migrationshintergrund verweisen. Leider ist es bei dieser einzelnen beispielhaften Aktion geblieben.

Dies ist nur ein ganz kleines Beispiel einer Möglichkeit, sich interkulturell mehr zu öffnen und die Menschen mit Migrationshintergrund in unserem Alltag präsenter werden zu lassen.

Die demographische Entwicklung macht deutlich, dass der Anteil der Menschen mit Migrationshintergrund weiter steigen wird. Leider legen die verschiedenen Statistiken eine unterschiedliche Definition des Begriffs Migrationshintergrund zugrunde, sodass die Interpretation der Zahlen schwer ist. Ich erwähnte bereits, dass viele der Menschen, von denen in diesem Buch die Rede ist, streng genommen gar nicht mehr zu der Bevölkerungsgruppe mit Migrationshintergrund gehören. Dennoch sind auch diese Menschen noch den Auswirkungen der Migration ihrer Vorfahren ausgesetzt. Aus diesem Grunde halte ich es für sinnvoll, die Definition weiter zu fassen. Leider gibt es keine Zahlen, die einer solchen Definition entsprechen.

Laut Statistischem Bundesamt liegt der Anteil der Menschen mit Migrationshintergrund an der Gesamtbevölkerung bei 27,2 Prozent.[20] Für die Bevölkerungsgruppe der bis Fünfundzwanzigjährigen liegt dieser Anteil sogar bei 33,7 Prozent. Bei den unter Fünfjährigen sind wir hierzulande sogar bei 40,4 Prozent. Und dies alles sind wohlgemerkt nur die Menschen, die entweder selbst eingewandert sind oder von denen mindestens ein Elternteil eingewandert ist und noch einen ausländischen Pass besitzt.

Wir werden es also in den kommenden Jahren mit einer immer heterogener werdenden Bevölkerung zu tun haben. In westdeutschen Großstädten liegt der Migrationsanteil bereits heute weit über den Werten für Gesamtdeutschland, da über 95 Prozent der Menschen mit Migrationshintergrund in Westdeutschland und Berlin ansässig sind und vor allem in Ballungsgebieten leben. In Köln liegt der Anteil der Migranten an der Gesamtbevölkerung bei 40,4 Prozent. Betrachtet man isoliert die Altersgruppe der bis Achtzehnjährigen, so ergibt sich dort sogar ein Anteil von 58,8 Prozent. In Köln leben Menschen aus hundertachtzig unterschiedlichen Nationen. Diese Diversität unserer Gesellschaft wird im Alltag oft nicht oder nur unzureichend abgebildet, wie das Beispiel des Wetterberichts deutlich macht. Für Menschen mit Migrationshintergrund ist es jedoch sehr wichtig, in allen Lebensbezügen mitgedacht zu werden. Dies zeigten auch die erfreuten Reaktionen auf die Aussagen unseres ehemaligen Bundespräsidenten Christian Wulff und unserer ehemaligen Bundeskanzlerin Angela Merkel. Sie signalisieren: Ihr gehört dazu, werdet gesehen und akzeptiert mit allem, was ihr mitbringt. Wir müssen die Fakten auf den Tisch legen und den Mut aufbringen, uns zu der Diversität unseres Landes zu bekennen. Deutschland ist ein Einwanderungsland, Deutschland ist multikulturell.

Die interkulturelle Öffnung der Gesellschaft bedeutet, dass wir uns in allen Lebensbereichen auf die Erfordernisse einer multikulturellen, multiethnischen und multireligiösen Gesellschaft einstellen müssen. Dies ist sowohl Aufgabe von öffentlichen Institutionen als auch von privatwirtschaftlichen Unternehmen bis hin zu gemeinnützigen Strukturen.

Als Jugendlicher interessierte ich mich für Tennis und wollte mich bei einem Tennisverein über die Mitgliedschaft informieren. Am Telefon bekam ich die unverblümte Auskunft, dass die Mitglieder des Vereins gerne unter sich bleiben und keine Menschen mit Migrationshintergrund in ihrem Verein aufnehmen wollten. Ich solle diese Absage jedoch nicht persönlich nehmen. Da dies bei weitem nicht die erste diskriminierende Situation war, die ich als Mensch mit Migrationshintergrund erlebte, war ich recht schnell über die Kränkung hinweg und suchte mir einen anderen Sport. Auch heute ist es noch so, dass in bestimmten Strukturen kaum Migranten anzutreffen sind. Dies liegt weniger am fehlenden Interesse aufseiten der Migranten, sondern vielmehr an Situationen, wie ich sie damals mit dem Tennisverein erlebte und die man am ehesten als fehlende interkulturelle Öffnung beschreiben kann.

Wenn ich die Wichtigkeit interkultureller Öffnung unterstreiche und vertrete, dann hat dies mehrere Gründe: Durch meine Arbeit komme ich immer wieder mit Schnittstellen aus den unterschiedlichsten Zusammenhängen in Berührung, an denen Menschen unterschiedlicher Kulturen aufeinandertreffen. Dies kann sowohl im Bereich von Institutionen als auch auf der individuellen Ebene sein. Auch aus den Berichten meiner Klienten weiß ich, dass es viele Stolpersteine bei Interaktionen von Menschen unterschiedlicher Kulturen gibt. Häufig kommt es zu Unstimmigkeiten, weil man einander nicht ausreichend kennt. Aber wie kommt es zu diesen Missverständnissen?

Spielen wir einmal eine Situation durch, anhand derer man gut sehen kann, durch welche individuellen Faktoren eine zwischenmenschliche Interaktion beeinflusst wird.

Ein älterer muslimischer Mann kommt in Begleitung seines Sohnes in eine Pflegeberatungsstelle. Bei der Begrüßung verweigert der alte Herr der Beraterin den Händedruck, ihre Gegenwart scheint ihm Unbehagen zu bereiten. Die Beraterin fühlt sich brüskiert und hält den alten Herrn für ungehobelt. Sie vermutet weiterhin, dass der alte Herr mit türkischem Migrationshintergrund aus einer maskulin-machohaften Haltung heraus nicht bereit ist, ihr freundlich zu begegnen. Ihre Schlussfolgerung aus dieser und aus vergangenen Situationen ist, dass wohl alle älteren muslimischen Männer Frauen als nicht gleichwertig ansehen und folglich nicht bereit sind, mit ihnen auf Augenhöhe zu interagieren. Diese Einschätzung führt bei der nächsten Gelegenheit dazu, dass die Beraterin älteren muslimischen Männern mit Ressentiments entgegentritt. Dies wird sich natürlich ungünstig auf die weiteren Beratungsprozesse auswirken.

Fügen wir der Situation nun ein paar Informationen aus Sicht des alten Mannes hinzu. Der Sohn hat mehrere Monate gebraucht, bis er seinen Vater davon überzeugt hatte, gemeinsam mit ihm in die Beratungsstelle zu gehen. Der alte Herr gehört zur ersten Generation der türkischen Gastarbeiter. Da er stets Angst hatte, seinen Arbeitsplatz und seinen Aufenthaltstitel zu verlieren, hat er nie irgendwelche Leistungen des Sozialsystems in Anspruch genommen. Er hat seinen Lebensunterhalt immer mit seinem eigenen Lohn bestritten. Mit den Jahren ist seine Frau pflegebedürftig geworden. Bislang hat er sich selbst um die Pflege gekümmert. Er ist am Ende seiner Kräfte und kann die Belastung nicht mehr tragen. Die Kinder des Paares sind berufstätig und können sich ebenfalls nur bedingt an der Pflege der Mutter beteiligen. Dies nimmt der Vater seinen Kindern übel, denn sie sind aus religiösen Gründen dazu verpflichtet, die Eltern zu pflegen. Es gab innerfamiliär bereits viele Versuche, eine Lösung für das Problem zu finden. Jetzt kommt er mit großen Ängsten in die Beratungsstelle, weil er eigentlich keine Leistungen beanspruchen möchte. Er weiß nicht, dass ihm Leistungen der Pflegekasse aufgrund seiner jahrelang gezahlten Sozialbeiträge im Bedarfsfall zustehen. Er sieht sich in der Pflicht, sich, mit Hilfe der Kinder, selbst um seine Frau zu kümmern. Hilfe anzufordern bedeutet für ihn, Schwäche zu zeigen. Dies fällt ihm als Familienoberhaupt besonders schwer. Die Beraterin hat er nicht mit Handschlag begrüßt, da ihm die Berührung einer Frau, die nicht seine Frau ist, aus religiösen Gründen verboten ist. Er hat keine Vorstellung davon, wie sehr er mit seinem Verhalten die Beraterin vor den Kopf stößt und wie unhöflich er auf sie wirkt. Er hat auch keine Worte dafür, sich zu erklären.

Im Lichte dieser kulturspezifischen Informationen wirkt die ganze Situation gleich ganz anders auf uns. Eine interkulturell geschulte Beraterin mit entsprechendem Hintergrundwissen könnte in diesem Fall ganz anders agieren. Sie wird eine freundliche Begrüßung ohne Handschlag wählen und dem älteren Herrn auf diese Weise vielleicht bereits die ersten Ängste nehmen. Sie wird kultursensibel dahingehend beraten, dass die Familie ein Anrecht auf Zahlungen aus der Pflegekasse hat und ein Pflegedienst bei der häuslichen Pflege unterstützen kann, der von der Pflegekasse getragen wird. Sie wird dem Mann nicht die Verantwortung für die Versorgung seiner Frau absprechen, sondern vielleicht einen Pflegedienst vermitteln, der mit türkischsprachigem Personal arbeitet, mit dem der Mann in seiner Muttersprache kommunizieren kann. Die Familie wäre entlastet und darf sich aber weiter sorgen, die Frau und Mutter verbleibt im Kreise ihrer Lieben. In diesem Fall könnte man von einem gelungenen Beratungsprozess sprechen, innerhalb dessen sich alle Beteiligten ausreichend gesehen und wertgeschätzt fühlen.

Wir können davon ausgehen, dass viele alltägliche Interaktionen von Menschen unterschiedlicher Kulturen ungünstig verlaufen, weil alle Beteiligten durch ihre eigene »kulturelle Brille« gucken und nur wenig von ihrem Gegenüber wissen. Es ist also nötig, dass alle Beteiligten sich interkulturell öffnen und somit die Bereitschaft zeigen, sich für ihr Gegenüber zu interessieren und mehr über es zu erfahren. Wichtig hierbei ist, eine möglichst wertfreie Haltung einzunehmen, um Vertrauen aufzubauen. Diese Herangehensweise bewirkt, dass Verhaltensweisen, die nicht sofort eingeordnet werden können, nicht persönlich genommen werden, sondern als Eigenheit der Kultur gesehen werden können. Nur auf diese Weise sind wir in der Lage, übereinander mehr zu erfahren und Handlungsweisen besser zu verstehen.

Diese Art der interkulturellen Kompetenz wird für unsere Gesellschaft immer wichtiger. Von großer Bedeutung ist es, dass beide Seiten, also sowohl die aufnehmende Gesellschaft als auch die zugewanderten Menschen, bereit sind, sich diese interkulturelle Kompetenz anzueignen. Ihr Erwerb setzt voraus, dass wir uns flexibel auf Begegnungen einlassen, eigene Berührungsängste abbauen und uns empathisch unserem Gegenüber öffnen. Diese Aufgabe obliegt allen Menschen gleichermaßen, denn die Eingewanderten haben ebenfalls ihre Annahmen über die Menschen der aufnehmenden Gesellschaft ausgebildet, die oftmals verkürzt und mit wenig interkultureller Kompetenz entstanden sind.

Meines Erachtens sollte die Förderung interkultureller Kompetenzen bereits im Grundschulalter beginnen, da wir zu einem so frühen Zeitpunkt auf die Unvoreingenommenheit der Kinder bauen können und nicht damit beginnen müssen, bereits entstandene Vorurteile und Ängste abzubauen. Kindern ist es in der Regel völlig egal, ob ihre Freunde Ahmet und Ayse oder Lilli und Paul heißen. Es spielt auch keine große Rolle, ob sie Ostern feiern oder das Opferfest. Wichtig ist, dass man gut zusammen spielen kann. Wenn wir gleich hier ansetzen würden und die Kinder bereits zu diesem Zeitpunkt mehr über die Kultur des Gegenübers erfahren würden, könnten wir dem gesellschaftlichen Zusammenwachsen der unterschiedlichen Kulturen ohne viel Aufwand ein gutes Stück näher kommen. Dies setzt allerdings voraus, dass wir Lehrende haben, die über interkulturelle Kompetenz verfügen, und im Lehrplan entsprechend Zeit vorgesehen ist. Schulen sind durchaus offen für Ansätze dieser Art, das Kulturwissen kommt jedoch meist von den Kindern selbst. Zum Beispiel dürfen die muslimischen Kinder oft im Erzählkreis über das Fest am Ende des Fastenmonats berichten. Kinder, besonders jüngere Kinder, sind sich jedoch häufig gar nicht bewusst darüber, dass ihre Art zu leben, ihre Rituale und Gewohnheiten sich von denen der anderen Familien mitunter umfangreich unterscheiden, und können womöglich nicht detailliert berichten. Deshalb halte ich es für wichtig, diese Aufgabe auch als Aufgabe des Lehrpersonals zu verstehen. So wie die Digitalisierung langsam Einzug in die Lehrpläne hält, sollte die interkulturelle Kompetenz unsere Kinder fit für die Zukunft in einer multikulturellen Gesellschaft machen.

Die Realität aber ist eine andere: Lehrer sehen sich einer immer heterogeneren Schulgemeinde gegenüber und werden durch ihre Ausbildung gegenwärtig nur unzureichend darauf vorbereitet, damit umzugehen. Allein die Tatsache, dass immer mehr Kinder Deutsch erst als Zweitsprache erlernen, bedeutet, dass sich die Schule sehr flexibel auf die Ausgangslagen ihrer Schüler einstellen muss. Oft hängen die Lernchancen dieser Kinder am persönlichen Engagement der Lehrer und kosten diese viel Kraft. Die Geschichten der zweiten Generation, also der Gastarbeiterkinder, zeigen uns jedoch, dass Kinder, die Deutsch als Zweitsprache sprechen, auf besondere Sprachförderung angewiesen sind, um den Nachteil gegenüber den Kindern ohne Migrationshintergrund ausgleichen zu können. Hier muss den Schulen mehr Personal zur Verfügung gestellt werden, da wir diese Herausforderungen mittel- bis langfristig nicht mit dem gegenwärtig zur Verfügung stehenden Personal schultern können.

Ich möchte nicht dafür plädieren, dem Curriculum noch fünf weitere Fächer hinzuzufügen und damit den ohnehin schon vollen Stundenplan bis zum Bersten zu strapazieren. Interkulturelle Kompetenz könnte vielmehr als Querschnittsaufgabe Einzug halten. Dann wäre das nächste Gedicht vielleicht mal ein ins Deutsche übersetztes Gedicht von Rumi, einem persischen Dichter, oder von Dickinson, einer amerikanischen Dichterin.

Während privatwirtschaftliche Betriebe und Unternehmen sich bereits auf eine Diversität ihrer Kunden und Arbeitnehmer eingerichtet haben, scheint dieser Fortschritt in Bezug auf den öffentlichen Dienst oft noch weit entfernt. Meine Klienten berichten mir immer wieder, dass sie mit großer Herablassung und Ungeduld in den Institutionen des öffentlichen Dienstes behandelt wurden, insbesondere dann, wenn es deutliche sprachliche Barrieren gibt. Leider muss ich an dieser Stelle auch anmerken, dass es in Behörden oft die eigenen Landsleute sind, die sich besonders ablehnend zeigen und nicht selten sogar die Unterhaltung in der Muttersprache verwehren. Auch aus dem Ausländeramt (leider heißt diese Behörde tatsächlich immer noch so) höre ich immer wieder, dass die Sachbearbeiter, die dem Namen nach einen eigenen Migrationshintergrund haben, bei der Bearbeitung unterschiedlichster Anliegen die härtesten Vorgehensweisen an den Tag legen.

Im Gesundheitswesen mache ich immer wieder die Erfahrung, dass die verschiedenen Einrichtungen nicht ausreichend auf die Versorgung von Menschen mit unterschiedlichem kulturellen Hintergrund eingestellt sind. Dies wird auch von den Einrichtungen selbst erkannt, und daher wenden sich viele an das Gesundheitszentrum für Migranten, um sich hinsichtlich einer interkulturellen Öffnung beraten und fortbilden zu lassen. Die Einrichtungen machen die Erfahrung, dass sie Menschen mit Migrationshintergrund mit ihren Angeboten gar nicht erreichen. Dies liegt zum einen daran, dass ein gehöriges Informationsdefizit aufseiten der Menschen mit Migrationshintergrund vorliegt, zum anderen wissen oder befürchten eben diese Menschen, dass die Einrichtungen nicht gut genug auf die Versorgung ihrer Angehörigen vorbereitet sind. So ist zum Beispiel die Palliativversorgung eines Menschen mit muslimischem Glauben eine ganz eigene Herausforderung. Hierfür ist detailliertes Wissen über die islamischen Riten rund um den Sterbevorgang eines Menschen nötig. Auch die Angehörigenarbeit gestaltet sich anders als bei Menschen ohne Migrationshintergrund.

Auch in anderen Versorgungsbereichen sieht die Situation nicht besser aus. Meines Erachtens ist die interkulturelle Öffnung eine gesamtgesellschaftliche Aufgabe, der wir uns widmen müssen. Dabei geht es nicht nur um öffentliche Einrichtungen, sondern um alle Lebensbezüge und unser aller Haltung. Es geht auch keineswegs nur um die Versorgungsfrage, sondern vielmehr um Teilhabe. In Köln müsste eigentlich knapp jeder zweite Mensch in unterschiedlichsten Zusammenhängen einen Migrationshintergrund haben. Es gibt jedoch noch sehr viele Orte, an denen man kaum auf eben diese Menschen trifft. Dies fällt immer wieder insbesondere im öffentlichen Dienst auf. Deren Mitarbeiter spiegeln nicht das Bild der Bevölkerung wider. Migranten findet man in den Behörden entweder als Security-Personal oder als Reinigungskraft. Alle wichtigen und angesehenen Positionen werden ausschließlich von Menschen ohne Migrationshintergrund besetzt. Selbst in Behörden, die ausdrücklich für die Versorgung von Menschen mit Migrationshintergrund und deren gesellschaftliche Integration eingerichtet wurden, findet man überwiegend Mitarbeiter ohne Migrationshintergrund.

Davon abgesehen, dass wir aus Gründen der gesellschaftlichen Teilhabe aller Menschen eine interkulturelle Öffnung unserer Gesellschaft anstreben sollten, ist noch ein weiterer Aspekt von immenser Bedeutung: Die fehlende interkulturelle Öffnung kostet uns sehr viel Geld!

Am Beispiel des Gesundheitswesens kann dieser Aspekt verdeutlicht werden. Die erste Einwanderergeneration befindet sich inzwischen im Rentenalter. Die Gesundheitssorge wird ein immer drängenderes Thema. Die Auswertung von

Gesundheitsdaten offenbart uns, dass Menschen mit Migrationshintergrund in der Akutversorgung über-, und in der Präventivversorgung unterrepräsentiert sind. Sie sind schlecht über Maßnahmen der Gesundheitsvorsorge informiert und in der Folge seltener in entsprechenden Programmen zu finden. Aber warum ist das so?

Da wäre zunächst mal die sprachliche Barriere zu nennen. Wie bereits erwähnt, sprechen viele Einwanderer der ersten Generation wenig Deutsch oder haben ihre bescheidenen Sprachkenntnisse im Ruhestand wieder verloren. Ein Flyer oder ein Brief der Krankenkasse mit Informationen über angebotene Programme wird von ihnen kaum zur Kenntnis genommen. Auch Maßnahmen, wie etwa ein Kurs über Ernährung bei Diabetes, können aufgrund der Sprachbarriere nicht besucht werden. Darüber hinaus kochen die älteren Menschen meist noch traditionell und bräuchten einen Kurs, der zum einen in türkischer Sprache abgehalten wird und zum anderen an die Kochgewohnheiten der türkischen Küche angelehnt ist. Präventive Maßnahmen können helfen, Erkrankungen gar nicht erst entstehen zu lassen oder aber ihren Verlauf deutlich mildern, sodass am Ende Kosten für akutmedizinische Eingriffe gespart werden könnten.

Auch Kenntnisse über das Krankheitsverständnis in unterschiedlichen Kulturen wären sinnvoll. Oft werden Patienten mit Migrationshintergrund lange Zeit falsch behandelt, weil sie ihre Krankheitssymptome völlig anders schildern als Patienten ohne Migrationshintergrund. Da Ärzte jedoch auf die Symptomschilderung ihrer Patienten angewiesen sind, kommt es hier zu Fehleinschätzungen.

Oft ist es auch der Behandlungsanspruch der Menschen selbst, der Einfluss auf die Behandlung nimmt. Von türkischen Patienten weiß ich, dass sie sich nicht angemessen behandelt fühlen, wenn sie kein Medikament aufgeschrieben bekommen. Dies mag die Behandlung dahin gehend beeinflussen, dass neben Behandlungsempfehlungen des Arztes oder der Ärztin, sich zum Beispiel bei einer Erkältung ins Bett zu legen und viel Kräutertee zu trinken, darüber hinaus auch noch Medikamente gegen Husten und Schnupfen aufgeschrieben werden, da die Patientin sonst zu der Einschätzung kommt, dass sie gar nicht richtig behandelt worden sei. Geschieht dies nicht, kommt es so häufig zu einem Arztwechsel, bis die Patienten das Gefühl haben, richtig behandelt worden zu sein. Dies beobachte ich bei meinen Klienten häufig. Patienten mit Migrationshintergrund sind offensichtlich häufig verunsichert, was dazu führt, dass sie mehrere Meinungen einholen möchten. Wenn mehrere Praxen wegen derselben Erkrankung aufgesucht werden, bedeutet dies enorme zusätzliche Kosten für die öffentlichen Kassen. Verstärkend wirkt hier auch die Haltung der Menschen mit Migrationshintergrund, dass sie selbst nicht zu ihrer Gesundung beitragen können. Dies wiederum lässt sich insbesondere bei den älteren Menschen aus der kulturell-religiösen Haltung heraus erklären, dass Krankheiten von Allah kommen und als solche zum menschlichen Schicksal gehören, das es auszuhalten gilt.

Durch eine kultursensible Beratung zu Themen rund um die Pflege im Alter und durch die Bereitstellung von kultursensibel arbeitenden Pflegeeinrichtungen, könnte man ebenfalls deutlich Kosten einsparen. Die Geschichte eines meiner Klienten kann dies verdeutlichen: Der Klient kam am Rande eines Nervenzusammenbruchs zu mir in die Beratung. Er erzählte von seiner Mutter, die nunmehr seit mehreren Monaten immer eigensinniger werde. Sie verlasse die Wohnung ohne angemessene Kleidung und verrichte ihre Notdurft im Hausflur. Ihren Mann, den Vater des Klienten, halte sie für eine Hexe, und sie habe schreckliche Angst vor ihm. Die Familie ist sowohl emotional als auch körperlich am Ende ihrer

Kräfte. Sie schämt sich für die Vorkommnisse und sorgt sich um die alte Dame. Zunächst ist dem Klienten nicht klar, dass es sich um eine demenzielle Entwicklung bei seiner Mutter handelt. Die Familie hat lange versucht, die Situation selbst aufzufangen, kommt nun aber an ihre Grenzen. Da die Mutter sich immer häufiger in Situationen bringt, durch die sie sich selbst und andere stark gefährdet, rate ich der Familie dazu, sie stationär aufnehmen zu lassen und die Demenz diagnostizieren zu lassen. Der stationäre Aufenthalt tut der Dame gut, sie macht einen weniger verwirrten Eindruck und wird medizinisch überwacht. Aufgrund der stark vorangeschrittenen Demenz kann sie jedoch nicht nach Hause zurück. Der soziale Dienst der Klinik sucht nach einem Heimplatz für die Dame, dies nimmt mehrere Wochen Zeit in Anspruch, während derer sie weiter in der Klinik bleibt. Inzwischen ist ein Heimplatz für sie gefunden, und der Ehemann konnte sich wieder etwas von dem Stress erholen. Der Sohn weiß seine Mutter nun in guten Händen und kann wieder beruhigt zur Arbeit gehen. Durch eine frühzeitige Beratung in der Muttersprache hätte man den langen und kostspieligen Krankenhausaufenthalt der Mutter sowie das Leid für die Familie vermutlich verhindern können.

Oft hadern die Familien mit der Unterbringung ihrer Angehörigen in einem Pflegeheim, da sie die Einrichtungen nicht als interkulturell geöffnet einschätzen. In den Beratungen im Gesundheitszentrum geht es immer wieder um Fragen der kultursensiblen Pflege und um die Beachtung religiöser Riten in Pflegeheimen. Bleiben die pflegebedürftigen alten Menschen jedoch zu Hause, müssen sie häufiger akutmedizinisch betreut werden, und die pflegenden Angehörigen kommen an ihre Belastungsgrenzen.

Nun könnte man natürlich argumentieren, dass diese Menschen sich gefälligst die deutsche Sprache aneignen sollen, damit sie die vorhandenen Beratungsstrukturen nutzen können. Zum einen handelt es sich jedoch um akute Situationen, die ein sofortiges Handeln notwendig machen, und zum anderen geht es eben nicht nur um die Sprache, sondern auch um eine Sensibilität im Hinblick auf die Kultur der Menschen. Darüber hinaus stellt es natürlich eine unverhältnismäßige Forderung dar, einem alten Menschen mit einer Demenzdiagnose die Pflicht aufzuerlegen, eine Sprache zu erlernen. Allerdings ist dies häufiger die Reaktion, wenn die Helfersysteme an ihre (interkulturellen) Grenzen stoßen.

Die Öffnung des Arbeitsmarktes für Menschen, die ihren Berufsabschluss in einem anderen Land gemacht haben, ist derzeit ebenfalls noch sehr schwierig. Viele der im Ausland erworbenen Abschlüsse werden in Deutschland nicht anerkannt. Dabei gibt es Arbeitssektoren, die dringend auf eine Öffnung für im Ausland ausgebildete Arbeitskräfte warten, da der Bedarf an ihnen mit hier ausgebildetem Personal nicht gedeckt werden kann.

Am Ende ist diese Diskussion auch eine Abwägung von Kosten und Nutzen. Die interkulturelle Öffnung nicht nur des Gesundheitssystems kann in vielen Bereichen Einsparungen bringen. Durch Missverständnisse und Unkenntnis entstehen viele Umwege, die alle Beteiligten Kraft und Ressourcen kosten. Dies kann sicherlich durch eine interkulturelle Öffnung zumindest teilweise verhindert werden. Zudem signalisiert eine solche Öffnung den Menschen mit Migrationshintergrund, dass sie mit ihren Bedürfnissen gesehen und ernst genommen werden, und ihre Teilhabe am gesellschaftlichen Leben kann auf diese Weise erhöht werden. Dies kann einen wichtigen Beitrag zur Integration der Menschen leisten.

Ich sehe den Staat in der Pflicht, im Bezug auf die interkulturelle Öffnung als Vorbild zu agieren. Dies bedeutet, dass sich der öffentliche Dienst noch mehr für Bewerber mit

Migrationshintergrund öffnen muss. Aber auch die bereits im Staatsdienst tätigen Menschen mit Migrationshintergrund müssen in ihrer Vielfalt und mit ihrem kulturellen und religiösen Hintergrund noch besser wahrgenommen werden. So gibt es etwa dreitausend Berufssoldaten mit muslimischem Hintergrund. Für sie gibt es bislang keine entsprechende Versorgung. Es gibt christliche und jüdische Seelsorger, aber keinen Imam, der sich um die Versorgung der muslimischen Soldaten kümmert. Hier wird immer noch zu zögerlich agiert, und es bleibt bei Versprechungen.

Menschen mit Migrationshintergrund sind Teil unserer Gesellschaft und werden dies auch in Zukunft sein. Arbeitsmarktanalysen verdeutlichen, dass wir auf die zugewanderten Menschen nicht verzichten können, da die Wirtschaft sonst erhebliche Personalengpässe zu beklagen hätte. Die demographische Entwicklung wird weiter in Richtung multikultureller, multiethnischer und multireligiöser Gesellschaft gehen, und wir sollten so klug sein, uns für diese Zukunft in allen gesellschaftlichen Bereichen durch eine interkulturelle Öffnung besser aufzustellen.

Fazit: Chancen und Notwendigkeiten eines friedlichen Zusammenlebens

Deutschland ist ein Einwanderungsland. Laut Statistik bringt ein Viertel unserer Gesellschaft einen anderen eigenen kulturellen Hintergrund mit, Tendenz stark steigend. Nimmt man die Menschen mit einem anderen kulturellen Hintergrund dazu, deren Eltern beide in Deutschland geboren sind, liegt die Zahl noch deutlich höher. Leider gibt es hierzu keine Zahlen. Bei den unter Achtzehnjährigen liegt der Migrationsanteil bereits bei 39 Prozent, auch hier sind wieder nur die Kinder erfasst, die entweder selbst oder von denen mindestens ein Elternteil im Ausland geboren ist.

Die allermeisten dieser Menschen werden in Deutschland bleiben. Entweder haben sie sich für eine endgültige Migration entschieden, oder die Situation in ihren Heimatländern ist langfristig zu prekär, um zurückkehren zu können. Kinder werden hier geboren, sie werden hier eingeschult, Jugendliche beginnen hier in Deutschland ihre Ausbildung. Die Situation der Arbeitsmigranten der ersten Generation hat uns deutlich gezeigt, dass sich eine unklare Perspektive sowohl auf die eingewanderten Menschen als auch auf ihre Nachkommen ungünstig auswirken kann. Wenn man eigentlich ständig auf dem Absprung ist, wird man sich nicht unbedingt darum bemühen, Teil der aufnehmenden Gesellschaft zu werden. Lebt man hingegen mit der Sicherheit, nach einer erfolgreich absolvierten Schullaufbahn oder Ausbildung auch tatsächlich bleiben zu dürfen, wird man sich schneller und kompromissloser auf das Leben hier einlassen.

Was man auch nicht vergessen sollte: Die deutsche Gesellschaft hat in die Bildung der Menschen investiert, sodass es nur sinnvoll für alle Beteiligten erscheint, wenn sie uns mit ihrer Arbeitskraft auch langfristig zur Verfügung stehen. Wirtschaftlich sind wir schon lange auf Zuwanderung angewiesen. In wenigen Jahren gehen die geburtenstarken Jahrgänge in Rente. Die Agentur für Arbeit geht davon aus, dass wir in den kommenden Jahren eine jährliche Zuwanderung von etwa 400 000 Arbeitskräften unbedingt benötigen. Es käme einer Katastrophe gleich, wenn alle zugewanderten Menschen das Land wieder verlassen würden. Dies kann also keine Lösung für Probleme darstellen, die offensichtlich aus interkulturellen Missverständnissen resultieren.

Fassen wir hingegen unsere kulturelle Diversität als gesellschaftliche Bereicherung auf, können wir unsere Augen für die Chancen und Möglichkeiten einer solchen Gesellschaft öffnen. Dies setzt voraus, dass wir einen wohlwollenden Blick aufeinander werfen, dass wir bereit sind, einander besser kennenzulernen und mehr übereinander zu erfahren. Dies kann zum Beispiel über die Medienberichterstattung erfolgen, indem mehr über kulturelle Hintergründe unserer Mitmenschen berichtet wird. Die Medien haben auch die Möglichkeit, die Diversität sichtbarer zu machen, wie das Beispiel aus dem Wetterbericht deutlich gemacht hat. Ich nehme mit großer Freude wahr, dass Moderatoren und Nachrichtensprecher immer häufiger auch Menschen mit Migrationshintergrund sind.

Dies macht zum einen deutlich, dass es immer mehr dieser Menschen schaffen, das Bildungssystem auf hohem Niveau zu absolvieren und in ein erfolgreiches Berufsleben zu starten. Zum anderen wird immer mehr die Bereitschaft für eine interkulturelle Öffnung sichtbar.

Erfolge von Menschen mit Migrationshintergrund sind oft in Bereichen angesiedelt, die ein gewisses Talent erfordern, das jedoch weitestgehend unabhängig von Kultur und Sprache ist. Im Sport oder auch in der Musikbranche ist dies der Fall. Hier findet man daher oft sogar überdurchschnittlich viele Menschen mit Migrationshintergrund. In anderen Bereichen, die mehr Kulturwissen oder auch eine herausragende Bildungsbiographie erfordern, ist der Erfolg von Menschen mit Migrationshintergrund seltener. Dieser Nachteil wird von jungen Menschen mit Migrationshintergrund deutlich wahrgenommen und wird etwa in Songtexten auch deutlich formuliert. Mero, Eko Fresh oder Apache benennen in ihren Liedern ihre Situation, singen von Nachteilen, Ablehnung und dem Leben in zwei Kulturen – und drücken auf diese Weise ihre Sehnsucht nach Wertschätzung aus.

Aber jeder Einzelne kann dazu beitragen, dass wir mehr übereinander erfahren. Dies benötigt zum einen die Bereitschaft, sich mit anderen Kulturen auseinanderzusetzen, und zum anderen müssen wir uns unserer eigenen kulturellen Brille bewusst werden. Kennen wir unsere eigenen Kategorien und Blickwinkel, bekommen wir eher die Möglichkeit, diese zu hinterfragen, gegebenenfalls zu korrigieren und ihren Einfluss auf unsere Wahrnehmung zu erkennen. Dies gilt gleichermaßen für alle Menschen unserer Gesellschaft, sowohl für die ohne als auch mit Migrationshintergrund.

Wenn wir uns besser kennenlernen und mehr übereinander erfahren, dann werden wir womöglich auch die Forderung nach vollständiger Assimilation fallen lassen können.

Oft hören Menschen mit Migrationshintergrund die Forderung, dass sie sich doch an Sitten und Gewohnheiten anpassen müssten, wenn sie hier leben. Bis zu einem gewissen Grad ist dies sicherlich auch möglich. Es gibt jedoch auch Bereiche, innerhalb derer diese Forderung nicht so einfach umzusetzen ist. Die Religion ist so ein Bereich. Sowohl im Islam als auch in anderen Religionen wie zum Beispiel dem Judentum gibt es Regeln, die nicht gebrochen werden dürfen. So dürfen Gläubige beider Religionen kein Schweinefleisch essen. Wenn man nun diese Menschen auffordern würde, sich anzupassen und fortan Schweinefleisch zu essen, weil das hier nun mal so üblich ist, würde man im gleichen Zuge von ihnen fordern, die Regeln ihrer Religion zu missachten. Dies kommt für gläubige Menschen nicht infrage, gleich welcher Religionsgemeinschaft sie zugehörig sind.

Es scheint also elementar wichtig, dass mit Blick auf den Islam – und auch auf andere Religionen – mehr Aufklärungsarbeit geleistet werden muss. Diese kann zum einen vonseiten der Muslime erfolgen, indem sie ihre Gemeinden öffnen, deutschsprachige Angebote machen und in den Dialog gehen. Das passiert auch zum Teil bereits, zum Beispiel am jährlich stattfindenden Tag der offenen Moschee, doch das kann sicherlich noch ausgebaut werden. Zum anderen können die Medien einen wertvollen Teil zum Dialog beitragen, indem sie unvoreingenommen informieren. Insbesondere bei dem Thema Glauben kann es nicht um Assimilation gehen, da der Glaube und die religiösen Gebote nicht angepasst werden können. Die Bemühungen sollten dahin gehen, ein friedliches Nebeneinander der Religionen zu praktizieren. Integration kann nicht über Assimilation erfolgen. Integration bedeutet vielmehr, sich mit dem kulturellen Hintergrund, den man mitbringt, in die Gesellschaft einzubringen.

Für eine erfolgreiche Integration ist auch die Offenheit der aufnehmenden Gesellschaft von immenser Wichtigkeit. Dennoch müssen sich alle Seiten um einen gemeinsamen Konsens bemühen, der ein friedliches Miteinander möglich macht. Wir müssen nicht alle gleich sein, ein gewisser Konsens ist jedoch unabdingbar.

Eckpunkte eines solchen Konsenses legt eigentlich der gesunde Menschenverstand nahe. Sie sind in unserem Grundgesetz festgehalten, und alle, die hier leben möchten, müssen sich daran halten. Wenn wir uns alle im Klaren sind über diese grundsätzlichen Normen, dann können wir die Andersartigkeit unseres Gegenübers besser akzeptieren und fühlen uns nicht gleich bedroht, nur weil ein anderer seine Religion lebt oder zusätzlich eine andere Sprache spricht.

Teilhabe ist ein weiteres großes gesellschaftliches Thema. Menschen, die teilhaben, erleben eine Selbstwirksamkeit. Dies wiederum ist wichtig für ein Gefühl der Zugehörigkeit. Wenn ich meine Biographie, mein Schicksal aktiv mitgestalten kann, werde ich mich dem System, das mir diese Möglichkeiten gibt, zugehörig fühlen. Das Gefühl der Zugehörigkeit sorgt dafür, dass ich für das System, also die Gesellschaft, bereit bin, mein Bestes zu geben und die Gemeinschaft damit voranzubringen.

Auf einer Reise nach Südkorea beobachtete ich folgendes Phänomen: In einem Fußgängerbereich befand sich ein kleines Becken, an dem man sich mit etwas Wasser erfrischen konnte. Es war einer jener Wasserhähne, die mit einem Selbstschlussventil ausgestattet sind, sodass der Wasserstrahl nach einer gewissen Zeit von selbst versiegt. Der besagte Wasserhahn war jedoch offenbar defekt, und nach einmaliger Betätigung hörte das Wasser nicht mehr auf zu laufen. Wir saßen auf einer Bank und beobachteten die Szene eine Weile. Mehrere Passanten bemerkten das laufende Wasser und bemühten sich darum, den unnötigen Wasserfluss zu stoppen. Es kam sogar zum Austausch zwischen den Menschen, wie man am besten vorgehen könne. All diese Menschen schienen sich dafür verantwortlich zu fühlen, dass es nicht zu einer unnötigen Wasserverschwendung kommt.

Auf unserer Reise durch das Land wurde auch in anderen Zusammenhängen deutlich, dass die Mitglieder der Gesellschaft ein hohes Verantwortungsgefühl gegenüber dem Gemeingut fühlten. So sah man Menschen Müll aufheben, der nicht der ihrige war, damit die Straßen sauber bleiben. Auch sah man immer wieder Menschen mit OP-Masken an öffentlichen Orten, obwohl zu dieser Zeit noch keine Rede von Corona war. Zunächst dachten wir, dass es sich wohl um besonders ängstliche Menschen handeln müsse, aber wir lernten, dass es in diesem Land üblich ist, andere durch das Tragen einer Maske zu schützen, wenn man selbst erkältet ist. Sie trugen die Maske also nicht zum eigenen Schutz, sondern zum Schutz ihrer Mitmenschen. Diesen Gemeinsinn, den wir auf unserer Reise erlebten, vermisse ich in Deutschland manchmal.

Vielleicht fehlt es uns auch deshalb an diesem Gemeinsinn, weil wir nicht sorgfältig genug darauf achten, dass jedes Mitglied dieser Gesellschaft die Chance auf Teilhabe bekommt. Solidarität lässt sich einfacher einfordern, wenn man selbst auch bereit ist, sie zu geben. Oft treffe ich insbesondere männliche Klienten aus der dritten Generation, aber auch neu zugewanderte Menschen, die sich gesellschaftlich abgehängt fühlen und keine Chance für sich sehen, ihr Schicksal aktiv zu verändern. Diese Chancenlosigkeit wird häufig als Kränkung empfunden und führt womöglich dazu, dass der Gemeinsinn aus den Augen verloren wird.

Teilhabe ist nicht nur ein Thema für Menschen mit Migrationshintergrund, sondern im Grunde für alle Menschen, die aufgrund welcher Umstände auch immer weniger teilhaben können als andere. Dennoch möchte ich an dieser Stelle auf die Situation der Menschen mit Migrationshintergrund eingehen. Ziel sollte es sein, alle Menschen, unabhängig von ihrer Muttersprache, ihrer Ethnie und ihrer Religion, gleichermaßen am Leben in Deutschland teilhaben zu lassen. Dies bedeutet, dass mögliche aus der Migration resultierende Nachteile ausgeglichen werden müssen. Es wäre sinnvoll, bereits sehr früh anzusetzen und Kinder, die Deutsch als Zweitsprache sprechen, frühzeitig schon in der Kindertagesstätte sprachlich zu fördern, um den Schulstart zu erleichtern. Hier sehe ich auch eine Bringschuld der Eltern. Wenn ein Mensch, aus welchen Gründen auch immer, in ein Land einwandert, dann ist es seine Pflicht, sich um den Erwerb der Sprache des aufnehmenden Landes zu bemühen und damit einen wesentlichen Beitrag zu seiner Integration und Teilhabemöglichkeit zu leisten. Der Erwerb der eigenen Muttersprache ist elementar wichtig, jedoch kann dies nicht bedeuten, dass die deutsche Sprache bis zum Schuleintritt keine Beachtung findet. Wenn man selbst nur wenig Deutsch spricht, kann man das ausgleichen, indem man sein Kind früh in eine Kindertagesstätte bringt. Auf diese Weise haben die Familien selbst die Möglichkeit, zu einer erfolgreichen Schullaufbahn ihres Kindes und somit zur gesellschaftlichen Teilhabe beizutragen. Womöglich könnte hier auch eine Kindergartenpflicht für wenigstens zwei Jahre dazu führen, dass mehr Kinder mit Migrationshintergrund die Kita besuchen und so bereits frühzeitig die Chance bekommen, ihre Sprachkompetenzen auszubauen.

Andere Nachteile müssen durch die Anpassung des Systems ausgeglichen werden. Unsere Schulen müssen dringend besser ausgerüstet werden für die Anforderungen einer multikulturellen Schülerschaft und der dazugehörigen Elternarbeit. Weiterhin würde eine Öffnung des Arbeitsmarktes vermutlich dazu beitragen, dass die eingewanderten Menschen die Sprache schneller erlernen. Jemand der für einen Arbeitsplatz Sprachkenntnisse mitbringen muss, hat eine weitaus höhere Motivation, sich eben diese Kenntnisse anzueignen, als jemand, der keine Arbeitserlaubnis erhält oder aus anderen Gründen nicht in den Arbeitsmarkt hineinfindet.

An dieser Stelle soll auch noch einmal die Diskriminierung von Menschen mit Migrationshintergrund im Bewerbungsverfahren benannt werden. Bei gleichem Abschluss und gleicher Qualifikation muss ein Mensch mit Migrationshintergrund sich deutlich häufiger bewerben als seine Mitbewerber ohne Migrationshintergrund, bis er in Lohn und Brot steht. Viele dieser Menschen bewerben sich schließlich auch auf Stellen, die nicht ihrer Qualifikation entsprechen, nur um endlich in den Arbeitsmarkt zu gelangen und Geld zu verdienen. Die Verbesserung der Teilhabemöglichkeiten für Menschen mit Migrationshintergrund sorgt für mehr Chancengleichheit. Diese wiederum wirkt sich positiv auf den sozioökonomischen Status der Menschen aus. Da ein niedriger sozioökonomischer Status als Integrationshemmnis angesehen wird, würden so gleich mehrere positive Effekte erzielt werden. Ein verbesserter sozioökonomischer Status würde eine Entstigmatisierung bedeuten und darüber hinaus einen integrativen Beitrag leisten.

Insbesondere die dritte Generation leidet darunter, hier in Deutschland, ihrer Heimat, weiterhin Nachteile aufgrund der Herkunft ihrer Familie hinnehmen zu müssen. Sie fühlen sich hier zu Hause, möchten sich mit ihrem kulturellen Hintergrund hier einbringen und so angenommen werden, wie sie sind. Die Widerstände, die sich in lauten Parolen, unangemessenen Verhaltensweisen oder einer ablehnenden Haltung immer wieder zeigen, sind zurückzuführen auf die erlebten Nachteile, die sie tagtäglich erleben. Eine positive Identitätsentwicklung gelingt, wenn die jungen Menschen sich als selbstwirksam und handlungskompetent erleben. Auf diese

Weise können sie ihre eigene Biographie kreieren und haben alle Chancen selbst in der Hand.

Deutschland kann auf eine Migrationsgeschichte zurückschauen, aus der wir unsere Lehren ziehen können. Eine sorgfältige Aufarbeitung birgt die Chance, Fehler nicht erneut zu machen. Insbesondere die Erkenntnis, dass Migrationsbelastungen nicht nur die Menschen betreffen, die selbst eingewandert sind, sondern auch die nachfolgenden Generationen, können wir nutzen, um gezielte Hilfestellungen bereitzustellen. So würde Menschen, die neu zugewandert sind, der Start erleichtert, aber auch ihren Nachkommen das Leben vereinfacht werden. Zudem würde die öffentliche Hand viel Geld sparen. Auch die neuere Zuwanderungsentwicklung etwa von Menschen aus den neuen EU-Staaten sowie von geflüchteten Menschen muss in Konzepte und Planungen einfließen, damit wir schneller und besser darauf reagieren und die Menschen schneller und erfolgreicher zu einem Teil dieser Gesellschaft werden können.

Wir alle, ob mit oder ohne Migrationsgeschichte, möchten uns zugehörig fühlen. Das Gefühl der Zugehörigkeit können wir über Teilhabe, einen gemeinsamen Konsens und eine gegenseitige Akzeptanz erreichen. Ein gelungenes Miteinander erfordert ein wohlwollendes und wertschätzendes Zuhören von allen Seiten. Dieses Buch kann hoffentlich dazu beitragen, dass die Situation von Menschen mit Migrationshintergrund besser verstanden wird, denn viele der Verhaltensweisen, die zu Missverständnissen oder Unmut führen, lassen sich aus der Migrationsgeschichte heraus erklären. Die schlechten Sprachkenntnisse der ersten Generation, die vielen Stolpersteine im Leben der Kofferkinder und die manchmal fast dekadent wirkende Haltung der Jugend: All diese Phänomene erscheinen uns mit der Kenntnis der Migrationsbelastungen und mit einem wertschätzenden, wohlwollenden Blick in einem anderen Licht.

Da ich tagtäglich erlebe, wie lebens- und verhaltensbestimmend die Auswirkungen der Migration sind, war es mir ein großes Anliegen, eben diese Migrationsbelastungen der ersten, zweiten und dritten Generation der türkischen Migranten zu beschreiben. Ich möchte hier noch einmal betonen, dass es in erster Linie um Wissensweitergabe geht und nicht darum, mit dem Zeigefinger auf persönliche, gesellschaftliche oder politische Versäumnisse zu zeigen. Ich wünsche mir, dass diese Erkenntnisse dazu beitragen, dass wir unser Miteinander verbessern und die Chancen einer multikulturellen Gesellschaft sehen und nutzen.

Ein kurzes Nachwort: Ein anderer Blick auf die Dinge

Wir schauen auf eine nunmehr sechzigjährige gemeinsame Geschichte zurück. Die türkischen Einwanderer und ihre Nachkommen gehören hierher, sind hier sozialisiert und haben sich hier ihr Leben aufgebaut. Neben allem, was verbesserungswürdig scheint, gibt es auch sehr viel, was uns verbindet. Viele Dinge sind nur entstanden, weil die Arbeitsmigranten damals den Weg nach Deutschland antraten. Zum Beispiel wäre der allseits beliebte »Döner« vermutlich nie erfunden worden, wenn es die Einwanderungsgeschichte nicht gäbe. Es gibt inzwischen viele Künstler, die sich in ihren Werken thematisch mit der eigenen Biographie und dem Leben in Deutschland auseinandersetzen. Fatih Akin hat sich als einer der erfolgreichsten deutschen Regisseure mehrfach mit der Einwanderungsgeschichte beschäftigt und das deutsch-türkische Leben in den Fokus genommen. Die Nachkommen der Einwanderer sind in vielen Bereichen präsent. Sie moderieren, stehen als Comedian auf der Bühne und seit der Bundestagswahl 2021 haben wir sogar einen Minister mit türkischen Wurzeln. Die Zahl der deutsch-türkischen Ehen nimmt stetig zu. Ganz allmählich wird auch Kulturgut übernommen. So feiern viele türkischstämmige Familien mit jüngeren Kindern Weihnachten. Dies geschieht weniger aus religiösen Gründen, sondern ist vielmehr dem Umstand geschuldet, dass man das Fest in seiner nahen Umgebung miterlebt, als einen schönen Brauch wahrnimmt und es aus diesen Gründen in sein Leben in Deutschland integriert. Es gehört einfach dazu, wenn man hier lebt.

Die Loyalität Deutschland gegenüber ist unter den Einwanderern in allen Generationen gleichermaßen hoch. Deshalb formiert sich mitunter auch Widerstand, wenn neu zugewanderte Menschen den mühselig erarbeiteten Ruf der Migranten in Deutschland infrage zu stellen drohen.

Aus der gemeinsamen Einwanderungsgeschichte lassen sich Lehren ziehen, die die zukünftigen Strategien der Einwanderungspolitik beeinflussen sollten. Dabei geht es um die Öffnung des Arbeitsmarktes, den Abbau von Benachteiligungen und die Schaffung von Perspektiven. Dies erreichen wir durch mutige Politikerinnen und Politiker, die die Flexibilisierung des Arbeitsmarkes vorantreiben, durch die interkulturelle Öffnung aller Lebensbereiche und die Interessenvertretung für alle Bevölkerungsgruppen. Die Zahl der Menschen mit Migrationshintergrund steigt, und diese werden in den nächsten Jahrzehnten das Bild der Bevölkerung Deutschlands deutlich mitprägen. Sie sind Teil und Träger der Gesellschaft und haben als solche ein Recht auf Anerkennung und Teilhabe.

Ich wünsche mir für meine Kinder und alle zukünftigen Generationen ein Leben in Deutschland, das geprägt ist von Chancengleichheit und Teilhabe für alle Gesellschaftsmitglieder gleichermaßen. Dass sie den kulturellen Reichtum, den ihre Wurzeln bieten, leben können und sich damit bereichernd in die Gesellschaft einbringen können. Dies wird auch zum Abbau von Ressentiments auf allen Seiten beitragen und das Zusammenleben verbessern.

Anmerkungen

1 Zahlen des Bundesamts für Migration und Flüchtlinge.
2 Bundeskriminalamt, Stand August 2021.
3 Bundesamt für Migration und Flüchtlinge (2021): »Muslimisches Leben in Deutschland«.
4 Diese erschreckende Zahl stammt aus dem Jahresgutachten 2021 des Sachverständigenrats für Integration und Migration.
5 Der Ausspruch stammt von Max Frisch, der ihn 1965 in Bezug auf die italienische Einwanderung in die Schweiz machte.
6 Dauerhaft in Deutschland lebende türkische Staatsbürger haben die Möglichkeit, sich vom Militärdienst freizukaufen.
7 Dies hat eine Umfrage der Bundeszentrale für politische Bildung 2007 ergeben.
8 »Max vs. Murat: Effekte des Migrationshintergrundes bei der Diktatbeurteilung«, Universität Mannheim 2017.
9 »Diskriminierung am Arbeitsmarkt«, Sachverständigenrat deutscher Stiftungen für Integration und Migration, 2014.
10 »Ethnische Hierarchien in der Bewerberauswahl: Ein Feldexperiment zu den Ursachen von Arbeitsmarktdiskriminierung«, Wissenschaftszentrum Berlin für Sozialforschung, 2018.

11 »Migration und Jugenddelinquenz – Mythen und Zusammenhänge«, Mediendienst Integration, 2014.
12 Nachzulesen etwa hier: »Psychische Störungen bei Menschen mit Migrationshintergrund im Vergleich zur deutschen Allgemeinbevölkerung«, in: *Psychiatrische Praxis*, 2010.
13 »Migration und Gesundheit«, Robert Koch-Institut, 2008.
14 »Lebenswelten Jugendlicher mit Migrationshintergrund«, Konrad-Adenauer-Stiftung, 2010.
15 »Einwanderung im Spiegel sozialwissenschaftlicher Forschung«, Informationszentrum Sozialwissenschaften, 2000.
16 Claus Hecking: »Kohl wollte offenbar jeden zweiten Türken loswerden«, *Spiegel online* vom 1. August 2013.
17 »Rassismus und Diskriminierungserfahrungen im Kontext polizeilicher Gewaltausübung«, Expertise für den Mediendienst Integration, 11/2020.
18 »Mythen und Wahrheiten – Sarrazins Thesen im Faktencheck«, Mediendienst Integration, 02/2014.
19 »Politik und Unterricht: Türken bei uns – Ihre Heimat, Migration, Integration«, herausgegeben von der Landeszentrale für Politische Bildung Baden-Württemberg, 2000.
20 Statistisches Bundesamt (2022): Bevölkerung mit Migrationshintergrund – Ergebnisse des Mikrozensus 2021, S. 39 f.